厚德博學
經濟匡時

本书获上海财经大学"中央高校建设世界一流大学学科和特色发展引导专项资金资助""中央高校基本科研业务费资助"

人文社科文库

主导价值观转化为主流价值观论纲

裴学进 著

Thesis of Transforming Dominant Opinion
About Value into
Mainstream Opinion About Value

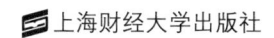

上海财经大学出版社

图书在版编目(CIP)数据

主导价值观转化为主流价值观论纲/裴学进著 . —上海:上海财经大学出版社,2022.8
(匡时·人文社科文库)
ISBN 978-7-5642-3938-1/F·3938

Ⅰ.①主… Ⅱ.①裴… Ⅲ.①社会主义核心价值观-研究-中国 Ⅳ.①G616

中国版本图书馆 CIP 数据核字(2022)第 011708 号

□ 责任编辑　刘　兵
□ 封面设计　张克瑶

主导价值观转化为主流价值观论纲

裴学进　著

上海财经大学出版社出版发行
(上海市中山北一路 369 号　邮编 200083)
网　　址:http://www.sufep.com
电子邮箱:webmaster@sufep.com
全国新华书店经销
江苏凤凰数码印务有限公司印刷装订
2022 年 8 月第 1 版　2022 年 8 月第 1 次印刷

710mm×1000mm　1/16　14 印张(插页:2)　201 千字
定价:68.00 元

序

一个学生攻读博士学位,完成博士学位论文是其中的核心。在我指导的博士学生中,每一个学生撰写学位论文的过程都在我的脑海里留下了种种深刻印痕。我对学生如何确定博士论文的研究方向有三个原则:第一个是与自己的专业方向相结合。我理解的专业方向是广义的而不是狭义的,唯有广义理解的专业方向,研究思路才能拓展,否则就很容易作茧自缚。然而,广义理解的专业方向并不意味着没有方向或偏方向。第二个是与自己的研究兴趣相结合。每个学生都有自己的学识背景,从而都自觉或不自觉地有自己的学习和研究兴趣。是否与自己的学术兴趣相结合很重要,否则,博士论文的撰写过程就会味同嚼蜡,肯定写不好。第三个是尽可能地与老师的研究方向相结合。老师的学识是有限的。专家,顾名思义是"专"而不"博",尽管冠之以"博士生导师"。学生的论文方向如果能与导师的研究方向或兴趣相结合,那么就能得到导师的有效指导,学生也就能站在导师学术的肩膀上。就第三个原则而言,如果把我所指导过的博士论文的题目排列起来,就可以看到老师二十多年来研究的思路和轮廓。博士论文的撰写不仅是博士学术能力的训练,而且往往是博士以后学术研究的基地和方向。我深知博士论文撰写对于学生学术成长的意义,因此二十多年,可以问心无愧地说,我对每一篇博士论文的指导都是很认真的。现在,每每看到这些博士毕业后的学术成果,我会感到亲切,并非常欣慰。

学进在成为我的博士学生之前就已经是在高校从事多年马克思主义理论教学的教师了。他在与我商量确定博士论文的方向时,根据我在上面提及的三个原则,把博士论文的研究主题确定为社会主导价值观如何转化为社会主流价值观的问题。这个主题是与我当时研究核心价值体系和核心价值观的一些想法联系在一起的。2006年,党的十六届六中全会通过了《中共中央关于构建社会主义和谐社会若干重大问题的决定》,首次提出了"建设社会主义核心价值体系"的战略任务,以"形成全民族奋发向上的精神力量和团结和睦的精神纽带"。2012年,党的十八大政治报告《坚定不移沿着中国特色社会主义道路前进 为全面建成小康社会而奋斗》提出,"倡导富强、民主、文明、和谐,倡导自由、平等、公正、法治,倡导爱国、敬业、诚信、友善,积极培育和践行社会主义核心价值观",从而对社会主义核心价值体系中的社会主义核心价值观做了概括。

我自20世纪80年代以来一直研究价值论尤其是其中的评价论问题,由此就很自然地把社会核心价值体系和社会核心价值观作为我的研究内容。我在研究中涉及的一个问题就是社会主导价值观和社会主流价值观之间的关系问题。当时较为流行的观点是把社会主导价值观与社会主流价值观予以混同或等同,其潜台词就是社会主导价值观理所当然地就是或成为社会主流价值观。当时就有学者对此进行了质疑,有学者指出:"核心价值体系想要真正成为'引领社会思潮'的'统一指导思想、共同理想信念、强大精神力量、基本道德规范',就必须从官方文化转化为主流文化,亦即在全社会占支配地位的文化。"[1]同时还指出"虽然国家和学界在改革开放以来中国社会价值观建设中的地位和作用不可低估和否认",但"大众才是改革开放以来中国社会价值观变迁并推动价值观建设的真正主体和主角"[2],由此就产生一个社会主导价值观转化为社会主流价值观的问题。我是同意这种观点的,并在一篇文章中指出:"一个社会主导价值观念能否成为社会主流价值观念,说得准确些,能否在社会多元价值观念互相作用形成的社会主流价值观念中凸显出来——在历史上主

---

[1] 陶东风. 寻找核心价值体系与大众文化的契合点[N]. 光明日报,2012-01-21.
[2] 廖小平. 价值观变迁与核心价值体系的解构和建构[M]. 北京:中国社会科学出版社,2013:4.

导价值观念不可能原封不动地转化为社会主流价值观念——与在个体层面上对社会主导价值观念的认同状况以及在社会层面上对社会主导价值观念的共识状况是联系在一起的。"学进的博士论文在我研究的基础上对这个问题从学理以及联系实际方面做了更为深入和系统的思考。

学进好学,尽管学识的背景不是哲学,但读了很多哲学著作,尤其是关于价值论及评价论方面的著作。在博士论文的撰写中,我们之间常常面对面的一个问题一个问题地进行探讨。记得有一年寒假,学进在杭州的家里撰写论文遇到了难题,我们俩在通过几次电话后约定了一个时间,分别同时在家里对着电脑上博士论文的草稿进行电话讨论。这种情节在我指导博士论文的印象里还有不少。

学进的博士论文对社会主导价值观和社会主流价值观,从评价论的角度分别与"有机"的国家权威评价活动和"无机"的社会民众评价活动予以联系,做了相当明晰的梳理。文章在分析社会主导价值观和社会主流价值观的辩证关系过程中(社会主导价值观既以社会主流价值观为基础,又高于社会主流价值观,并最终以社会主流价值观为旨归),着重指出两者转化的根据是社会基本矛盾运动;文章分析了主导价值观转化为主流价值观的两个条件、处于辩证统一中的驱力和张力以及认同和共识等机制。当时我读到这些文字时,就很欣慰,感慨"青出于蓝而胜于蓝"。

文章在上述理论分析的基础上,尤其用两章的篇幅联系当代的实际分析了两个问题:"互联网时代的主导价值观转化为主流价值观"和"主导价值观转化为主流价值观的现实启示"。在第一个问题中,文章较为独到地分析了互联网对主导价值观转化为主流价值观产生的三个方面影响:一是"作为主流价值观基础的主流民意得到充分表达",这个"充分"体现在"从束缚性表达转变为本真性表达""从不平等表达跃升为平等表达""从个体表达聚合为群体表达";二是"主导价值观转化为主流价值观的方式更趋便捷";三是"主导价值观转化为主流价值观的统整性效果日趋弱化",这体现为三个相互作用的方面,即"政府信息权威的弱化""民众存在方式的'群极'化""政府规导民众力度的弱化",由此正可以理解习近平总书记就意识形态工作所提出的"正能量是总要求,管得住是硬道理"①的战略方针。在第二个问题中,文章就"必须以人民利益为导向来深化对社会主义核心价值观的认同和共识"时,尤其强调"现实本身不会自动地趋向思想,由此就必然要通过改造社会的实践活动,努力使思想对象化为社会现实,从而体现出作为社会主体的国家在培育社会主义核心价值观中的能动性";就"用'异中求同'的思维方式来创新社会主义核心价值观的培育"时,尤其分析了"异中求同"的边界与原则;就"在教导文明和对话文明交融中拓展社会主义核心价值观的培育"时,尤其分析了"教导文明"与"对话文明"之间的辩证关系。综观论文对这两个问题的阐述,能把理论问题与实践问题结合起来予以较为深刻地分析,既具有理论意义也具有现实意义。记得当时我读到这些文字时,不禁拍案叫好。

在当代中国,社会主义核心价值观作为社会的主导价值观如何进一步转化为社会的主流价值观,从而在量的方面尽可能广泛地使民众通过认同以形成共识,在质的方面不断地使民众将其升华为信仰,还需要健全完善好各方面工作,尤其是在实践方面。

仔细分析,社会主义核心价值观的 12 个范畴都是有社会常识根据的。社会常识,是社会的"集体意识"作为人们广泛认同的社会知识或价值观念,它"具有自身的特质",甚至会成为个人消失于其内的"超验存在"②,常识不可违。"世界通过常识向人呈现"③,常识世界是人们生活的根基。这就为进一步把社会主义核心价值观由社会主导价值观转化为社会主流价值观指明了一个新的方向,即如何把社会核心价值观与社会常识紧密地衔接起来,夯实核心价值观的社会常识基础,通过社会常识的"集体意识"来发挥核心价值观的作用。

习近平总书记在庆祝中国共产党成立 100 周年大会上的重要讲话中

---

① 中共中央宣传部. 习近平总书记系列重要讲话读本(2016 年版)[M]. 北京:学习出版社,人民出版社,2016:204.
② [法]埃米尔·涂尔干. 社会分工论[M]. 梁东,译. 北京:三联书店,2000:244—245.
③ 陈亚军. 站在常识的大地上——哲学与常识关系刍议[J]. 哲学分析,2020(3):88—100.

指出,在推动构建人类命运共同体中,要"弘扬和平、发展、公平、正义、民主、自由的全人类共同价值"。这在实际上为我们如何进一步构建社会主义核心价值观,如何进一步把社会主义核心价值观由社会主导价值观转化为社会主流价值观指出了一个新的方向。这就是必须把社会主义核心价值观中的价值范畴与"人类命运共同体"相对应的共同价值范畴衔接起来,必须把社会主义核心价值观构建中的由主导价值观转化为主流价值观的过程与在世界范围内弘扬全人类共同价值范畴的过程结合起来。当然,在这方面我们还有很多理论和实践工作需要做。

陈新汉

上海大学哲学系二级教授、博士生导师

2021年夏于上海北郊

目 录

导论/001

第一章 主导价值观转化为主流价值观的内涵阐释/009
  第一节 主导价值观、主流价值观及其关系/009
  第二节 主导价值观转化为主流价值观的理论述要/020
  第三节 主导价值观转化为主流价值观的特有规定/049

第二章 主导价值观转化为主流价值观的两种机制/060
  第一节 主导价值观以认同方式转化为主流价值观/060
  第二节 主导价值观以共识方式转化为主流价值观/077

第三章 主导价值观转化为主流价值观的资源借鉴/093
  第一节 主导价值观转化为主流价值观的理论借鉴/093
  第二节 主导价值观转化为主流价值观的实践借鉴/113

第四章 互联网时代的主导价值观转化为主流价值观/138
  第一节 互联网对主导价值观转化为主流价值观产生影响的前提分析/138
  第二节 互联网对主导价值观转化为主流价值观产生影响/146

第五章　主导价值观转化为主流价值观的现实启示/175
　第一节　以人民的利益导向来深化对社会主义核心价值观的认同与共识/175
　第二节　以"异中求同"思维方式来创新社会主义核心价值观的培育/185
　第三节　在教导文明和对话文明交融中拓展社会主义核心价值观的培育/195

参考文献/207

导 论

"理论在一个国家实现的程度,总是取决于理论满足这个国家的需要的程度。"[①]在继建设社会主义核心价值体系之后,培育和弘扬社会主义核心价值观成为"构筑中国精神、中国价值、中国力量,为人民提供精神指引"的语境下,透视主导价值观转化为主流价值观的主要内涵和基本机制,并阐释其对培育社会主义核心价值观的启示,具有深刻的现实意蕴。

回顾十余年来,我国建设社会主义核心价值体系和培育社会主义核心价值观发展历程大致可分为四个阶段:

第一,2006—2012年,以建设社会主义核心价值体系为重点。2006年,党的十六届六中全会决议报告首次提出"建设社会主义核心价值体系",指出"马克思主义指导思想,中国特色社会主义共同理想,以爱国主义为核心的民族精神和以改革创新为核心的时代精神,社会主义荣辱观,构成社会主义核心价值体系的基本内容",并强调"社会主义核心价值体系是建设和谐文化的根本"[②]。2007年,在党的十七大报告中,从意识形态向度对其地位作了战略提升,指出"社会主义核心价值体系是社会主义意识形态的本质体现"[③]。2011年,在党的十七届六中全会决议中,把社会主义核心价值体系提升至"国魂"的高度,首次指出:"社会主义核心价值体系是兴国之魂,是社会主义先进文化的精髓,决定着中国特色社会主

---

① 中共中央马克思恩格斯列宁斯大林著作编译局. 马克思恩格斯选集(第1卷)[M]. 北京:人民出版社,1995:11.

② 本书编写组. 构建社会主义和谐社会的行动指南——党的十六届六中全会精神学习读本[M]. 北京:研究出版社,2006:26.

③ 中共中央文献编辑委员会. 胡锦涛文选(第2卷)[M]. 北京:人民出版社,2016:639.

义的发展方向。"①

第二,2012—2013年,建设社会主义核心价值体系和培育社会主义核心价值观并重。2012年,在党的十八大报告中,除再次强调此前十七届六中全会决议中对社会主义核心价值体系作出的"国魂"定位以外,还首次就社会主义核心价值观的有关表述提出了"三个倡导",即"倡导富强、民主、文明、和谐,倡导自由、平等、公正、法治,倡导爱国、敬业、诚信、友善,积极培育和践行社会主义核心价值观"②。2013年4月28日,习近平总书记在同全国劳动模范代表座谈时指出:"我国工人阶级要牢固树立中国特色社会主义理想信念,坚定永远跟党走的信念,坚决拥护社会主义制度,坚决拥护改革开放,始终做坚持中国道路的柱石,要自觉践行社会主义核心价值观。"5月4日,他在同各界优秀青年代表座谈时指出:"广大青年要自觉树立和践行社会主义核心价值观,带头倡导良好社会风气;始终保持积极的人生态度、良好的道德品质、健康的生活情趣,努力使自己成为祖国建设的有用之才、栋梁之材。"8月20日,习近平总书记在全国宣传思想工作会议讲话中,强调要同步推进社会主义核心价值体系建设和社会主义核心价值观培育,指出"要加强社会主义核心价值体系建设,积极培育和践行社会主义核心价值观"。9月10日,他在向全国广大教师致慰问信中强调:"希望广大教师牢固树立中国特色社会主义信念,带头践行社会主义核心价值观。"9月26日,习近平总书记在会见第四届全国道德模范及提名奖获得者时指出:"我们要按照党的十八大提出的培育和践行社会主义核心价值观的要求,高度重视和切实加强道德建设。"

第三,2013年底(2014年初)—2016年,以培育和践行社会主义核心价值观为重点。2013年11月,在党的十八届三中全会报告中,首次指明"培育和践行社会主义核心价值观"的意识形态意蕴,提出"培育和践行社

---

① 本书编写组. 中共中央关于深化文化体制改革推动社会主义文化大发展大繁荣若干重大问题的决定[M]. 北京:人民出版社,2011:11.

② 胡锦涛. 坚定不移沿着中国特色社会主义道路前进 为全面建成小康社会而奋斗[R]. 2012.

会主义核心价值观,巩固马克思主义在意识形态领域的指导地位,巩固全党全国各族人民团结奋斗的共同思想基础"(即"两个巩固")。

2013年12月,中共中央办公厅印发《关于培育和践行社会主义核心价值观的意见》,该文件在党的十八大报告中关于社会主义核心价值观表述的基础上,首次清晰确定了社会主义核心价值观的基本内容,指出"富强、民主、文明、和谐是国家层面的价值目标,自由、平等、公正、法治是社会层面的价值取向,爱国、敬业、诚信、友善是公民个人层面的价值准则,这24个字是社会主义核心价值观的基本内容,为培育和践行社会主义核心价值观提供了基本遵循"。对于"积极培育和践行社会主义核心价值观"的意蕴,该文件在凸显其意识形态蕴含的基础上,同时阐发了其对于促进人和社会发展等方面的重要意义。无疑,该文件的印发,标志着我国社会主义核心价值观从提炼进入到培育、践行阶段,开启了社会主义价值建设的又一个新征程。

此后,习近平总书记多次发表关于培育和践行社会主义核心价值观的重要论述,尤以2014年较为密集。在此转录若干以窥其貌。2014年2月24日,习近平总书记在中央政治局第十三次集体学习会上,提出把培育和弘扬社会主义核心价值观作为"凝魂聚气、强基固本"的基础工程,并就培育社会主义核心价值观中的重大问题发表了论述。2月27日,他在主持中央网络安全和信息化领导小组第一次会议时指出:"要大力培育和践行社会主义核心价值观,把握好网上舆论引导的时、度、效,使网络空间清朗起来。"3月4日,习近平总书记在给"郭明义爱心团队"回信时,他表示"希望你们努力践行社会主义核心价值观,积极向上向善"。3月11日,习近平总书记在出席十二届全国人大二次会议解放军代表团全体会议时强调:"广大官兵要自觉践行社会主义核心价值观和当代革命军人核心价值观,坚定信念,忠诚使命,努力在强军兴军征程中书写出彩的军旅人生。"

2014年5月4日,习近平总书记在《青年要自觉践行社会主义核心价值观——北京大学师生座谈会上的讲话》中,特别强调"这个概括(社会主义核心价值观的内容——引者注),实际上回答了我们要建设什么样的国家、建设什么样的社会、培育什么样的公民的重大问题"以及其他重大问题。5月23日,习近平总书记在上海考察时指出:"培育和践行社会主义核心价值观,贵在坚持知行合一、坚持行胜于言,在落细、落小、落实上下功夫。要注意把社会主义核心价值观日常化、具体化、形象化、生活化,使每个人都能感知它、领悟它,内化为精神追求,外化为实际行动,做到明大德、守公德、严私德。"5月27日,习近平总书记在第六次全国军转表彰大会暨2014年军转安置工作会议上指出:"我们要广泛宣传他们的先进事迹,使之成为培育和践行社会主义核心价值观的生动教材。"6月1日,习近平总书记还就少年儿童培育社会主义核心价值观发表了重要讲话。后来,习近平总书记相继在两院院士大会(6月)的讲话中,在同北京师范大学教师座谈会(9月)的讲话中,在文艺工作者座谈会(10月)的讲话中,就教师、科技工作者和文艺工作者等群体在培育社会主义核心价值观中发挥独特作用做了重要论述。12月28日至29日,第二十三次全国高等学校党的建设工作会议召开,习近平总书记就此做出重要指示,强调"办好中国特色社会主义大学,要坚持立德树人,把培育和践行社会主义核心价值观融入教书育人全过程"。

需要特别提及的是,2014年10月党的十八届四中全会通过的《中共中央关于全面推进依法治国若干重大问题的决定》,提出了坚持"依法治国和以德治国相结合",其中包含"大力弘扬社会主义核心价值观,弘扬中华传统美德,培育社会公德、职业道德、家庭美德、个人品德"。

第四,2017年以来,社会主义核心价值体系建设和社会主义核心价值观培育获得新意蕴。从党的十九大报告等文献来看,主要体现在三个方面:

其一,把"坚持社会主义核心价值体系"提升为新时代坚持和发展中国特色社会主义的基本方略之一。

其二,赋予社会主义核心价值观新意蕴,指出"社会主义核心价值观是当代中国精神的集中体现,凝结着全体人民的共同价值追求"①。同时还指出:"要以培养担当民族复兴大任的时代新人为着眼点,强化教育引导、实践养成、制度保障,发挥社会主义核心价值观对国民教育、精神文明创建、精神文化产品创作生产传播的引领作用,把社会主义核心价值观融入社会发展各方面,转化为人们的情感认同和行为习惯。坚持全民行动、干部带头,从家庭做起,从娃娃抓起。"②相应地,应把培育和践行社会主义核心价值观意蕴从此前侧重意识形态的"两个巩固"③拓展、提升为塑造整个国家和人民精神的"三个构筑",并指出"培育和践行社会主义核心价值观,不断增强意识形态领域主导权和话语权,推动中华优秀传统文化创造性转化、创新性发展,继承革命文化,发展社会主义先进文化,不忘本来、吸收外来、面向未来,更好构筑中国精神、中国价值、中国力量,为人民提供精神指引"④。

其三,社会主义核心价值体系与社会主义核心价值观的关系获得新表达。把培育和践行社会主义核心价值观作为坚持社会主义核心价值体系的重要内容。原文为:"坚持社会主义核心价值体系。文化自信是一个国家、一个民族发展中更基本、更深沉、更持久的力量。必须坚持马克思主义,牢固树立共产主义远大理想和中国特色社会主义共同理想,培育和践行社会主义核心价值观,文化自信是一个国家、一个民族发展中更基本、更深沉、更持久的力量。必须坚持马克思主义,牢固树立共产主义远大理想和中国特色社会主义共同理想,培育和践行社会主义核心价值观……"⑤另外,在2017年10月修改后的党章里,有一段原文如下:"加强社会主义核心价值体系建设,坚持马克思主义指导思想,树立中国特色社会主义共同理想,弘扬以爱国主义为核心的民族精神和以改革创新为核心

---

① 习近平. 习近平谈治国理政(第3卷)[M]. 北京:外文出版社,2020:33.
② 习近平. 习近平谈治国理政(第3卷)[M]. 北京:外文出版社,2020:33.
③ 两个巩固,即巩固马克思主义在意识形态领域的指导地位,巩固全党全国各族人民团结奋斗的共同思想基础。
④ 习近平. 习近平谈治国理政(第3卷)[M]. 北京:外文出版社,2020:18.
⑤ 习近平. 习近平谈治国理政(第3卷)[M]. 北京:外文出版社,2020:18.

的时代精神,培育和践行社会主义核心价值观,倡导社会主义荣辱观,增强民族自尊、自信和自强精神……"这也从事实上提示它们之间是整体和部分的关系,从而使社会主义核心价值体系和社会主义核心价值观关系获得新的呈现或表达,因为此前关于二者关系的表述为:"社会主义核心价值观是社会主义核心价值体系的内核,体现社会主义核心价值体系的根本性质和基本特征,反映社会主义核心价值体系的丰富内涵和实践要求,是社会主义核心价值体系的高度凝练和集中表达。"[①]据此,在一定意义上,它们之间的关系可以说是具体与抽象的关系。

在2018年的宪法修正案里,宪法第二十四条第二款中增加了"国家倡导社会主义核心价值观"[②]。至此,培育社会主义核心价值观已经获得党的最高章程和国家根本大法的保障,从而达到至高战略地位。

2019年颁布的《中共中央关于坚持中国特色社会主义制度推进国家治理体系和治理能力现代化若干重大问题的决定》中指出,我国国家制度和国家治理体系的显著优势之一,是"坚持共同的理想信念、价值理念、道德观念,弘扬中华优秀传统文化、革命文化、社会主义先进文化,促进全体人民在思想上精神上紧紧团结在一起";要"坚持以社会主义核心价值观引领文化建设的制度"。接着在2020年10月《中共中央关于制定国民经济和社会发展第十四个五年规划和二〇三五年远景目标的建议》中也对深化社会主义核心价值观培育的举措和目标等提出了建议。2021年3月颁布的《中华人民共和国国民经济和社会发展第十四个五年规划2035年远景目标纲要》中,把"社会主义核心价值观深入人心"列入其"十四五"时期经济社会发展主要目标之一,并提出"完善弘扬社会主义核心价值观的法律政策体系,把社会主义核心价值观要求融入法治建设和社会治理,体现到国民教育、精神文明创建、文化产品创作生产全过程"。2021年,习近平总书记在庆祝中国共产党成立一百周年大会上强调:"新的征程

[①] 中共中央文献研究室. 十八大以来重要文献选编(上)[M]. 北京:中央文献出版社,2014:587.

[②] 中华人民共和国宪法(最新修正版)[M]. 北京:法律出版社,2018:51.

上,我们必须坚持党的基本理论、基本路线、基本方略,统筹推进'五位一体'总体布局、协调推进'四个全面'战略布局,全面深化改革开放,立足新发展阶段,完整、准确、全面贯彻新发展理念,构建新发展格局,推动高质量发展,推进科技自立自强,保证人民当家作主,坚持依法治国,坚持社会主义核心价值体系,坚持在发展中保障和改善民生,坚持人与自然和谐共生,协同推进人民富裕、国家强盛、中国美丽。"

从上述习近平总书记多次关于培育和弘扬社会主义核心价值观的重要论述以及中央颁布的有关文件中,可以透视,培育和弘扬社会主义核心价值观已经成为国家今后较长时间内的一项重要战略任务("培育和践行社会主义核心价值观是推进中国特色社会主义伟大事业、实现中华民族伟大复兴中国梦的战略任务"[①])。而"培育社会主义核心价值观的本质是把我们党和国家倡导的核心价值观转化为广大人民群众所主动践行的价值观"[②],即它在本质上是把社会主义核心价值观从主导价值观转化为主流价值观。

综上,在一定意义上可以说,培育社会主义核心观是主导价值观转化为主流价值观普遍原理在当代中国特色社会主义实践中的具体展开(当然与阶级社会的主导价值观转化为主流价值观存在着根本性区别)。"社会主义核心价值观是现阶段中国社会的主导价值观念。"[③]由此关于主导价值观转化为主流价值观的基本理论就成为培育和践行社会主义核心价值观的基础理论,对培育和践行社会主义核心价值观发挥着一定的启示、参照作用。列宁针对当时无产阶级革命理论对革命实践的指引作用时,指出"没有革命的理论,就不会有革命的运动"[④]。延伸至我们论题,就是及时系统研究出主导价值观转化为主流价值观的基础理论问题,并将研

---

① 请参见中共中央办公厅印发的《关于培育和践行社会主义核心价值观的意见》。
② 裴学进.自发与自觉:主导价值观转化为主流价值观的两种方式[J].马克思主义研究,2016(10):102—110.
③ 陈新汉.社会主导价值观念导向中几个问题的哲学思考[J].学术界,2016(10):5—14.
④ 中共中央马克思恩格斯列宁斯大林著作编译局.列宁选集(第1卷)[M].北京:人民出版社,2012:311.

究出来的理论成果在某些方面服务、支持培育和践行社会主义核心价值观,助推培育和践行社会主义核心价值观的科学发展。早在2013年中央颁发的《关于培育和践行社会主义核心价值观的意见》中,就把"加强社会主义核心价值观的理论研究,为实践提供理论支持"列为其第10条意见的重要内容之一,提出"要深入研究社会主义核心价值观的理论和实际问题,深刻解读社会主义核心价值观的丰富内涵和实践要求,为实践发展提供学理支撑"。而关于主导价值观转化为主流价值观的研究无疑是"社会主义核心价值观的理论研究"中不可或缺的重要论域之一。

第一章 主导价值观转化为主流价值观的内涵阐释

深入阐明主导价值观、主流价值观及其转化的基本内涵,既可以厚植主导价值观向主流价值观"转化"的范畴意蕴,又可以夯实培育和践行社会主义核心价值观的学理基础。

第一节 主导价值观、主流价值观及其关系

"凡是有某种关系存在的地方,这种关系都是为我而存在的;动物不对什么东西发生'关系',而且根本没有关系;对于动物来说,它对他物的关系不是作为关系而存在。"①马克思在这里赋予黑格尔哲学中"关系"的新内涵,提出了"为我关系"说。这种"为我关系"就是人类在实践基础上建立起来的独有的价值关系,从而使之和动物与其他事物互相影响区别开来。因为"动物和其他事物之间互相作用不是建立在实践基础上的,而是自然界本身的事情"②。在这个建立于实践基础上"为我而存在"的价值关系中,主体根据自身需要来占有客体,客体依据其属性来满足主体的需要。"一般来说,价值就是客体属性对于主体需要的满足,就是客体属性满足主体需要的一种现实效应。"③

"价值关系不是一般关系,不是任何两个事物之间的关系,而是指一

---

① 中共中央马克思恩格斯列宁斯大林著作编译局. 马克思恩格斯选集(第1卷)[M]. 北京:人民出版社,1995:81.
② 陈新汉. 论价值形态世界[J]. 江汉论坛,2015(11):28—37.
③ 陈新汉. 坚持社会主义核心价值体系的人民主体性——关于克服社会主义核心价值体系边缘化危机的思考[M]. 上海:东方出版中心,2011:16.

定的对象物与人的需要的关系。"①正是在这个意义上,黑格尔指出:"任何东西之所以具有价值,都仅仅在于它在心灵中被把握,而不在于它是物。"②这种客观"为我"价值关系在观念上反映就是价值意识。因此,受价值关系决定的价值意识在根本上是一种"主体性意识,体现着主体尺度、主体态度的意识"③。价值意识是一种"为我"意识,"是从'我'出发,并围绕'我'这个核心来旋转的"④。这是价值意识不同于一般描述性意识的特殊之处。

价值意识一旦形成就会以相对完整的谱系形式存在着,即以不同层次的形态存在,如潜意识层次的和显意识层次的价值意识(包含情感—心理和理智—观念层次)、理性和非理性价值意识等。而价值观念就是作为理智——观念层次价值意识的重要形式之一,它是在主体价值意识中深层次长期积淀的以自在或自为状态存在的,是价值意识中那些经过千百万次重复后"以逻辑的格固定下来"⑤的观念。其中主体意识("我")和利益意识("为我")构成其深层次结构的两个核心。"价值观念在总体上属于价值意识的理性层次,是在理性认识的基础上经过长期积淀而形成的,因而在内容上更为抽象,在形态上更为稳定,在结构上更为坚固。"⑥此外,价值观念还有一个显著特点,就是它的内涵主要涉及与人们生活、生存或发展紧密相关的根本性问题。"价值观是人们关于社会生活实践中与人们的生存和发展密切相关的、根本性、重大问题的价值思想和观念,反映的是人们在特定社会历史条件下的整体的价值取向。"⑦

主体及其需要的多样化决定了价值观念的多元,然而这并不意味着

---

① 李德顺,马俊峰.价值论原理[M].西安:陕西人民出版社,2002:139.
② [德]黑格尔.哲学史演讲录(第四册)[M].贺麟,王太庆,译.北京:商务印书馆,1996:5.
③ 李德顺,马俊峰.价值论原理[M].西安:陕西人民出版社,2002:196.
④ 陈新汉,邱仁富.坚持社会主义核心价值体系的人民主体性——关于克服社会主义核心价值体系边缘化危机的思考[M].上海:东方出版中心,2011:19.
⑤ [苏]列宁.列宁全集(第38卷)[M].北京:人民出版社,1959:233.
⑥ 陈新汉.核心价值体系论导论[M].上海:上海大学出版社,2016:49.
⑦ 吴倬,孟宪东.论社会主导价值观和个性化价值意识[J].清华大学学报:哲学社会科学版,2004(1):16—22.

价值观念的存在是无序和离散的。其中必然有一些价值观居于核心地位,统摄其他的价值观念,这类价值观念就是基本价值观念。"任何一个主体在长期的社会生活中总会形成自己区别于其他主体的价值观念体系。在价值观念体系中总有一类价值观念是最基本的,在整个价值观念体系中占主导乃至核心地位。人们往往用这类价值观念来表征整个价值观念体系,这类价值观念被称之为主体的基本价值观念。"[1]社会主体和个体主体构成主体的两种基本形式,也就有了社会主体的基本价值观念(简称社会基本价值观念)和个体的基本价值观念。从价值观念的社会主体和地位相融合视角来分析,可以把社会基本价值观念分为主导价值观念和主流价值观念。可以说,人类社会基本价值观兴衰史,就是一幅主导价值观与主流价值观之间的消长盈伏、递更嬗变、跌宕生动的画卷。

一、主导价值观、主流价值观的内涵

主导价值观是在一个社会中由统治阶级所倡导、推行,以政府公共权力为支撑的占统治地位的,对社会其他价值观及其发展方向具有引导和规范作用的价值观念。"社会主导价值观念是由统治阶级自觉构建的,并通过意识形态的国家机器发生作用,其主体是统治阶级。"[2]因而主导价值观对维持、巩固特定阶级的统治具有重要意义。"主导价值观通常是官方倡导的价值观,它对巩固统治阶级的统治、凝聚社会各种不同价值观、维护社会稳定具有不可忽视的作用。"[3]主导价值观的建构是以国家意志(权威)为一个焦点的圆形运动,是自上而下的过程。

一是体现着统治阶级意志。主导价值观是统治阶级自觉塑造出的价值观,意识形态的国家机器是推行主导价值观的坚强后盾。"主导价值观常常也就表现为国家意志。"[4]"社会主导价值观必然是该社会占统治地

---

[1] 陈新汉. 核心价值体系论导论[M]. 上海:上海大学出版社,2016:50.
[2] 陈新汉. 哲学视域中社会价值观念的共识机制[J]. 哲学动态,2014(4):31-39.
[3] 廖小平. 论核心价值体系的根本特性[J]. 江海学刊,2013(5):37-43.
[4] 张建明. 社会主导价值观基本内涵探究[J]. 中南民族大学学报:人文社会科学版,2004(24):246-248.

位的阶级或社会集团所坚持并积极倡导的、为他们的社会统治服务的价值观,如邓小平提出的三个"有利于"价值观体系,以'三个代表'重要思想为代表的我党的建国、执政、立党方针所体现的价值观等。"①因而突出意识形态导向就是主导价值观的本质规定。

二是"权威"方式规范社会其他价值观。主导价值观以"刚性(权威)"的方式规范、统摄其他价值观。例如:"精神的太阳,无论它照耀着多少个体,无论它照耀什么事物,却只准产生一种色彩,就是官方的色彩。"②其实这是国家权威评价结论实现方式的权威化在价值领域的具体展开而已。就普遍意义上来说,"国家机构能自觉地意识到奖赏和惩罚之间的辩证关系,并通过国家机器实施措施加以运用,就是能使以国家权威评价作为现实形式的社会自我评价活动及其结论得到有效贯彻和落实"③,因此更多体现出教导文明。

"何谓主流价值观念? 从字面上理解,就是一个社会价值观念为社会中大多数民众或群体所不同程度地认同,从而成为众多社会价值观念中的主流,其他社会价值观念就成为与之相对应的支流。"④也就是指在特定社会里由主流民众肯认、信奉的,在各种价值取向互动中汇合成大体一致的价值观念。因此"各种价值取向的大体一致就是'主流价值观'的基本特征"。而"赢得大多数人的认同和体现人文精神的时代特征"⑤是其基本品格。

黑格尔指出:"无论哪个时代,公共舆论总是一支巨大的力量,尤其在我们时代是如此。"⑥在人类社会进入"以物的依赖性为基础的人的独立

---

① 吴倬,孟宪东.论社会主导价值观和个性化价值意识[J].清华大学学报:哲学社会科学版,2004(1):16—22.
② 中共中央马克思恩格斯列宁斯大林著作编译局.马克思恩格斯全集(第1卷)[M].北京:人民出版社,1995:111.
③ 陈新汉.自我评价论[M].上海:上海人民出版社,2011:352.
④ 陈新汉.核心价值体系论导论[M].上海:上海大学出版社,2016:61.
⑤ 陈新汉.论社会主义核心价值体系的人民主体性[J].哲学研究,2011(1):11—17.
⑥ 黑格尔.法哲学原理[M].范扬,张企泰,译.北京:商务印书馆,1961:332.

性"①的历史阶段,主流价值观的重要性越发凸显。与主导价值观的建构是以国家权威为一个焦点的圆形运动相比,主流价值观形成在微观层面,是以个体主体意识和利益意识为两个焦点的椭圆运动过程。"椭圆与圆的根本区别在于,椭圆有两个焦点,椭圆的轨迹是围绕两个焦点运动的;圆只有一个焦点,圆的轨迹是围绕着一个焦点运动的。"②因而相比较而言,主流价值观更具有群众性、广泛性和稳固性,其形成是自下而上的过程。

三是体现着人民的意愿。"社会主流价值观念是在多元社会价值观念相互作用中形成,从而在社会大多数人的意识中自发或自觉地发生作用的,其主体是作为社会主体的人民。"③其中"自觉"是指对个体价值观形成而言;"自发"是指对不同取向价值观念以合力形式互相作用而言。与主导价值观的建构主要依赖国家机构的权威力量不同,主流价值观形成更多地仰赖于人民意愿,在于"各个人的出发点总是他们自己"④。因为人们"接受某种价值观的过程是一个具有鲜明主体性的获得价值认识的认知过程。由于价值意识是人们的利益、需要和要求的反映,所以人们究竟是否接受某种价值观,主要取决于人们关于这种价值观与自身利益、需要和要求是否具有一致性的认识。如果人们能够认识到某种社会主动价值观与自己的切身利益在或短或长的时间内是一致的,人们就乐于接受,反之,人们就不会接受甚至对它加以抵制"⑤。从个体层面而言,主流价值观形成也是人民主体意志和意见的一种自觉表达,因此内蕴众多人民的意见和意愿就是主流价值观的本质规定。

---

① 中共中央马克思恩格斯列宁斯大林著作编译局. 马克思恩格斯全集(第46卷上册)[M]. 北京:人民出版社,1979:104.
② 陈新汉,邱仁富. 坚持核心价值体系的人民主体性——克服社会主义核心价值体系"边缘化"的思考[M]. 上海:东方出版中心,2011:25.
③ 陈新汉. 哲学视域中社会价值观念的共识机制[J]. 哲学动态,2014(4):31—39.
④ 中共中央马克思恩格斯列宁斯大林著作编译局. 马克思恩格斯选集(第1卷)[M]. 北京:人民出版社,1995:119.
⑤ 吴倬,孟宪东. 论社会主导价值观和个性化价值意识[J]. 清华大学学报:哲学社会科学版,2004(1):16—22.

四是以"柔性"方式汇聚其他价值观。"民众评价活动正是在人人都是主人的双向互动或多向互动的交流中形成的。"①与主导价值观以"权威"方式规范其他价值观及其发展不同,作为民众评价形式之一的主流价值观则是以"柔性"(对话)方式汇聚、汇合其他价值观,以达成价值共识,更契合对话文明。对话与共识的关系为:对话的目的是为了形成共识,而形成价值共识的方式是对话。"协商对话的前提是价值观的差异和多样,协商对话的方式是交互主体性,而协商对话的目的是在尊重差异和多样基础上实现价值观的共识。"②由此,"主流价值观是各种价值取向的汇流"③。其形成过程大致为:先是形成众多各异的"支流",再是各支流间互相"汇合、汇聚",最终形成由众支流叠加而成的"主流"。因而"主流价值观是社会成员价值观合力作用的结果"④。参与其中的每个主体都为主流价值观形成发挥了作用,因为"每个意志都对合力有所贡献,因而是包括在这个合力里面的"⑤。其内在机制为:单一个体对价值观认同后,不同价值取向主体之间发生价值共识活动,最后共识结果就凝结为主流价值观。

二、主导价值观和主流价值观的区别和联系

(一)主导价值观和主流价值观的联系

价值观是价值意识的积淀,而价值意识是意识一个有机组成部分。"意识就是对存在的反映,这是意识共同本质和一般特征,当然对于价值意识来说也是如此。"⑥因此主导价值观和主流价值观内在遵循着意识一

---

① 陈新汉. 民众评价论[M]. 上海:上海人民出版社,2004:94.
② 廖小平. 论构建社会主义核心价值体系的四大机制[J]. 教学与研究,2014(8):74—80.
③ 廖小平. 论构建社会主义核心价值体系的四大机制[J]. 教学与研究,2014(8):74—80.
④ 张明学. 主导价值观和主流价值观之辨[J]. 人民论坛,2010(32):54—55.
⑤ 中共中央马克思恩格斯列宁斯大林著作编译局. 马克思恩格斯选集(第4卷)[M]. 北京:人民出版社,1995:697.
⑥ 陈新汉,邱仁富. 坚持社会主义核心价值体系的人民主体性——克服社会主义核心价值体系"边缘化"的思考[M]. 上海:东方出版中心,2011:18.

般发展规律,这是两者联系的本体基础。

其一,两者都是对社会存在的反映,伴随社会存在的变化而变化。就两者都受到社会存在的决定而言,"意识在任何时候都只能是被意识到了的存在,而人们的存在就是他们的现实生活过程"[1],以及"不是意识决定生活,而是生活决定"[2]。就两者都受到社会存在的变化而变化而言,人们观念、观点和概念,一句话,人们的意识,随着人们的生活条件、人们的社会关系、人们的社会存在的改变而改变。[3] 此外,两者都具有一定的相对独立性等。

其二,主流价值观既是主导价值观提出的基础,又是主导价值观发展的旨归(简称最终形态)。主导价值观的提出是以主流价值观为基础的,而不是"空穴来风";主导价值观是从存在形态方面对主流价值观的提炼和深化,由此高度上与主流价值观保持一定距离,从而对主流价值观发展保持一定引导。这样似乎形成了如下一种图景:主导价值观一方面是以主流价值观为基础,高于主流价值观;另一方面主导价值观又是主流价值观在未来一定阶段内发展(非自发情况下,而是引导情况下)后所要达到的结果(简称未来形态,至少在主导价值观提出者预先设想计划里是如此,至于最终所达到情况如何是另外一个问题)。因而主导价值观始终是引导主流价值观发展,尽管不断趋近主流价值观,但始终与主流价值观保持一定距离,不断体现、融合在主流价值观中(在一般情况下不会与主流价值观完全合而为一),以此形成新的主流价值观。这个新的主流价值观又成为下一轮新的主导价值观提出的基础,如此周而复始,往复循环。

其三,在特殊情况下,主导价值观和主流价值观之间存在着某些一致性。在阶级社会里,主导价值观所体现、反映的利益点和主流价值观所体

---

[1] 中共中央马克思恩格斯列宁斯大林著作编译局. 马克思恩格斯选集(第1卷)[M]. 北京:人民出版社,1995:72.
[2] 中共中央马克思恩格斯列宁斯大林著作编译局. 马克思恩格斯选集(第1卷)[M]. 北京:人民出版社,1995:73.
[3] 中共中央马克思恩格斯列宁斯大林著作编译局. 马克思恩格斯选集(第1卷)[M]. 北京:人民出版社,1995:291.

现、反映的利益点是根本不同的,两者之间是长期对抗的,只有在特殊情况下,两者才会接近一致,从而提示两者之间内蕴着某些一致性。"统治阶级的特殊利益采取了一种共同利益的形式,但其中也确实包含全民族的一定的共同需要和利益,正因此,在一个民族没有外在威胁的时候,其内部不同阶级的矛盾可能处于显化的比较激烈的状态,而一旦遇到了外在威胁,尤其是在面临民族生死存亡的关头,各个阶级的共同需要就成为一种优势需要,使他们能够抑制冲突一致对外。"①正是在这个意义上,虽然在阶级社会里,主导价值观和主流价值观之间是对立和统一的,但是以对立、对抗为主。

(二)主导价值观和主流价值观的区别

既要分析主导价值观和主流价值观的联系,又要分析它们的区别。就我们论题而言,分析两者的区别尤为重要。

其一,主体和利益基础不同。"占统治地位的思想不过是占统治地位的物质关系在观念上的表现,不过是以思想的形式表现出来的占统治地位的物质关系。"②物质关系的基础和本质是经济关系。"每一既定社会的经济关系首先表现为利益。"③这提示,在阶级社会里,统治阶级是占统治地位思想的主体,而主导价值观是占统治地位思想的内核,由此统治阶级也就成了主导价值观的主体。因此,作为统治阶级思想内核的主导价值观也就主要体现或反映了统治阶级的利益和需要。也可以说,主导价值观是统治阶级的统治地位在价值领域的延伸和扩展。"任何一个时代的统治思想始终都不过是统治阶级的思想。"④而主流价值观的主体是作为社会主体的人民群众。主流价值观往往是群众利益和需要经过"合力"

---

① 李德顺,马俊峰.价值论原理[M].西安:陕西人民出版社,2002:90—91.
② 中共中央马克思恩格斯列宁斯大林著作编译局.马克思恩格斯选集(第1卷)[M].北京:人民出版社,1995:98.
③ 中共中央马克思恩格斯列宁斯大林著作编译局.马克思恩格斯选集(第3卷)[M].北京:人民出版社,1995:209.
④ 中共中央马克思恩格斯列宁斯大林著作编译局.马克思恩格斯选集(第1卷)[M].北京:人民出版社,1995:292.

作用后形成价值上的"沉淀物"和"结晶体"。

其二,形成方式不同。主导价值观的塑造体现着权威评价的"有机方式"的共同特征,而主流价值观的形成则体现着民众评价的"无机方式"的共同特征。"有机方式"原含义是指生物机体活动方式,具有内在性、自治性和自组织性,后来引申为具有上述特征的社会领域事物的活动方式。主导价值观的形成是以国家为代表的权威机构权威评价的"有机方式"之一,因而内蕴着权威机构评价活动的共同特征。"在国家中现实地肯定自己的东西当然须用有机的方式表现出来,国家制度中的各个部分就是这样的"①,"作为意志而实现自己的理性的力量"②的"有机方式"在内容上直接体现了社会群体主体(就一般意义而言,国家是社会群体之一。而在黑格尔语境中,国家是社会群体权威机构最高的形式)的意志。就是说社会群体的意志不需要通过众多个体意志的折射而直接体现出来,所以"有机方式与普遍意志是直接同一性"的。

由于普遍意志与社会群体需要的观念反映联系在一起,因而"它就与需要的观念反映直接同一,而需要的观念反映总与对需要的意识即自觉性联系在一起。故此'有机方式'就与自觉性联系在一起"③。而作为权威机构评价活动现实形式之一的国家塑造主导价值观过程就具有较强的自觉性。具体为"有机方式"的自觉性"总体现着对于所表达内容的自觉性"和"总体现着对于所表达内容保持形式统一的自觉性"。④ 在塑造主导价值观过程中,统治阶级总是自觉地站在国家(及其所属社会群体)立场,以国家(及其所属社会群体)利益作为评价标准来协调各方,从而保证评价活动有序进行。

"'有机'方式与国家相联系,'无机'方式则与人民群众相联系。"⑤黑格尔把一个社会群体内成员"没有经过某一种程序的组织"而表达他们的

---

① [德]黑格尔. 法哲学原理[M]. 范扬,张企泰,译. 北京:商务印书馆,1961:332.
② [德]黑格尔. 法哲学原理[M]. 范扬,张企泰,译. 北京:商务印书馆,1961:259.
③ 陈新汉. 权威评价论[M]. 上海:上海人民出版社,2006:55.
④ 陈新汉. 权威评价论[M]. 上海:上海人民出版社,2006:57.
⑤ 陈新汉. 民众评价论[M]. 上海:上海人民出版社,2004:53.

意志和意见方式,称为"无机方式"。"公共舆论是人民表达他们意志和意见的无机方式。"①主流价值观形成作为民众评价的一种现实形式,内在遵循着"无机方式"的一般特征。虽然就个体层面而言,每个个体的评价活动及其结果是自觉的。"个人所享有的形式的主观自由在于,对普遍事务具有他特有的判断、意见和建议,并予以表达。"②具体为每个个体根据自己的需要选择评价标准、形成评价意见,并通过各种方式表达出来。在此过程中,"个别的人,作为这种国家的市民来说,就是私人,他们都把本身利益作为自己的目的"③。

但就作为整体过程和最终结果而言却是非自觉性的。因为如果说主导价值观是通过单一国家意志而直接体现出来的,在过程和结果(内容和形式)上都体现出自觉性,那么主流价值观就需要通过众多个体意志而曲折地体现出来。所以在一定意义上,作为整体的评价活动过程和最终结果,主流价值观形成过程往往是在不自觉的状况中进行的。

其三,存在形态和存在的时间长短不同。主导价值观都是以统一的理论形态存在的。"'有机方式'则直接以体现社会群体普遍意志的统一意见形式存在。"④把评价结果以具有理论性、系统性的统一形式表达出来,现实中往往是以政府公文的形式来发布的。如新加坡以白皮书形式发布其"共同价值观";我国则以中央文件形式公布社会主义核心价值观;美国的主导价值观则散见于各种法律文本,如《独立宣言》《美利坚合众国宪法》《权利法案》等。而主流价值观是以非统一的理论形式存在着的。因为这个意见只能以"众多个体需要中的共同需要"⑤或"众多个体需要的基础"的形式,积淀、沉淀在由众多个体组成的"多个人独特的特殊意见之中"或"多个人独特的特殊意见以合力形式结晶在这个意见中","不能通过整体上可以分析的各个部分分工而协作的过程表现出来,也不能直

---

① [德]黑格尔. 法哲学原理[M]. 范扬,张企泰译. 北京:商务印书馆,1961:332.
② [德]黑格尔. 法哲学原理[M]. 范扬,张企泰译. 北京:商务印书馆,1961:331.
③ [德]黑格尔. 法哲学原理[M]. 范扬,张企泰译. 北京:商务印书馆,1961:201.
④ 陈新汉. 民众评价论[M]. 上海:上海人民出版社,2004:52.
⑤ 陈新汉. 权威评价论[M]. 上海:上海人民出版社,2006:174—176.

接形成在形式上具有统一性的意见"①,而是形成客观存在的大体一致意见,但却是一种"普遍的、隐蔽性的和强制的力量"②。这个最终结果所反映的多数人的利益才往往真正体现了"单个主体的特殊利益的普遍性"③,所以是绝对的。

　　主导价值观的主体是统治阶级。根据马克思主义的唯物史观,国家不是历来就有的,是阶级斗争的产物,是统治阶级的镇压机器。"在经济发展到一定阶段而必然使社会分裂为阶级时,国家就由于这种分裂而成为必要了。"④因此主导价值观是社会分裂为阶级对立,国家诞生后才出现的。由此也就决定了当阶级消亡,国家退出历史舞台时,主导价值观也就失去了物质载体而销声匿迹。"这些形式、这些意识形式,只有当阶级对立完全消失的时候才会完全消失。"⑤而主流价值观的主体是人民群众。社会是人构成的,"全部人类历史的第一个前提无疑是有生命的个人的存在"⑥。因此主流价值观绵亘于人类社会的始终,而主导价值观则在阶级社会中昙花一现。到了共产主义社会,那时阶级对立以及国家已经消亡,取代的是"自由人的联合体"。在这个联合体中,"每个人的自由发展是一切人的自由发展的条件"⑦。因而在共产主义社会里,即在"生产者自由平等的联合体的基础上按新方式来组织生产的社会"⑧里,作为主流价值观主体的人民群众依然存在,所以主流价值观也会以一定形式存在着。

---

　　①　陈新汉.社会评价论[M].上海:上海社会科学院出版社,1997:161.
　　②　中共中央马克思恩格斯列宁斯大林著作编辑局.马克思恩格斯全集(第1卷)[M].北京:人民出版社,1956:237.
　　③　陈新汉.民众评价论[M].上海:上海人民出版社,2004:56.
　　④　中共中央马克思恩格斯列宁斯大林著作编译局.马克思恩格斯选集(第4卷)[M].北京:人民出版社,1995:174.
　　⑤　中共中央马克思恩格斯列宁斯大林著作编译局.马克思恩格斯选集(第1卷)[M].北京:人民出版社,1995:293.
　　⑥　中共中央马克思恩格斯列宁斯大林著作编译局.马克思恩格斯选集(第1卷)[M].北京:人民出版社,1995:67.
　　⑦　中共中央马克思恩格斯列宁斯大林著作编译局.马克思恩格斯选集(第1卷)[M].北京:人民出版社,1995:294.
　　⑧　中共中央马克思恩格斯列宁斯大林著作编译局.马克思恩格斯选集(第4卷)[M].北京:人民出版社,1995:174.

第二节　主导价值观转化为主流价值观的理论述要[①]

"如果说个别利益的对立使得社会的建立成为必要,那么,就正是这些个别利益的一致才使得社会的建立成为可能。"[②]延伸至我们的论题,就是主导价值观和主流价值观之间存在着差异、对立,使得主导价值观转化为主流价值观成为必要。主导价值观和主流价值观存在着某些一致,使得主导价值观转化为主流价值观成为可能。因此在界定了主导价值观和主流价值观的基本内涵,梳理了两者的区别和联系后,逻辑延伸就是要分析主导价值观转化为主流价值观的必要性、可能性和条件性,以及主导价值观转化为主流价值观对社会影响的两重性。

一、主导价值观转化为主流价值观的必要性

"思想一旦掌握群众,就变成力量。"[③]一般的理论转化为物质力量的过程往往只经历一次转化,而主导价值观转化为主流价值观要经历两次转化,先要把它从一种主体价值观转变为另一种主体价值观,再把转变后的(第二种)价值观转化为实践。因此相对而言,完整的主导价值观转化为主流价值观的过程比一般意义上的思想转变实践之前多了一个思想转换思想的环节,即不同主体价值观的转换。而这个环节能否完成,则取决于主导价值观满足广大人民群众需要的情况。但最终还是要实现思想转化为实践,就是转化人民群众符合国家意识形态需要的实践活动,这个环节能否完成,则取决于人民群众对已经接受的主导价值观的内化程度。如果人民群众对已经接受的主导价值观,不能达到认同乃至信仰的高度,

---

① 这部分内容曾以《主导价值观转化为主流价值观四个基本问题》在《学术界》(2018年第3期)上发表。
② [法]卢梭. 社会契约论[M]. 何兆武,译. 北京:商务印书馆,2006:31.
③ 中共中央马克思恩格斯列宁斯大林著作编译局. 列宁选集(第3卷)[M]. 北京:人民出版社,1995:321.

而仅仅停留在表面层次,那么主导价值观仍旧不能发挥或不能充分发挥最终的社会作用,因而主导价值观转化为主流价值观需要完成上述两个环节(当然这两个环节不是截然分开的)。在完成上述两个环节中,都凸显了广大人民群众在其中的重要地位,从一定意义上可以说,完成这两个环节都是作为社会主体人民群众的一种意志自觉表达,而这与主导价值观之所以要转化为主流价值观是联系在一起的。

主导价值观转化为主流价值观的旨归在于形成符合国家意识形态需要的群众实践活动。其本质内涵还是把思想、理论转变为实践、活动的过程,是个主观见于客观的过程。从一定意义上说,主导价值观转化为主流价值观在根本上还是遵循着理论掌握群众后形成改造世界实践活动的共同规律。针对培育社会主义核心价值观的旨归,习近平总书记指出:"社会主义核心价值观才能内化为人们的精神追求,外化为人们的自觉行动。"[1]下面从两个角度来分析。

从普遍向度来分析,在这个精神变物质的过程中,人是实现精神到物质过程的中介和主体。其中介和主体的作用从反面来分析就会更好理解。如果没有人来实践这个中介,那么精神和物质两个世界将永远是分离的,这样会形成作为精神形态的思想、理论永远处在"束之高阁"的境地,导致其指导现实的作用永远处在潜在状态,而不能变成物质力量。作为物质层面的社会存在及其发展因得不到理论引导而处于自发状态中。这个过程可以用单向形式(真实的情况是双向的,这里为了论述方便,只列举其单向情形)简化为"思想"→"人"→"物质"。人的主体作用在于:一方面把思想从理论形态内化后成为个体认知内容;另一方面再从个体认知内容外化为其行为、实践活动来改造世界。因为无论是内化还是外化都离不开人,所以"思想本身根本不能实现什么东西。思想要得到实现,就要有使用实践力量的人"[2]。

---

[1] 习近平. 习近平谈治国理政(第一卷)[M]. 北京:外文出版社,2018:173.
[2] 中共中央马克思恩格斯列宁斯大林著作编译局. 马克思恩格斯文集(第1卷)[M]. 北京:人民出版社,2009:320.

从价值观的特殊向度来分析,具体为特定统治阶级提出主导价值观后,如果没有得到群众认同、共识和信仰并转化为人民群众符合国家意识形态需要的实践活动,就会出现主导价值观和现实的割裂,从而导致即使再好的主导价值观也是一纸空文,无法产生推动国家发展和社会进步的作用。"一切理论、主张和价值观念,只有在实践中,只有在主体的现实活动中才会体现意义。"①社会现实则往往因没有得到被广大群众所认同的主导价值观指引而向无序发展,甚至出现混乱,这从反面提示了主导价值观只有转化为主流价值观后才会产生巨大社会作用。也就是说,以统治阶级为主体的主导价值观只有转化为以人民为主体的主流价值观,才能从根本意义上发挥主导价值观的社会效用。这是因为统治阶级的主导作用在于倡导和推行价值观(尽管统治阶级自身也践行,但数量极少,因此其践行的社会作用很有限),而广大人民群众主体作用则在于践行价值观(当然,也以不同形式参与提出主导价值观),并且人数众多,能产生巨大的社会作用,所以"历史活动是群众的活动"②。

综上所述,一种主导价值观只有最终被广大群众掌握后,才能充分发挥其巨大作用,而不是依靠少数统治阶级提出和践行就能发挥其应有作用。"国家及其执政党必定是社会核心价值观的倡导、推行者。但是核心价值观能否成为'核心',又取决于社会成员的价值认同。核心价值观、核心价值体系只有被社会成员广泛、普遍地认同,才能成为核心价值体系、才能成为核心价值观。在这个意义上,社会成员是核心价值观的价值主体,是价值实践的担当者。"③

社会的价值追求要通过人的价值实践来实现。就社会主义核心价值观从主导价值观转化为主流价值观的必要性而言,社会主义核心价值观

---

① 方旭光.认同的价值和价值的认同——社会主义核心价值观论[M].北京:中国社会科学出版社,2014:79.
② 中共中央马克思恩格斯列宁斯大林著作编译局.马克思恩格斯文集(第1卷)[M].北京:人民出版社,2009:287.
③ 方旭光.认同的价值和价值的认同——社会主义核心价值观论[M].北京:中国社会科学出版社,2014:114.

只有被社会大众认同内化,转化为社会大众的价值信仰和精神追求,进而在实践中自觉践行,才能体现社会主义核心价值观的功能和作用,体现出其指导实践、改造世界的价值功能。①

二、主导价值观转化为主流价值观的可能性

主导价值观和主流价值观是以不同社会主体形式存在着的社会基本价值观。主导价值观转化为主流价值观是社会基本价值观变化、发展的一种基本形式,也是不同形态、种类价值观之间互相作用的一种基本方式,内在凝结着价值观共同本质和遵循着其一般发展规律。因此,除主导价值观和主流价值观所反映的利益点之间具有某些一致性以外,价值观本身具有可改变性,统治阶级塑造主导价值观是可能的,主导价值观转化为主流价值观的可能途径构成我们论证主导价值观转化为主流价值观可能性的理据。

(一)价值观具有可改变性

"任何价值观念作为一种观念性存在,是随着社会情况和实际价值关系运动而变动的。……任何价值观念都是历史的产物,都是历史的范畴。"②价值观的可转化性是以价值观具有可变动性为前提的。如果一种价值观一旦形成,就是不可变动的,外部因素无法对其发生作用,那么价值观的改变是不可能的。而价值观具有可变动性,这是构成主导价值观可以转化为主流价值观,或者主流价值观可以转化为主导价值观深层次的物质基础。主要体现在以下两个方面:

就价值观和其他社会意识的共性而言,价值观是社会意识的一部分,它受社会存在决定,并随社会存在的变化而变化。"人们自觉地或不自觉地,归根到底总是从他们阶级地位所依据的实际关系——从他们进行生

---

① 方旭光. 认同的价值和价值的认同——社会主义核心价值观论[M]. 北京:中国社会科学出版社,2014:145.
② 马俊峰. 马克思主义价值理论研究[M]. 北京:北京师范大学出版社,2012:237.

产和交换的经济关系中,获得自己的伦理观念。"①

就价值观形成和变化的特殊性而言,主体的需要和利益是决定和影响价值观形成和发展的关键性自变量。这个主体包括个体主体和社会主体。"主体的需要才是价值关系的根据。主体需要既是价值关系作为价值关系的根据,也是价值关系变化的主要的决定性因素"②,因此,主体的需要是价值观形成和变化的主要决定性因素。而人的利益和需要,总是受一定的社会历史条件以及个体在社会经济关系中的地位决定的。主体的需要可以随其在特定经济关系中地位的变化而改变。因此,主体需要的可改变性也就在一定意义上预示着价值观是具有可改变性的。主体的需要在价值观形成、发展中的作用如下:

其一,价值观形成。"在发生学的意义上分析而言,价值观念的形成有两个直接的前提条件:需要和自我意识。"③其中需要是价值观念形成的客观前提,自我意识是价值观念形成的主观条件。无论是个体还是群体,都只有当他不仅正确掌握了客观对象,而且要通过自我意识才能掌握自身的主体存在及其状况,把物和我、客体(主体自己也可以成为客体)和主体区分开来,才能形成需要意识,并以此为尺度来评价客体。经过无数次的反复,从而沉淀为某种价值观念。因为当自我意识已经发展到比较成熟阶段且基本稳定的情况下,有无需要以及有何种需要就与价值观的形成(包括形成何种价值观)具有直接统一性,所以"价值观是在实际需要的驱动下,在自我意识的引导下,在实践活动的基础上形成的"④。

其二,价值观的变化。一方面,就个体的价值观变化而言,人的需要也是作为价值观变化的主体根据。当需要改变时,价值观也会迟早发生变化,其内在机制为:"个体是需要的直接体验者,当一定的社会关系(主

---

① 中共中央马克思恩格斯列宁斯大林著作编译局. 马克思恩格斯文集(第9卷)[M]. 北京:人民出版社,2009:99.
② 李德顺,马俊峰. 价值论原理[M]. 西安:陕西人民出版社,2002,142.
③ 袁贵仁. 价值观的理论与实践——价值观若干问题的思考[M]. 北京:北京师范大学出版社,2006:131.
④ 杨耕. 价值、价值观和核心价值观[J]. 北京师范大学学报:社会科学版,2015(1):16-22.

要是利益关系——引者注)形成或发生变化之后,将会直接对社会成员个体的生存方式和生活方式产生影响,在他们的利益和需要上体现出来,从而在个体价值观中对主体利益和需要的这一状态或变化作出相应的反应。"① 这种反应的结果就是改变已有价值观。所以,"价值观是基于利益需要而产生,但它不是一成不变的,而是随着利益关系的变化而流变"②,外界(包括国家)则可以改变或调整个体的需要和利益,从而引发其价值观的相应变化。

另一方面,就社会主体的价值观更替而言,不是价值观创造历史,而是历史创造了价值观念。③ 伴随着社会形态更替,社会的主导价值观也随之嬗变。"每个原理都有其出现的世纪。"④ 随着封建社会向资本主义社会的更替,出现了"在贵族统治时期占统治地位的概念是荣誉、忠诚等等,而在资产阶级统治时期占统治地位的概念则是自由、平等等等"⑤,或特定国家在不同时期根据需要实现主导价值观的更替。处在革命时期的作为革命阶级的资产阶级价值观和取得胜利后作为统治阶级的资产阶级价值观也不一样。"资本主义在反对封建主义革命初期提出了自由、平等、博爱等制度性价值承诺,而赢得群众认可,从而取得革命胜利。而在建立资本主义政权后,则根据形势变化,在社会主义实践和工人运动压力下,适应群众需要,把原来核心价值观(尽管当时还没有用核心价值观,或者用类似于核心价值观的形式来表述)嬗变为'民主、自由、人权'。"⑥

在中国封建社会里,伴随着朝代更替,不同时期主导价值观在保持根本性一致的基础上,也体现出阶段性区别。隋唐时期佛教价值观流行,宋

---

① 罗国杰. 马克思主义价值观研究[M]. 北京:人民出版社,2013.157.
② 方旭光. 认同的价值和价值的认同——社会主义核心价值论[M]. 北京:中国社会科学出版社,2014:124.
③ 韩震. 社会主义核心价值观凝练研究[M]. 北京:北京师范大学出版社,2012:37.
④ 中共中央马克思恩格斯列宁斯大林著作编译局. 马克思恩格斯全集(第4卷)[M]. 北京:人民出版社,1958:148.
⑤ 中共中央马克思恩格斯列宁斯大林著作编译局. 马克思恩格斯选集(第1卷)[M]. 北京:人民出版社,1995:100.
⑥ 韩震. 社会主义核心价值观凝练研究[M]. 北京:北京师范大学出版社,2012:90.

明时期则盛行以"存天理、灭人欲"为理论形式的价值观,而以君权为核心的"三纲五常"一直贯穿于其中。另外,即使在我国封建社会同一个朝代不同发展阶段,统治阶级也会根据现实需要,及时确立、调整相应的主导价值观。如在汉初前70年时间里,其主导价值观核心是黄老学说("汉初在武帝前的六七十年是道家学说的全盛时代,帝国的政治和经济都受它深刻的影响"[①])。此后才逐步确立了以儒家学说为主导价值观。从上述社会主体的价值观演进历史中得出的启示,就是"客观的社会生活和生产实践是价值观产生的基础,物质生产方式发生变化了,需要并且必然导致价值观的变迁,这是价值观的历史发展最基本的规律"[②]。

(二)统治阶级塑造主导价值观是可能的

"社会思潮的引领要成为可能,除了被引领者要具有可引领性以外,还要求有社会思潮的现实的引领者。"[③]延伸至我们的论题就是要使主导价值观转化为主流价值观成为可能,除了价值观本身具有可改变性这个根本前提以外,还要有用来作为转化"源头"的主导价值观。由此论证"统治阶级是能够塑造出主导价值观的"就成为题中应有之义了。因为如果统治阶级不能塑造出来主导价值观,那么主导价值观转化为主流价值观就失去"依凭",主导价值观转化为主流价值观就成为无源之水、无本之木了,所以"任何社会的核心价值体系,都是在统治阶级主导下形成的"[④]。主导价值观的塑造也是如此。而统治阶级之所以能够塑造出主导价值观,在于以下因素:

其一,从思想生产所需要的物质基础来看,统治阶级掌握、支配着物质生产和精神生产资料,也就掌握了思想生产所必需的物质基础。"统治阶级的思想在每一时代都是占统治地位的思想,这就是说,一个阶级是社会上占统治地位的物质力量,同时也就是占统治地位的精神力量。支配

---

① 张荫麟. 中国史纲[M]. 北京:中华书局,2016:199.
② 罗国杰. 马克思主义价值观研究[M]. 北京:人民出版社,2013:66.
③ 陈新汉等. 社会主义核心价值体系论研究[M]. 北京:北京师范大学出版社,2012:385.
④ 韩震. 社会主义核心价值观凝练研究[M]. 北京:北京师范大学出版社,2012:9.

着物质生产资料的阶级,同时也支配着精神生产资料。"①这里"支配物质生产资料"是"支配精神生产资料"的基础和前提。由于"一切历史的第一个前提是,人们为了能够'创造历史',必须能够生活。但是为了生活,首先就需要吃、喝、住、穿以及其他一些东西。因此第一个历史活动就是生产满足这些需要的资料,即生产物质生活本身"②。只有掌握着以物质生产资料为基础的精神生产资料的阶级才能进行精神生产,而"支配精神生产资料"阶级的首要目的在于能够用这些"精神生产资料"来生产、塑造出反映这个阶级利益和需要的价值观,也就是社会的主导价值观。"如何构建和确立起符合本阶级的利益要求的核心价值观,是所有统治阶级在思想文化领域所面临的重要任务。"③

综上所述,统治阶级作为一个阶级进行统治,并且决定着某一历史时代的整个面貌,那么不言而喻,他们在这个历史时代的一切领域中也会这样做,就是说,他们还作为思维着的人,作为思想的生产者进行统治,他们调节着自己时代的思想的生产和分配。④ 而"调节一个时代思想的生产和分配"的核心工作之一就是塑造符合统治阶级需要的主导价值观,并把这个阶级的价值观扩大为全社会的价值观,赋予这个统治阶级的价值观"以普遍性的形式"⑤。正是在这个意义上,统治阶级"被看作和被认为是社会的总代表"⑥。尽管在阶级社会里,主导价值观往往并不能够充分反映整个社会的需要。

---

① 中共中央马克思恩格斯列宁斯大林著作编译局. 马克思恩格斯选集(第1卷)[M]. 北京:人民出版社,1995:98.
② 中共中央马克思恩格斯列宁斯大林著作编译局. 马克思恩格斯选集(第1卷)[M]. 北京:人民出版社,1995:79.
③ 韩震. 社会主义核心价值观凝练研究[M]. 北京:北京师范大学出版社,2012:2.
④ 中共中央马克思恩格斯列宁斯大林著作编译局. 马克思恩格斯选集(第1卷)[M]. 北京:人民出版社,1995:98—99.
⑤ 中共中央马克思恩格斯列宁斯大林著作编译局. 马克思恩格斯选集(第1卷)[M]. 北京:人民出版社,1995:100.
⑥ 中共中央马克思恩格斯列宁斯大林著作编译局. 马克思恩格斯选集(第1卷)[M]. 北京:人民出版社,1995:12.

其二,从思想的生产者来看,统治阶级内部中一部分"思想家"专门从事思想生产工作。"社会价值观念的变革要依靠本阶级的先进的思想家去思考、去探索、去总结和概括。"①根据马克思主义唯物史观基本原理,分工是人类历史发展主要动力之一,也是主导价值观得以形成的条件之一。精神劳动和物质劳动的分工也延伸至统治阶级内部,其中有一部分专门从事包括塑造主导价值观在内的"思想家"。"现在,分工也以精神劳动和物质劳动的分工的形式在统治阶级中间表现出来,因此在这个阶级内部,一部分是作为该阶级的思想家出现的,他们是这一阶级积极的、有概括能力的玄想家,他们编造这一阶级关于自身的幻想当作主要的谋生之道,而另外一些人对于这些思想和幻想则采取比较消极的态度,并且准备接受这些思想和幻想,因为在实际中他们是这个阶级的积极成员,很少有时间来编造关于自身的幻想和思想。"②

其三,从思想生产过程来看,统治阶级"思想家"被称为统治阶级乃至整个"社会的头脑和社会的心脏"③,利用其所处的特殊位置,能够意识到自己是站在统治阶级立场进行思想生产,因而总能自觉根据统治阶级的需要和利益来进行取舍和评判事物,从而能直接建构出在形式上有统一性的价值观。统治阶级思想家进行包括塑造主导价值观在内的思想生产是权威机构权威评价的一种历史形态,但仍旧体现着权威评价共同作用的机制。"权威机构由于其所处的位置,一般总能集中地代表社会群体主体的需要、利益,体现着社会群体主体的意志,……权威机构是社会群体的一种自觉组织形式,因而总能自觉地进行评价活动。"④这种自觉性内在体现是主导价值观直接地反映了统治阶级的利益和需要,外在体现是

---

① 袁贵仁. 价值观的理论与实践——价值观若干问题的思考[M]. 北京:北京师范大学出版社,2006:146.
② 中共中央马克思恩格斯列宁斯大林著作编译局. 马克思恩格斯选集(第1卷)[M]. 北京:人民出版社,1995:99.
③ 中共中央马克思恩格斯列宁斯大林著作编译局. 马克思恩格斯选集(第1卷)[M]. 北京:人民出版社,1995:13.
④ 陈新汉,邱仁富. 坚持社会主义核心价值体系的人民主体性——关于克服社会主义核心价值体系边缘化危机的思考[M]. 上海:东方出版中心,2011:29.

主导价值观以具有形式上统一的理论形态所呈现出来的。

因此,主导价值观是"经过反复的、多方面的论证的,在内容的全面性、可靠性方面以及形式的完备性方面具有较大的优势,这使得其在价值信息传播的各个环节——如讨论、争辩、说服——中更容易脱颖而出,成为主导性的意见"[①]。而对已经塑造出来的主导价值观,统治阶级总是动用其所掌握的强制性国家机器和意识形态国家机器来不断加以推行。

(三)主导价值观转化为主流价值观的可能途径

探讨主导价值观转化为主流价值观的可能性,显然不能满足于承认价值观具有可改变性,因为统治阶级塑造主导价值观是可能的,所以还要在此基础上,进一步探索主导价值观转化为主流价值观得以实现的可能途径,下面做简要分析。

其一,从方式的组织程度来分,主导价值观转化为主流价值观的可能途径基本包括组织化方式和非组织化方式。就组织化方式而言,例如:"通过法律手段、社会舆论和学校教育,有目的、有计划把某种价值观(即主导价值观——引者注)灌输给每个社会成员,不断地培养、调整或矫正他们的价值观念,由此使个人的价值观和社会的价值观协调一致起来。"[②]在中国历史上,以君权价值为核心的"三纲五常"是封建统治者直接倡导并利用政治权力所推行的。而奖励和惩罚就是他们实现主导价值观转化为主流价值观可能的两种行政方式。"明主之所导制其臣者,二柄而已矣。何谓刑德?曰:杀戮之谓刑,庆赏之谓德。"[③]凡是能遵循、维护或贯彻、践行主导价值观的人就给予奖赏;凡是不能遵循、维护或贯彻,甚至违反、阻碍或破坏主导价值观的人就给予惩罚。

这里我们应该从广泛意义来理解主导价值观转化为主流价值观语境中的奖励和惩罚方式,即统治阶级可以利用自己掌握的大量人力、物力等资源,不仅要奖励那些践行、拥护主导价值观的个体和组织,典型的如中

---

① 陈新汉等. 社会主义核心价值体系论研究[M]. 北京:北京师范大学出版社,2012:389.
② 袁贵仁. 价值学引论[M]. 北京:北京师范大学出版社,1990:381.
③ 高华平,王齐洲. 韩非子[M]. 张三夕,译注. 北京:中华书局,2020:18.

国封建社会的立牌坊、举孝廉制度等,还要保护、团结那些与主导价值观接近或一致的思想观点或理论体系等。

统治阶级也会惩罚那些违抗主导价值观的个体和组织,取缔或限制那些与主导价值观相异甚至相反的思想观点和理论体系。"主导性价值观念往往总是为统治阶级所支持和信奉的价值观念,统治阶级为了使这种价值观念占领更大的市场,便借助于自己在经济上、政治上的优势,压制、打击、禁绝那些非主导性的价值观念,特别是取缔、排斥那些与自己相反并对自己危害较大的价值观念。"① 所以历史上就曾出现过用国家权力来严厉排斥和抑制一些与封建统治阶级所提倡的相违背的价值观的活动,如秦始皇的"焚书坑儒"、汉武帝的"罢黜百家"、唐武宗的"灭佛"以及中世纪异端裁决所的所作所为等。

就非组织化方式而言,例如:"通过文化传统、风俗习惯、社会心理等形式,把社会的价值观念在潜移默化中传递给社会的每一成员,促使他们的价值观念的形成和发展。"② 这里"促使他们的价值观念的形成和发展"的过程也就是主导价值观转化为主流价值观的过程。所以,社会价值观念的变革要依靠本阶级的先进的思想家去思考、去探索、去总结和概括,然后运用多种手段,通过多种形式去宣传群众、教育群众。③

其二,从方式的意识层次来分,主导价值观转化为主流价值观主要包括自发和自觉方式。④ "自发"和"自觉"是表征人类的生存、活动状态的哲学范畴,同时也标志着人类的解放、个人与社会自由或全面发展的程度。其意蕴包含两个方面:一方面,从与动物相比较来看,标志了人类对活动目的、结果的事先觉知程度。人类的活动与动物活动本质区别是人类在活动开始之前,就对活动的结果觉知了,而动物则是不能预知其活动结果的。"蜜蜂的活动和织工的活动相似,蜜蜂建筑蜂房的本领使人间的

---

① 李德顺,马俊峰. 价值论原理[M]. 西安:陕西人民出版社,2002:241.
② 袁贵仁. 价值学引论[M]. 北京:北京师范大学出版社,1990:381.
③ 袁贵仁. 价值观的理论与实践——价值观若干问题的思考[M]. 北京:北京师范大学出版社,2006:146.
④ 这部分内容曾发表在《马克思主义研究》(2016 年第 10 期)上。

很多建筑师感到惭愧。但是,最蹩脚的建筑师从一开始就比最灵巧的蜜蜂高明的地方,是他在用蜂蜡建筑房以前,已经在自己的头脑中把它建成了。"[1]与此相关的还包括人类的活动具有能动性,如认识世界和改造世界等,而动物则只有本能活动。"动物只是按照它所属的那个种的尺度和需要来建造,而人懂得按照任何一个种的尺度来进行生产,并且懂得处把内在的尺度运用于对象。因此,人也按照美的规律来构造。"[2]另一方面,就人类特有的价值实践活动而言,标志着对自身活动是否遵循历史必然性的把握程度,包括自身实践活动的规律性,对社会历史发展客观规律的认识与遵循程度。在价值实践活动中,相比较来说,"自发"就是价值主体虽然对自己实践活动的所要达到目的是事先预知的,但由于不知道或无法知道社会历史发展的规律,形成自己实践活动在客观上被历史必然性所宰制,因而导致最终活动目的很少或仅部分得以实现。"自发是指人类社会实践活动中盲目地为一定历史的必然性所驱使和支配",即"主体可能觉察到自身生存的状况和问题,以及解决问题的重要性,但是,不知道其所以然的必然性和规律性,属于初级的表面的反映"。[3] 它是活动的目的(包括能动性)和规律的偶然巧合,更多情况下是偏离,甚至背反的。

"自觉"即价值主体不仅会预知实践活动目的,而且更为重要的是价值主体能够进一步认识和把握历史发展规律,使活动遵循历史规律,甚至还可以利用历史规律来开展活动,从而促成实践活动的目的最终得以实现,使活动的目的与规律无限接近,甚至统一。"自觉是指在人类社会实践活动中,在一定程度上认识和了解了自身活动的必然性和规律性以

---

[1] 中共中央马克思恩格斯列宁斯大林著作编译局. 马克思恩格斯全集(第23卷)[M]. 北京:人民出版社,1972:202.
[2] 中共中央马克思恩格斯列宁斯大林著作编译局. 马克思恩格斯选集(第1卷)[M]. 北京:人民出版社,1995:47.
[3] 孙伟平,罗建文. 从自发到自觉:民生幸福的价值追求[J]. 西北大学学报:哲学社会科学版,2013(3):29—33.

后,具有较为明确的价值指向性、目的性和计划性状态。"①因而在价值实践活动中,自发和自觉本质性区别不在于价值主体对价值实践活动目的的主观预知,而在于各自活动是否符合社会历史发展客观规律的程度,以及由此决定的作为主观预知实践活动的目的最终实现的多与寡。就整体而言,在主导价值观转化为主流价值观的实践中,也存在着把主导价值观"自发"转化为主流价值观和"自觉"转化为主流价值观的两种方式之别。

1. 以往统治阶级主要以自发方式来推行主导价值观转化为主流价值观

"占统治地位的思想不过是占统治地位的物质关系在观念上的表现,不过是以思想的形式表现出来的占统治地位的物质关系。"②在阶级社会里,由于受私有制限制,统治阶级和人民群众之间存在根本的利益对立。作为这种阶级对立,价值观领域反映为主导价值观念和主流观念之间以对抗性为主。而统治阶级始终要维护本阶级利益,因此尽管他们在主观上也采取各种形式来把主导价值观转化为主流价值观,实现赋予本阶级价值观"以普遍性的形式",但从一定意义上来说,在阶级社会里,主导价值观转化为主流价值观是逐渐扩大和深入的,不排除在某些特定情况下,也取得了一定成效。在马克思主义诞生以前,以往统治阶级对社会历史发展客观规律知之甚少,造成统治阶级很少使当时主导价值观转化为主流价值观的活动符合社会历史发展客观规律。这就决定了在阶级社会里,主导价值观转化为主流价值观在本质上仍滞留于自发层次,主导价值观转化为主流价值观的效果十分有限,所以主导价值观最终难免走向"虚幻性观念"。

以资产阶级把主导价值观转化为主流价值观为例,只有在资产阶级

---

① 孙伟平,罗建文. 从自发到自觉:民生幸福的价值追求[J]. 西北大学学报:哲学社会科学版,2013(3):29—33.

② 中共中央马克思恩格斯列宁斯大林著作编译局. 马克思恩格斯选集(第1卷)[M]. 北京:人民出版社,1995.98.

革命的这个特定时期,当资产阶级需要无产阶级为自己冲锋陷阵时,他们才清楚地了解到"没有工人阶级的帮助,资产阶级永远不能取得对国家的完全的社会统治和政治统治"[1]。此时资产阶级就会高高举起"博爱"旗帜(如1789年法国资产者也曾宣称资产阶级的解放就是全人类的解放[2]),并不遗余力地把它转化为无产阶级和群众的主流价值观,用以激发后者全身心投入到革命实践中(在这个特定情况下,资产阶级把主导价值观转化为主流价值观体现出一定的自觉性)。而一旦资产阶级取得革命胜利,他们就撕下了伪善面具:"把共和国的'自由,平等,博爱'这句格言代以毫不含糊的'步兵,骑兵,炮兵'。"[3]此时,"人数众多的与资产阶级不同的那部分群众(即无产阶级和群众——引者注)就认为,在革命的原则中并没有体现他们的现实利益,并没有体现他们自己的革命原则"[4],于是资产阶级所竭力要转化的"博爱"等价值观,结果"就变成了一句纯粹是自作多情的空话而在革命斗争的火焰中烟消云散了"[5]。

因此,马克思对资产阶级把"博爱"等转化为无产阶级和群众的主流价值观活动,只有在特定情况下才体现出自觉性时,总结道:"只有在资产阶级利益还和无产阶级利益结合在一起的时候才继续存在。"[6]而在本质上却是虚妄的,根本是由于存在着资产阶级特殊利益与广大无产阶级和群众普遍利益对立的情况,资产阶级无法了解社会历史发展规律,更遑论使其主导价值观转化为主流价值观活动符合规律。

---

[1] 中共中央马克思恩格斯列宁斯大林著作编译局. 马克思恩格斯文集(第1卷)[M]. 北京:人民出版社,2009:373.
[2] 中共中央马克思恩格斯列宁斯大林著作编译局. 马克思恩格斯文集(第1卷)[M]. 北京:人民出版社,2009:370.
[3] 中共中央马克思恩格斯列宁斯大林著作编译局. 马克思恩格斯选集(第1卷)[M]. 北京:人民出版社,1995:622.
[4] 中共中央马克思恩格斯列宁斯大林著作编译局. 马克思恩格斯文集(第1卷)[M]. 北京:人民出版社,2009:287.
[5] 中共中央马克思恩格斯列宁斯大林著作编译局. 马克思恩格斯文集(第1卷)[M]. 北京:人民出版社,2009:370.
[6] 中共中央马克思恩格斯列宁斯大林著作编译局. 马克思恩格斯全集(第5卷)[M]. 北京:人民出版社,1958:154.

2. 社会主义社会主要以自觉方式把主导价值观转化为主流价值观

与以往统治阶级把主导价值观转化为主流价值观主要以自发方式为主相比,由于在社会主义社会里无产阶级(及其先锋队)和人民根本利益的一致性,决定了主导价值观和主流价值观的关系以一致性为主,而不再以对抗、对立为主。同时,主导价值观转化为主流价值观是建立在马克思主义所揭示的社会历史发展客观规律基础之上的,由此社会主义社会里主导价值观转化为主流价值观从整体上跃升到自觉层次。

"过去的一切运动都是少数人的或者是为少数人谋利益的运动。无产阶级的运动是绝大多数人的、为绝大多数人谋利益的独立的运动。"① 无产阶级不仅在革命时期同人民保持着共同利益联系,最为根本的是,还在革命胜利以后仍然同人民保持着共同利益联系。"在无产阶级和资产阶级的斗争所经历的各个发展阶段上,共产党人始终代表整个运动的利益。"② 无产阶级和以往革命阶级在获胜后的本质区别"在于它的阶级利益确实是人类根本利益的体现,因而不仅在革命时期,而且在革命以后都能保持同其他群众共同利益的密切联系"③。对于"无产阶级的阶级利益同人民的根本利益始终是一致的"观点,习近平总书记指出:"党性和人民性从来都是一致的、统一的。"④ 正是由于社会主义社会里无产阶级和人民群众有着共同的根本利益,决定了对这种共同利益在价值观领域里反映为主导价值观和主流价值观之间具有根本一致性。这是社会主义社会与以前阶级社会相比,两者关系上的本质性区别。

"历史唯物主义所揭示的社会发展规律的客观真理,是正确的社会价值观和价值目标追求的社会认识前提和科学基础。"⑤ 就社会存在决定社

---

① 中共中央马克思恩格斯列宁斯大林著作编译局. 马克思恩格斯选集(第1卷)[M]. 北京:人民出版社,1995:283.
② 中共中央马克思恩格斯列宁斯大林著作编译局. 马克思恩格斯选集(第1卷)[M]. 北京:人民出版社,1995:285.
③ 候惠勤. 马克思主义意识形态批判与当代中国[M]. 北京:中国社会科学出版社,2010:238.
④ 习近平. 习近平谈治国理政(第一卷)[M]. 北京:外文出版社,2014:154.
⑤ 候惠勤. 意识形态话语权初探[J]. 马克思主义研究,2014(12):5—12.

会意识的马克思主义唯物史观基本原理而言,社会价值观(包括主导价值观和主流价值观)是社会意识形式的重要内核,因而是内蕴于社会意识形式中。虽然马克思和恩格斯没有专门论述价值观转化,但在客观上是把它涵括于意识形式、意识形态、思想观念体系等(简称社会意识)论述中的。马克思主义关于社会意识发展规律的阐释适用于价值观建构。而他们是把社会存在和社会意识一起构成人类历史发展规律来探讨的。因此,马克思主义关于历史发展客观规律的揭示从另一个向度把社会主义社会价值观的建构(包括主导价值观转化为主流价值观)跃升到自觉阶段。

对于人类历史发展客观规律,恩格斯在《在马克思墓前的讲话》中概括性指出,"正像达尔文发现有机界的发展规律一样,马克思发现了人类历史的发展规律,即历来为繁芜丛杂的意识形态所掩盖着的一个简单事实:人们首先必须吃、喝、住、穿,然后才能从事政治、科学、艺术、宗教等等;所以,直接的物质的生活资料的生产,从而一个民族或一个时代的一定的经济发展阶段,便构成基础,人们的国家设施、法的观点、艺术以至宗教观念,就是从这个基础上发展起来的,因而,必须由这个基础来解释,而不是像过去那样做得相反。"①

其实在马克思主义关于人类历史发展规律的论述中,不仅坚持社会存在决定社会意识,还强调要对社会物质生产发展和社会意识发展进行区分。"在考察这些变革时,必须时刻把下面两者区别开来:一种是生产的经济条件方面所发生的物质、可以用自然科学的精确性指明的变革;一种是人们借以意识到这个冲突并力求把它克服的那些法律的、政治的、宗教的、艺术的或哲学的,简言之,意识形态的形式。"②

正是从区分基础上,马克思在坚持社会决定社会意识的历史唯物主

---

① 中共中央马克思恩格斯列宁斯大林著作编译局. 马克思恩格斯选集(第3卷)[M]. 北京:人民出版社,1995:776.
② 中共中央马克思恩格斯列宁斯大林著作编译局. 马克思恩格斯选集(第2卷)[M]. 北京:人民出版社,1995:33.

义前提下,又坚持能动反映论,强调社会意识(含社会价值观)的相对独立性。马克思指出"物质生存方式虽然是始因,但是这并不排斥思想领域也反过来对这些物质生存方式起作用,因而是第二性的作用"①,以及"如果从观念上来考察,那么一定的意识形式的解体足以使整个时代覆灭"②,等等。

"马克思主义在揭示社会发展规律的同时,也揭示了人的内在需求和人的发展规律,从而真正把握了文化发展的内在要求和客观趋势,站到了当代人类文化发展的历史高度。"③这也为社会主义核心价值观从主导价值观自觉转化为主流价值观提供了遵循(因为主导价值观转化为主流价值观本质上从属于文化发展规律)。奠基于无产阶级和人民根本利益的共同性,得益于马克思主义所揭示的人类社会发展客观规律理论。在社会主义社会里,主导价值观转化为主流价值观已经从以自发方式为表征的必然王国跃进到以自觉方式为标志的自由王国,从而在社会主义社会里主导价值观转化为主流价值观的实践活动达到"使历史规律性和选择性的统一成为可能,使超越个人利益和献身共同理想具有坚实的基础"④。

需要特别补充说明的是,要辩证认识主导价值观转化为主流价值观自发方式与自觉方式之间的关系,如此才能使立论基础更加厚实、论述更趋缜密。

其一,主导价值观转化为主流价值观的自发方式和自觉方式之间有本质性区别,但又不能割断它们之间的联系。"人类历史是一个不断从必然王国走向自由王国的历史。"⑤主导价值观转化为主流价值观也是一段

---

① 中共中央马克思恩格斯列宁斯大林著作编译局. 马克思恩格斯选集(第4卷)[M]. 北京:人民出版社,1995:691.
② 中共中央马克思恩格斯列宁斯大林著作编译局. 马克思恩格斯全集(第46卷下)[M]. 北京:人民出版社,1980:35.
③ 侯惠勤. 在社会主义核心价值观的概括上如何取得共识?[J]. 红旗文稿,2012(8):9—13.
④ 侯惠勤. "普世价值"与核心价值观的反渗透[J]. 马克思主义研究,2010(11):5—12.
⑤ 侯惠勤. 意识形态的历史转型及其当代挑战[J]. 马克思主义研究,2013(12):5—13.

不断从必然王国跃进自由王国的征程。主导价值观转化主流价值观的自发方式是自觉方式的基础,自觉方式是对自发方式的"扬弃",因为"'自发因素'实质上无非是自觉性的萌芽状态"①。如果没有以前期在探索主导价值观转化为主流价值观所积累的自发性方式为基础,那么自觉性转化方式也不会横空出世、陡然出现。

其二,从阶级分析角度,从阶级社会和社会主义社会发展整体进程的意义上来说,主导价值观转化为主流价值观主要可以分为自发和自觉两种(并不是绝对),也就是在整个阶级社会发展阶段内,主导价值观转化为主流价值观从本质上以自发性为主,但不否认、排除在某些特定情况下(如发生对外战争、重大自然灾害等)主导价值观也会以自觉的方式转化为主流价值观。而在社会主义社会里,主导价值观转化为主流价值观主要以自觉方式为主,但不意味着在某些特定阶段、特定情况下,主导价值观还可能会以自发方式转化为主流价值观。实践表明,在社会主义国家里,如何实现主导价值观自觉转化为主流价值观充满着不确定性,从而越发凸显实现自觉转化对社会主义国家发展的重要意义。对此,习近平总书记指出:"确立和反映全国各族人民共同认同的价值观'最大公约数',使全体人民同心同德,团结奋进,关乎国家前途命运,关乎人民幸福安宁。"②而在以资本社会主义为代表的阶级社会里,主导价值观转化为主流价值观也在整体自发性底色里不时闪发出自觉性余晖。两方面实践更为我们深刻审视两者辩证关系提供了厚重的佐证。

其三,在社会主义社会里,主导价值观转化为主流价值以自觉方式为主,但是这个自觉性是相对于历史上统治阶级来说的,并不意味着到了社会主义社会,主导价值观就已经自动转化为主流价值观,或者说按照某个既定方案,主导价值观就可以按部就班转化为主流价值观。其实在社会主义社会里,尤其是处在初级阶段内的社会主义社会,主导价值观转化为

---

① 中共中央马克思恩格斯列宁斯大林著作编译局. 列宁选集(修订版)(第1卷)[M]. 北京:人民出版社,2012:317.
② 习近平. 习近平谈治国理政(第一卷)[M]. 北京:外文出版社,2014:168.

主流价值自觉性是一种潜在、应然的自觉性,而非现实、实然的自觉性,如何把这种潜在自觉性转化为实在自觉性,实现在社会主义社会里主导价值观(包括我国社会主义核心价值观)自觉转化为主流价值观,对执政党来说,是严峻而迫切的重大课题,极大考验着其治国智慧。

三、主导价值观转化为主流价值观的条件性

"理论一经掌握群众,也会变成物质力量。理论只要说服人,就能掌握群众;而理论只要彻底,就能说服人。所谓彻底,就是抓住事物的根本。"①这是从普遍性的哲学角度揭示了在理论要达到掌握群众、转化实践、推动社会进步的过程中,理论自身所具备的条件。前面分析中已经指出,主导价值观转化为主流价值观从根本上还是遵循着理论掌握群众后产生改造世界实践活动的这一普遍规律。因此这个论述为分析主导价值观转化为主流价值观的条件性提供了一种框架。

目前对主导价值观转化为主流价值观的条件性进行专门系统分析还较少。仅有的对主导价值观转化为主流价值观的条件分析,也往往是在不同语境中聚焦于主导价值观、核心价值观所要具备的一些特点或达到一定要求等。袁贵仁提出,"建设当代中国主导价值观、先进价值观,也就是建设中国特色社会主义核心价值观。它包含四个方面的要素:一是与社会主义的基本制度相统一;二是与中华民族传统文化相适合;三是与市场经济的发展规律相吻合;四是与国家法律体系相配套,并把这四个方面创造性地融汇在一起。"②贾英健提出主导价值观要具备四个条件③:"首先,这种价值观念具有统摄性,就是要能够把它之外各种不同价值观凝聚在自己周围,并对它们加以正确地协调、整合和引导。其次,这种价值观能够为社会所普遍认同。再次,这种价值观念要具有理想性。它不仅要

---

① 中共中央马克思恩格斯列宁斯大林著作编译局. 马克思恩格斯选集(第1卷)[M]. 北京:人民出版社,1995:9.
② 袁贵仁. 价值观的理论与实践——价值观若干问题的思考[M]. 北京:北京师范大学出版社,2006:4.
③ 贾英健. 多样价值观态势与主导价值观的确立[J]. 山东社会科学,2002(1):71-76.

立足现实,反映现实,同时又要超越现实。最后,这种价值观念要反映特定阶级和社会集团的利益。"

上述这些论述,为我们系统分析主导价值观转化为主流观价值观的条件性奠定了一定理论资源,但似乎还没有全面透视主导价值观转化为主流价值观条件性的内涵。因此结合其他研究,我们认为,主导价值观转化为主流价值观的完整条件应该包括两个方面:一方面是主导价值观自身具备一些特点或达到一定要求,当前论述主要集中于这一方面;另一方面就是在前者的基础上,主导价值观转化为主流价值观的过程要符合一定条件或遵循一定规律。以主导价值观转化为主流价值观方式之一的认同为例,就有狂热认同和常态认同,显然狂热认同是不符合转化规律的,而这一点常常被忽视,或被默认为不言自明的。目前涉及这方面的相关论述较为罕见。只有陈新汉教授提出:"核心价值体系要在社会意识中由主导社会价值观念转化为社会主流价值观念,或在社会主流价值观念的形成中凸显出来,就必须不断感受由社会基本矛盾运动所体现出来的大多数人的利益变迁,改变其具体内涵和形态,不断赢得大多数社会成员的认同;就必须伴随着时代的变迁,改变其具体内涵和形态。不断地与人类历史中的具体时代所提出的价值诉求相一致,体现人文精神的时代特征。"[①]

当然,这两个方面条件不是截然分开的,而是互相联系的。主导价值观自身具备的某些条件是基础和前提,并决定后者。如果前者没有达到一定条件,那么即使后者达到一定条件,往往也会导致主导价值观转化为主流价值观产生不同程度的消极社会影响(在主导价值观转化为主流价值观社会影响的两重性部分里,将对此再做详细分析),但不能由此就轻视后者的合理作用。如果转化过程不符合一定条件,那么尽管主导价值观自身已达到一定要求,但在这种情况下,主导价值观是不能充分转化为主流价值观的,从而也就不能发挥其应有的社会作用。因此,这并不意味

---

① 陈新汉. 核心价值体系论导论[M]. 上海:上海大学出版社,2016:123.

着只要主导价值观自身具备某些条件,主导价值观转化为主流价值观就自动完成了。只是相比起来,后者对主导价值观转化为主流价值观及其社会作用的影响不及前者,但也不能被忽视。其实我们当前在价值观建设中亟须攻克的课题之一,就是如何选择科学方式来把社会主义核心价值观从主导价值观转化为主流价值观。而这个课题的理论基础恰恰与我们分析的主导价值观转化为主流价值观条件性中的第二个方面是紧密相关的。有鉴于此,主导价值观转化为主流价值观的条件除转化过程要符合规律以外,主导价值观本身还要达到以下几个条件。

(一)主导价值观必须是对社会存在的反映,就是它要反映社会客观状况、本质规律和发展趋势

"不是意识决定生活,而是生活决定意识。"[①]主导价值观既要反映特定社会类型(如封建社会、资本主义社会等)整体性、普遍性、本质性的特点,又要体现出其中某一阶段的特殊社会状况,体现出连续性与阶段性、共性与个性的统一。习近平总书记提出:"一个民族、一个国家的核心价值观必须同这个民族、这个国家的历史文化相契合,同这个民族、这个国家的人民正在进行的奋斗相结合,同这个民族、这个国家需要解决的时代问题相适应。"[②]这是对主导价值观的本体性要求,因而这个规定在对主导价值观的所有条件中居于决定性地位。偏离或违背这一要求(如过于超前或严重滞后于社会发展状况),主导价值观就难以转化为主流价值观,或者即使转化了也就只会给国家和社会带来不幸,甚至严重灾难。"如果价值观不能反映人类社会发展的步伐,不能代表历史前进的方向,那么它也就不能为多数人所认同。"[③]其中"它也就不能为多数人所认同"意味着不能转化或基本不能转化为主流价值观。中外历史无数次验证了

---

① 中共中央马克思恩格斯列宁斯大林著作编译局. 马克思恩格斯选集(第1卷)[M]. 北京:人民出版社,1995:73.
② 习近平. 习近平谈治国理政(第一卷)[M]. 北京:外文出版社,2014:171.
③ 韩震. 社会主义核心价值观新论——引领社会文明前行的精神指南[M]. 北京:中国人民大学出版社,2014:71.

这一点。"近代资本主义的自由、平等和个性解放的价值观就代表人类发展的方向和要求,因而成为具有'普遍意义'的价值观;而封建主义的等级制和血统制的价值观,由于有悖于历史发展的潮流,就成为被历史逐渐淘汰的价值观。"① 因此,衡量一种价值观是否合理,归根结底在于看它所反映的主体利益是否与历史发展的客观必然进程相一致。如果它反映的主体利益、主体的需要与历史发展的客观必然进程是一致的,那么它就是合理的。②

就主导价值观体现出的连续性和阶段性的统一而言,如资产阶级在反对封建主义革命的初期提出了"自由、平等、博爱"等价值观,赢得了群众认可,从而取得革命胜利。资产阶级建立资本主义政权后,则根据形势变化,在社会主义实践和工人运动压力下,适应群众需要,"资产阶级也逐渐把资本主义核心价值观嬗变为民主、自由、人权,从而仍然能够在一定程度上继续掌握着道德制高点和文化软实力"③。而资产阶级之所以在不同阶段提出了既有连续性又有一定区别的主导价值观,这是因为其主导价值观依存的社会现实发生了变化。"前者(即自由、平等、博爱)是新兴资产阶级力量相对薄弱的情况下,要求统治者给自己以自由,使自己能够获得平等相待的权利;后者(民主、自由、人权)则是资产阶级巩固政权之后,一方面反映了资产阶级的制度需要,即不仅要有自由,还要有资本发展的基本权利,另一方面也反映了人民群众的觉醒和为扩大权利而斗争的现实。"④

就主导价值观反映社会特定阶段发展状况而言,"价值观是关于生活的意识,遵循意识和生活的基本关系,人有什么样的生活就会有什么样的价值观。"⑤ 所以在"贵族统治时期占统治地位的概念是荣誉、忠诚,等等,

---

① 韩震.社会主义核心价值观凝练研究[M].北京:北京师范大学出版社,2012:37.
② 赵馥洁.论汉儒对主导价值观的构建和强化[J].陕西师范大学学报:哲学社会科学版,2011(3):36—46.
③ 韩震.社会主义核心价值观凝练研究[M].北京:北京师范大学出版社,2012:90.
④ 韩震.社会主义核心价值观凝练研究[M].北京:北京师范大学出版社,2012:90—91.
⑤ 兰久富.倡导社会主义核心价值观的理论前提[J].哲学研究,2014(8):18—21.

而在资产阶级统治时期占统治地位的概念则是自由、平等,等等"[1]。就社会主义核心价值观而言,社会主义核心价值观要发挥历史引导作用,就必须是适应社会主义革命和建设的价值观,而不是适应所有社会的其他什么价值观。[2]

(二)主导价值观必须真正是目标性,而非手段性

就是说一个社会的主导价值观必须是对通过一定手段、途径而最终得到要实现那个社会发展目标的理论表达,而不是对这些手段、途径的属性的揭示。如社会主义革命的目的是为了建立人民当家作主的公正社会,因此"对社会主义来说,人民当家作主就是理念性的价值,而不仅仅是手段"[3]。尽管社会主义革命也需要通过战争和专政,但它们都是达到目的的手段,而非目的本身。

(三)主导价值观必须是持久的,不是短暂的

与一般性价值意识相比,价值观具有稳定性,这是主导价值观之所以能持久的"内因",因此也可以说,主导价值观要保持持久是价值观的稳定性特点在这个特定领域的具体展开。和平时期,如果一个国家主导价值观不能保持相对稳定性,那就意味着这个国家还没有塑造出成熟的价值观。历史上成熟的主导价值观都在较长时间内保持基本稳定(不排除根据现实需要进行某些修改),例如:中国封建社会自西汉就确立的以儒家思想为核心的主导价值观,其基本贯穿于整个封建社会;美国自成立初就建立了以自由为核心的主导价值观,并保持至今。

(四)主导价值观必须是具有一定超越性的理念

这种超越性体现在:其一,层次上的超越。"超越一般性的经济和生活诉求,这样才可以凝聚人心、振作精神、引领方向,具有强大精神感召

---

[1] 中共中央马克思恩格斯列宁斯大林著作编译局. 马克思恩格斯选集(第1卷)[M]. 北京:人民出版社,1995:100.
[2] 韩震. 社会主义核心价值观新论——引领社会文明前行的精神指南[M]. 北京:中国人民大学出版社,2014:35.
[3] 韩震. 社会主义核心价值观凝练研究[M]. 北京:北京师范大学出版社,2012:68.

力,才能够站在历史发展的道德制高点上。"①其二,群体上的超越。主导价值观体现国家的意志,是其利益在价值领域的表达,是国家权威机构的权威评价的一种形式。因此,与其他民众评价形式如社会思潮等相比,能较好体现各个群体的普遍利益(阶级社会里仅仅体现统治阶级特殊利益的则另当别论),而不仅仅是某一个、某几个特殊群体的利益在思想上的表达。其三,时间上的超前。"一个民族、一个国家、一个社会的价值观念及其核心价值体系的形成和发展都是基于一定时空体系内发展的民族、国家和社会的历史性和时代性反映,并且同时以理想的形态引导、塑造着这个民族、国家和社会的历史发展进程。"②主导价值观也是如此。

(五)主导价值观体现特定国家的传统文化

"每一个时代的哲学作为分工的一个特定的领域,都具有由它的先驱传给它,而它便由此出发的特定的思想材料作为前提。"③传统文化就是主导价值观提出的"特定的思想材料",因而主导价值观要与国家传统文化相衔接。"和大众的意识相冰炭的思想系统是断难久据要津的。"④夏尔·托克维尔考察美国基督教和其主导价值观之核心的"自由"之间的关系后指出:"自由认为宗教是自己的战友和胜利伙伴,是自己婴儿时期的摇篮和后来各项权利的神赐依据。"⑤

针对培育社会主义核心价值观,习近平总书记指出:"培育和弘扬社会主义核心价值观必须立足中华优秀传统文化。牢固的核心价值观,都有其固有的根本。抛弃传统、丢掉根本,就等于割断了自己的精神命脉。博大精深的中华优秀传统文化是我们在世界文化激荡中站稳脚跟的根

---

① 韩震. 社会主义核心价值观凝练研究[M]. 北京:北京师范大学出版社,2012:69.
② 韩震. 社会主义核心价值观凝练研究[M]. 北京:北京师范大学出版社,2012:19.
③ 中共中央马克思恩格斯列宁斯大林著作编译局. 马克思恩格斯文集(第10卷)[M]. 北京:人民出版社 2009:599.
④ 张荫麟. 中国史纲[M]. 北京:中华书局,2016:208-209.
⑤ [法]夏尔·托克维尔. 论美国的民主(上)[M]. 董良果,译. 北京:商务印书馆,1988:49.

基。"①所以,考察社会价值观念的变革,既要从现实的角度探究社会结构特别是经济结构对它的制约与影响,又要从文化传统延续中,把握其历史演变的特点和趋势。②这一论述再次为分析主导价值观自身所具备的条件提供了启发。

四、主导价值观转化为主流价值观对社会影响的两重性

"核心价值观,在根本上是由社会基本经济制度、政治制度所决定的,是由统治阶级所倡导的价值观念,它决定着该社会的文化性质,并对社会的经济、政治和社会发展具有明显的反作用。"③这种反作用也有正负之分,而这种反作用究竟是正面和负面则主要取决于主导价值观自身内在的规定。因此与分析主导价值观转化为主流价值观条件性紧密相连的论域,就是主导价值观转化为主流价值观后对社会发生作用、产生影响的性质分析。历史表明,那些符合社会发展规律和趋势的主导价值观转化为主流价值观后,才会产生积极社会作用,而背离社会发展规律和趋势的主导价值观转化为主流价值观后,不仅不会产生积极作用,而且还会给社会带来严重破坏。

马克思在肯定社会存在决定社会意识的基础上,又提出社会意识相对独立性论述,与我们论题相关的就是社会意识能对社会存在产生一定的能动作用(虽然是第二性的)。例如:"物质存在方式虽然是始因,但是这并不排斥思想领域也反过来对这些物质存在方式起作用,然而是第二性的作用。"④这里的"起作用"从性质上来分就包括产生积极或消极作用,而一种思想对社会产生积极还是消极性质的影响则取决于该思想是符合还是违反了社会发展规律。

---

① 习近平. 习近平谈治国理政(第一卷)[M]. 北京:外文出版社,2014.
② 李德顺. 我们时代的人文精神——当代中国价值哲学的建构及其意义[M]. 北京:北京师范大学出版社,2013:115.
③ 韩震. 社会主义核心价值观凝练研究[M]. 北京:北京师范大学出版社,2012:2.
④ 中共中央马克思恩格斯列宁斯大林著作编译局. 马克思恩格斯选集(第4卷)[M]. 北京:人民出版社,1995:691.

(一)符合社会发展规律的主导价值观,转化后能推动国家发展和社会进步

"理论一经掌握群众,也会变成物质力量。理论只要说服人,就能掌握群众;而理论只要彻底,就能说服人。所谓彻底,就是抓住事物的根本。"[①]可见,马克思在这里侧重指出符合事物发展规律的理论(即彻底的理论,也就是抓住事物根本的理论)被群众掌握后,就能转化为他们改造世界的建设性实践活动,从而产生积极的社会作用,虽然马克思没有在"物质力量"之前加"积极"两个字来限制,但根据上下文,这里物质力量更倾向于积极的物质力量。

延伸至我们论题就是符合社会发展规律的主导价值观转化为主流价值观的过程,就是凝聚人心、统一意志的过程,也就是转化为符合国家意识形态需要的群众实践活动,从而推动国家发展和社会进步。这种主导价值观就是"现实的"主导价值观,而不是"现存的"主导价值观。

特别补充一下,"现实"和"现存"在通常意义上是不加区分的。而在历史哲学中,两者是一组对应的范畴。黑格尔几次对此作出了准确的区分,如他指出:"如果这种统一不存在,那种东西就不是现实的,即使它达到实存[②]。一个坏的国家是一个仅仅实存着的国家,一个病躯也是实存着的东西,但它没有真实的实在性[③]。一只被砍下来的手看来依旧象一只手,而且实存着,但毕竟不是现实的。真实的现实性就是必然性,凡是现实的东西,在其自身中是必然的。"[④]他还强调"任何不合理的事物,即因其不合理,便不得认作现实"[⑤]。"凡是合乎理性的东西都是现实的;凡是现实的东西都是合乎理性的。"[⑥]"在日常生活中,任何幻想、错误、罪恶

---

① 中共中央马克思恩格斯列宁斯大林著作编译局. 马克思恩格斯选集(第1卷)[M]. 北京:人民出版社,1995:9.
② 这里的"实存"即"现存",下同。
③ 这里"实在性"就是"现实"。
④ [德]黑格尔. 法哲学原理[M]. 范扬,张企泰,译. 北京:商务印书馆,1961:280.
⑤ [德]黑格尔. 小逻辑[M]. 贺麟,译. 北京:商务印书馆,1980:296.
⑥ [德]黑格尔. 法哲学原理[M]. 范扬,张企泰,译. 北京:商务印书馆,1961:11.

以及一切坏东西、一切腐败幻灭的存在,尽管人们都随便把它们叫作现实。但是,甚至在平常的感觉里,也会觉得一个偶然的存在不配享受现实的美名。"①例如:"法国的君主制在1789年已经变得如此不现实,即如此丧失了任何必然性,如此不合理,以致必须由大革命(黑格尔总是极其热情地谈论这次大革命)来把它消灭。"②"所以,在这里,君主制是不现实的,革命是现实的。"③

恩格斯首先肯定了黑格尔的上述关于现存和现实所做的区分,尤其是对"现实"内涵的把握,他指出:"根据黑格尔的意见,现实性绝不是某种社会状态或政治状态在一切环境和一切时代中所具有的属性。"④现实性只仅仅属于"在其展开过程中表现为必然性"⑤的东西。接着恩格斯进一步指出:"在他(黑格尔——引者注)看来,现实性这种属性仅仅属于那同时是必然性的东西……但是必然性的东西归根到底会表明自己也是合乎理性的。"⑥"在黑格尔看来,绝不是一切现存的都无条件地也是现实的。"⑦恩格斯最后批判性指出,"按照黑格尔的思维方法的一切规则,凡是现实的都是合乎理性的这个命题,就变为另一个命题:凡是现存的,都一定要灭亡。"⑧

这里作为"现实性"之本质内涵的"必然性",将其具体化就是"必然与作为社会主体的大多数人的利益和人文精神时代特征内在地联系在

---

① [德]黑格尔. 小逻辑[M]. 贺麟,译. 北京:商务印书馆,1980:44.
② 中共中央马克思恩格斯列宁斯大林著作编译局. 马克思恩格斯选集(第4卷)[M]. 北京:人民出版社,1995:215—216.
③ 中共中央马克思恩格斯列宁斯大林著作编译局. 马克思恩格斯选集(第4卷)[M]. 北京:人民出版社,1995:216.
④ 中共中央马克思恩格斯列宁斯大林著作编译局. 马克思恩格斯选集(第4卷)[M]. 北京:人民出版社,1995:215.
⑤ 中共中央马克思恩格斯列宁斯大林著作编译局. 马克思恩格斯选集(第4卷)[M]. 北京:人民出版社,1995:215.
⑥ 中共中央马克思恩格斯列宁斯大林著作编译局. 马克思恩格斯选集(第4卷)[M]. 北京:人民出版社,1995:215.
⑦ 中共中央马克思恩格斯列宁斯大林著作编译局. 马克思恩格斯选集(第4卷)[M]. 北京:人民出版社,1995:215.
⑧ 中共中央马克思恩格斯列宁斯大林著作编译局. 马克思恩格斯选集(第4卷)[M]. 北京:人民出版,1995:216.

一起"①。"现存的"具体内涵就是对现实性内涵的否定或背离。尽管在某种特殊境遇中,某种价值观念一时为社会中大多数或绝大多数人认同,甚至是狂热认同,但由于不能表明为"必然性"而注定要灭亡。

因此说一种主导价值观是"现实的",是由于作为这种主导价值观主体的统治阶级能够以"真正的社会的头脑和社会的心脏"②角色"自觉或不自觉地感受着由社会基本矛盾运动所体现出来的多数人的利益和人文精神的时代特征"③。资产阶级主导价值观转化为主流价值观后对资本主义国家发展产生过历史性贡献。在一定意义上可以说,没有符合当时社会发展趋势的"自由""平等""博爱"等观念以及个人自主的首创精神,资本主义国家就不可能得到如此发展。从历史上看,"法国崛起,与自由、平等、博爱的价值观念相伴随;英国的崛起,与自由贸易的理念相联系;美国的崛起,与民主、人权、世界秩序相交织。"④所以,谁有了代表历史前进方向的核心价值,就能创造出代表历史发展方向的政治制度,从而激发出公民无穷的创造力和生产效率。⑤ 正是基于这种认识,基辛格在《大外交》中把"美国价值观传播和国家安全利益、经济利益"并列为三大国家利益之一⑥,乃至有学者提出"核心价值观逐渐发展成为大国博弈的新支点"⑦。这揭示了只有符合社会发展规律和趋势的主导价值观转化为主流价值观后,才能对国家和社会的发展产生巨大的积极作用。

(二)背离、违反社会发展规律的主导价值观,转化后将给社会带来严重破坏

背离、违反社会发展规律的理论,掌握群众后不仅不会产生积极作

---

① 陈新汉. 核心价值体系论导论[M]. 上海:上海大学出版社,2016:64.
② 中共中央马克思恩格斯列宁斯大林著作编译局. 马克思恩格斯选集(第1卷)[M]. 北京:人民出版社,1995:13.
③ 陈新汉. 核心价值体系论导论[M]. 上海:上海大学出版社,2016:66.
④ 韩震. 社会主义核心价值观凝练研究[M]. 北京:北京师范大学出版社,2012:34.
⑤ 韩震. 社会主义核心价值观凝练研究[M]. 北京:北京师范大学出版社,2012:35.
⑥ 玛雅. 美国的逻辑:意识形态和内政外交[M]. 北京:中国经济出版社,2011:13.
⑦ 公方彬. 大国博弈:以核心价值观为支点[N]. 中国青年报,2008-02-03(3).

用,还会给社会带来严重破坏。就我们论题而言,违反社会发展规律的主导价值观转化为主流价值观会对社会产生消极影响,而且越是把这种主导价值观充分转化为主流价值观,这种转化就越会给社会带来严重危害。"这种社会价值观念往往就会在社会历史中起破坏作用,并且越是被人们狂热的认同,其所起的破坏作用就越是大、越是烈。"①

这种主导价值观不是"现实性"的,而是"现存"的,即这种主导价值观不能从根本上体现为社会主体的大多数人的利益,不能从根本上体现人文精神时代的特征,最后自身肯定免不了灭亡的命运。这种主导价值观"即使由于上层建筑中国家机器的强力支持而能在一段时期内存在着,那么必然是'现存的'的,而不是'现实'的"②,迟早要被其他具有现实性的主导价值观所取代,这是价值观发展史中的铁律。例如:"在第二次世界大战中作为社会价值观念的法西斯主义在德意志民族中形成狂热以及由此引起的战争对世界人民造成的巨大灾难;'文化大革命'中作为社会价值观念的'社会主义时期基本理论路线'所形成的狂热以及由此引起的'造反'运动对中国人民造成巨大灾难。"③而这种明显违反、背离社会发展规律的主导价值观之所以能转化是有复杂原因的。其中主要还是作为主导价值观倡导者的统治阶级以强大国家意识形态机器为后盾用非常规、强制方式来推行主导价值观,同时以极端方式来惩罚、制裁那些违抗、抵制主导价值观的人,如中世纪宗教异端裁判所的所作所为、我国封建社会的"文字狱"等,从而导致众多人群在此特定情况陷入非理性,甚至狂热、狂乱的状态中,最终酿成历史悲剧。

综上所述,如果从观念上来考察,那么一定的意识形式的解体足以使整个时代覆灭。④ 我们既要从中领会马克思在这里所凸显的以主导价值观为内核的"意识形式"在一定范围内会对社会的发展产生巨大作用(虽

---

① 陈新汉.核心价值体系论导论[M].上海:上海大学出版社,2016:64.
② 陈新汉.核心价值体系论导论[M].上海:上海大学出版社,2016:198.
③ 陈新汉.核心价值体系论导论[M].上海:上海大学出版社,2016:220.
④ 中共中央马克思恩格斯列宁斯大林著作编译局.马克思恩格斯全集(第46卷下)[M].北京:人民出版社,1980:35.

然是非决定性的),又要在此基础上领会它对社会产生巨大作用所内蕴的两重性(马克思在这里是侧重从否定的角度)。我们要全面理解马克思这一论述,坚持用"人文精神的时代特征"作为武器来进行社会的自我批判,即主导价值观转化为主流价值观之前要以主导价值观是否体现人文精神的时代特征为标准来进行理论省思和事先审查。因为"如果与人文精神时代特征完全背离的社会价值观念与国民相结合,那么这种结合通过认同环节和共识环节,越是以信仰的形式体现出来,它所产生的对于社会的破坏作用就越大……这种破坏作用归根到底就意味着对于生活在这时期的人的生命活动的压抑和毁灭"[1],所以才能在主导价值观转为主流价值观过程中始终保持自觉意识和忧患意识,不断把符合社会发展规律的主导价值观转化为主流价值观。对偏离、背离、违反社会发展规律的主导价值观保持高度警惕,并加以坚决抵制,从而才会避免历史上类似悲剧再次上演。这也是我们在培育社会主义核心价值观过程中要加以警惕和防范的。在一定意义(非决定性的)上可以说,价值观和社会也是互相塑造的。一方面,什么样的社会需要什么样的价值观引导;另一方面,什么样的价值观也引领着什么样的社会。[2] 符合社会发展规律和趋势的主导价值观引领着社会健康发展,而违背或偏离社会发展规律的主导价值观则将带来社会停滞或倒退。以此为鉴,我们才能不断用符合中国特色社会主义特征和趋势的社会主义核心价值观引领着中国特色社会主义事业的健康发展。

第三节 主导价值观转化为主流价值观的特有规定

深入揭示主导价值观转化为主流价值观的矛盾与本质、转化过程的基本特点、转化中的驱力和张力及其两者辩证统一,从学理层次来完整分

---

[1] 陈新汉. 核心价值体系论导论[M]. 上海:上海大学出版社,2016:220.
[2] 韩震. 社会主义核心价值观新论——引领社会文明前行的精神指南[M]. 北京:中国人民大学出版社,2014:81.

析主导价值观转化为主流价值观的基本内涵中不可或缺的论域。

一、主导价值观转化为主流价值观的根本矛盾

"价值观的重要性不仅在于使人形成关于事物价值的认识,更在于让人作出价值选择,从而确定行动的目标和方向。"[①]这是在一般意义上分析了价值观的实践功能。就我们论题而言,主导价值观转化为主流价值观的本质在于把统治阶级的倡导、意志转变成人民的意愿和行动。"每个社会都要确立自己独特的主导价值观、核心价值观,它造就一种氛围,形成一种合力,并通过多种渠道使这种价值观转化为社会成员的个人价值观,形成社会的共同价值观(即主流价值观——引者注),从而为人们提供共同的价值原则、价值规范、价值理想,形成共同的追求。"[②]无疑在社会内形成大多数人的"共同追求",尤其是行动上的共同追求是主导价值观转化为主流价值观的重要目标。针对培育社会主义核心价值观的目标,习近平总书记提出:"使核心价值观内化为人们的精神追求,外化为人们的自觉行动。"[③]

前面的分析中已经指出,主导价值观主要是统治阶级利益在价值领域的表达。"法律、道德、宗教在他们(即无产阶级——引者注)看来全都是资产阶级偏见,隐藏在这些偏见后面的全都是资产阶级利益。"[④]而主流价值观更多反映了广大群众利益和需要,体现出"绝对的普遍物、实体性的东西和真实的东西"[⑤]。"一切以往的道德论归根到底都是当时的社会经济状况的产物。而社会直到现在是在阶级对立中运动的,所以道德始终是阶级的道德;它或者为统治阶级的统治和利益辩护,或者当被压迫

---

① 兰久富. 倡导社会主义核心价值观的理论前提[J]. 哲学研究,2014(8):18—21.
② 杨耕. 价值、价值观和核心价值观[J]. 北京师范大学学报:社会科学版,2015(1):16—22.
③ 习近平. 习近平谈治国理政(第一卷)[M]. 北京:外文出版社,2014:164.
④ 中共中央马克思恩格斯列宁斯大林著作编译局. 马克思恩格斯选集(第1卷)[M]. 北京:人民出版社,1995:283.
⑤ [德]黑格尔. 法哲学原理[M]. 范扬,张企泰,译. 北京:商务印书馆,1961:332.

阶级变得足够强大时，代表被压迫者对这个统治的反抗和他们的未来利益。"[1]

根据马克思主义唯物史观的基本原理，在阶级社会，也就是国家出现以来，统治阶级和人民群众之间存在着根本利益的对立、对抗（只有特定情况下例外）。所以，以往阶级社会的核心价值观（即主导价值观）都是为了维护统治阶级的利益而建立起来的。在本质上与广大人民群众的利益相对立。[2] 这就决定了主导价值观转化为主流价值观的根本矛盾是统治阶级的特殊利益和广大人民普遍利益之间产生的冲突。

这是因为在阶级社会里，社会整体利益主要由三部分构成，即统治阶级的特殊利益、人民群众的普遍利益，以及极少量统治阶级和人民群众之间的共同利益。之所以说"极少"，这是由于统治阶级和人民群众之间存在着根本利益的对立。这就形成了统治阶级和人民群众之间的对立、冲突的利益远远大于他们之间的共同利益，但也提示了在阶级社会里，主导价值观和主流价值观在内涵上存在着极小部分的"交集"。

历史表明，统治阶级总是试图努力把其特殊利益不停扩大，从而不断挤压、侵占人民群众的利益，以维护和巩固统治地位。其重要方式之一就是"统治阶级和集团把本来属于他们自己的需要和利益说成是社会整体的需要和利益，把自己特殊利益当作是共同利益"[3]。无疑，这种"整体利益"其实主要是统治阶级的特殊利益，而非全体人民的普遍利益（它是"虚假"的整体利益，是表面的整体利益）。"因为每一个企图取代旧统治阶级的新阶级，为了达到自己的目的不得不把自己的利益说成是全社会利益，也就是说，这在观念上的表达就是，赋予自己的思想以普遍性的形式。"[4] 而塑造主导价值观就是统治阶级赋予自己特殊利益以"普遍性思想形式"

---

[1] 中共中央马克思恩格斯列宁斯大林著作编译局. 马克思恩格斯选集(第3卷)[M]. 北京：人民出版社，1995：435.
[2] 韩震. 社会主义核心价值观凝练研究[M]. 北京：北京师范大学出版社，2012：2-3.
[3] 马俊峰. 马克思主义价值理论研究[M]. 北京：北京师范大学出版社，2012：89.
[4] 中共中央马克思恩格斯列宁斯大林著作编译局. 马克思恩格斯选集(第1卷)[M]. 北京：人民出版社，1995：100.

的基本方式之一。

在阶级社会里,主导价值观转化为主流价值观的主要困难是把体现统治阶级特殊利益的主导价值观转化为人民群众认同并形成共识的价值观,从而使这种主导价值观尽可能充分转化为主流价值观。具体原因为:一方面,统治阶级总是竭力推进以表面上体现社会整体利益的主导价值观的转化,用来扩大、巩固体现其特殊利益的价值观效果。另一方面,人们奋斗所争取的一切,都同他们的利益有关。[①] 而人民群众往往只接受体现自己利益的价值观,他们对本质上体现统治阶级特殊利益的价值观很少接受,甚至是抵制。在阶级社会里,阶级对立,尤其是阶级利益对立难以根本消除。"至今的一切社会的历史都是在阶级对立中运动的,而这种对立在不同的时代具有不同的形式。"[②]这决定了在阶级社会里,主导价值观转化为主流价值观的焦点就是统治阶级要把"实际上体现其特殊利益,表面则体现社会整体利益"的主导价值观转化为人民群众(因为统治阶级自己自然会接受)所接受的主流价值观。而人民群众一般只认同体现其自己利益的那部分价值观,较少认同、接受,甚至抵制仅反映统治阶级特殊利益的价值观(即主导价值观)。

综上所述,主导价值观转化为主流价值观的根本矛盾就是统治阶级以"虚幻整体利益"形式来巩固、扩大其特殊利益与人民群众要维护自己利益之间的冲突在价值领域的展开。其物质基础是统治阶级与人民群众之间存在着根本利益的冲突、对立。而这种根本利益的对立、冲突则伴随阶级社会的始终。这也就决定了在阶级社会里,主导价值观转化为主流价值观虽然在不断深入,并且也在特定情况下取得了一定成效,但最终效果是有限的。

[①] 中共中央马克思恩格斯列宁斯大林著作编译局. 马克思恩格斯全集(第1卷)[M]. 北京:人民出版社,1956:82.

[②] 中共中央马克思恩格斯列宁斯大林著作编译局. 马克思恩格斯选集(第1卷)[M]. 北京:人民出版社,1995:292.

二、主导价值观转化为主流价值观的基本特点[①]

阐释主导价值观转化为主流价值观的基本特点,既有助于提高对两者关系认识的深刻性,也有助于增强对两者转化的自觉性。社会基本价值观发展历史表明,主导价值观和主流价值观是一个特定社会基本价值观发展过程中的两个相对独立的形态、两个相对区分的阶段。因此,主导价值观转化为主流价值观是基本价值观发展中的阶段更替(第一阶段跃升到第二阶段)与形态更换的统一。

从普遍的总体顺序上来看,往往是自觉建构主导价值观在先,主流价值观形成在后。"古往今来,任何一个国家、民族和社会的核心价值体系(此句中"核心价值体系"是主导价值观的一种具体形态——引者注),首先都是由引导主流意识形态、主导核心价值观的国家来构建的。"[②]这里强调主导价值观的始源性,即自觉建构主导价值观先于主流价值观,只是针对从理论层面分析一个社会基本价值观发展的具体进程而言,旨在强调主导价值观的建构性、先导性等,同时也表征着主导价值观塑造是有条件的,是建立在一定主流价值观基础上的因势利导、顺水推舟。"一个民族的国家制度必须体现这一民族对自己权利和地位的感情,否则国家制度只能在外部存在着。"[③]主导价值观的建构也是如此,而不是"空穴来风"式的臆造,但不意味着在主导价值观自觉建构前,根本不存在任何主流价值观。其实无论在什么样的社会状况里,总有某些主流价值观以不同方式存在着。

无论是主导价值观还是主流价值观,都有其各自存在和发展的合理性,要等量齐观。具体表现为:主导价值观和主流价值观在特定时段内对

[①] 这里的部分内容曾以《论主导价值观和主流价值观及其转化》为题发表于《求实》(2016年第11期)上。

[②] 廖小平. 价值观变迁与核心价值体系的解构和建构[M]. 北京:中国社会科学出版社,2013:262.

[③] [德]黑格尔. 法哲学原理[M]. 范扬,张企泰,译. 北京:商务印书馆,1961:291−292.

促进国家发展、社会进步产生过能动的、相异的积极作用。一个社会基本价值观达到成熟是依靠主导价值观和主流价值观"互动"来完成,而不是全仰赖于主导或主流价值观的"独舞"来实现。"一个国家是否稳定,主要是看这个国家是否建立了自己的核心价值观体系(核心价值观体系是主导价值观的一种具体形态——引者注),还要看这个价值观与其他价值观体系是否能够和谐相处。"[1]和平时期,主导价值观转化为主流价值观的根本问题涉及主体指向的转换以及由此决定的作用机制的置换,但不否认伴随这种转化,价值观内容或表述形式也有所变化。

(一)转化时间的模糊性

主导价值观自觉建构在先,主流价值观形成在后,这是对整体进程而言。具体对某个社会及其发展历史阶段来说,何时先自觉建构主导价值观以及何时要把已经建构出的主导价值观转化为主流价值观,并选择与各自形态相适应的作用机制,则没有一个标准答案可供参考,但这并不意味着其中没有规律可言就可以随意而为,而是揭示了遵循规律的艰巨性。

"汉代的统治者在建国初期的七十多年中,进行了任务艰巨、道路曲折的选择主导性价值观念的活动。"[2]因为西汉建立初期的六七十年里,鉴于当时特定情况,主导价值观以黄老学说思想为主。"由于黄老思想的应时性和合世性,以及统治者对它的采用,使其在汉初的实际政治生活中起了重要的历史作用,也取得了好的效果。"[3]此后统治者根据国家情况变化,才调整以儒家思想为主导价值观,并开启了长期的转化为主流价值观的工作,甚至影响了整个封建社会价值观。汉代统治者经过70多年艰难探索后确立了以儒家学说为主导的价值观。"这一事实对中国价值观

---

[1] 潘伟,廉思. 中国社会价值观变迁30年(1978—2008)[M]. 北京:中国社会科学出版社,2008:265.
[2] 赵馥洁. 论汉儒对主导价值观的构建和强化[J]. 陕西师范大学学报:哲学社会科学版,2011(5):36—46.
[3] 赵馥洁. 论汉儒对主导价值观的构建和强化[J]. 陕西师范大学学报:哲学社会科学版,2011(5):36—46.

的历史演变,影响深广久远。"①凡是价值观建构成功者都遵循了这个规律,而操之过急或严重滞后者都违背了这个规律,并给社会、国家和人民带来严重危害甚至深重灾难。这极大考验着执政者的价值治理智慧。

(二)转化方式的特殊性

和平时期,主导价值观转化为主流价值观方式的特殊性在于,往往是主导价值观转化为主流价值观之前,整个社会以主导价值观为主(这时主流价值观中某些元素以萌芽、胚胎形式存在着);转化后一段时间内,主导价值观和主流价值观处在互动、融合、共存的阶段。转化后最终结果也不意味主导价值观彻底消失,只是调整了存在方式和作用形式,呈现出主导价值观和主流价值观趋近一致或基本一致,但不会两者合而为一或全部一致。之所以说是基本一致而不是完全一致,是因为"主流价值观和主导价值观总会或多或少存在这样那样的矛盾,这往往是一个社会主流价值观与主导价值观相互关系的常态"②。

需要特别说明的是,主导价值观和主流价值观合而为一,即仅仅只有主导价值观而没有主流价值观,或者是主导价值观本身也就是主流价值观,上述情况只会发生在社会处于极端高压的状态中,涂尔干称其为"机械团结社会"(与"有机团结社会"相对应)③。

(三)转化指向的双向性

如同主导价值观转为主流价值观是历史必然一样,在这个基础上,从一定意义上可以说,主流价值观转化为主导价值观也有一定的历史必然性。黑格尔从否定角度指出,"主观特殊性既没有被接纳在整体的组织中,也并未在整体中得到协调。因此它就表现为敌对的原则,表现为对社会秩序的腐蚀,因为作为本质的环节,它无论如何要显露出来:它或者颠

---

① 赵馥洁. 论汉儒对主导价值观的构建和强化[J]. 陕西师范大学学报:哲学社会科学版,2011(5):36—46.
② 廖小平. 主导价值观与主流价值观的辩证——兼论改革开放以来主流价值观变迁[J]. 教学与研究,2008(8).
③ [法]埃米尔·涂尔干. 社会分工论[M]. 渠东,译. 北京:三联书店,2005:91—92.

覆社会秩序,或者如果社会秩序作为一种权力或者好比宗教那样保持着,那它就成为一种内部腐化或完全退化。"①这个过程包括主导价值观转化为主流价值观、主流价值观转化为主导价值观的双向协同发展。就后者而言(尽管与前者相比,后者发生频率要少很多),这个过程其实是发挥人民群众的首创精神在价值观领域的具体展开。

(四)转化过程的动态性

主导价值观转化为主流价值观(或者主流价值观转化为主导价值观)是个长期动态过程。

其一,就整个人类社会价值观发展普遍进程和总体趋势而言,而不是从最终结果意义上来说,历代统治阶级都在力求、企求把主导价值观全部转化为主流价值观,但结果只是不断地推进、深化了这个转化过程,使其更加逼近理想目标,却仍旧留下了一定空间,并且与统治阶级设定的愿景差距更大。"统治者从主观愿望上说希望将价值观完全付诸实践(即希望将主导价值观完全转化为主流价值观——引者注),但尽管作了持续努力,但最终只有其中部分得到现实化(即只有部分主导价值观转为主流价值观——引者注)。最典型要算中国宗法地主专制社会。"②"社会主导价值观念可以在社会主流价值观念中凸显,社会主导价值观念完全转化为社会主流价值观念的情况,在历史上一般不大可能。"③在一定意义上可以说,人类社会基本价值观发展史,就是一幅主导价值观与主流价值观之间的消长盈伏、递更嬗变的跌宕生动画卷。

其二,就一个特定社会(国家)的价值观发展过程而言,主导价值观转化为主流价值观始终处在动态调整中。即使初步完成第一个周期,后面也要在新的历史阶段里根据新现实需要调整主导价值观内涵,并开启新的转化过程,如此周而复始、循环往复,而非一劳永逸、一步到位。

---

① [德]黑格尔. 法哲学原理[M]. 范扬、张企泰,译. 北京:商务印书馆,1961:215.
② 江畅. 论价值观与价值文化[M]. 北京:科学出版社,2014:23.
③ 陈新汉. 核心价值体系论导论[M]. 上海:上海大学出版社,2016:61-62.

三、主导价值观转化为主流价值观中的驱力、张力及其辩证统一

根据马克思主义唯物史观基本观点,人民群众是历史的创造者和主体,也就蕴含着人民群众是社会价值观念的创造者和践行主体,是历史主体、实践主体和价值主体三者的统一。"只有人民群众才代表历史的主流。如果一种价值观尽管很合理先进,但它却仅仅为一少部分人所持有,尚未成为绝大多数人所认同的共同利益和意志的自觉表达,甚至在实践中还离不开政治和行政权力推行的时候,就还不能说是完全意义上的主流价值观。"[1]

主导价值观转化为主流价值观是历史必然,是历史规律在价值观领域的生动体现。只是在不同社会及其发展阶段里,植根于不同经济形态的主导价值观,或氤氲于不同环境(革命还是和平)主导价值观占据时间的长短而已。如主导价值观最终不能或没有及时转化为主流价值观,尤其是处在全球化背景下,民众主体意识和利益意识日趋高涨的境况下,如果不能及时实现社会基本价值观由统治阶级倡导转化为人民拥护、由国家的意志转化为人民的意愿,那么会出现要么是这种主导价值观和主流价值观经过一段时间冲突后,主导价值观被另外一种新的主导价值观所代替,要么是这个主导价值观的倡导者(即统治阶级)陷入被历史淘汰的结局。"如果国家不以人民为目的,而使国家本身成为目的,就会窒息人的个性和主体性,成为对于人来说异化的存在。这时,人们就会抵制过渡泛滥的国家主体性,发展起新的健康合理的群体主体性,以改良、改革或革命的方式重建与公民的个人主体性相协调的国家这种社会群体的主体性。"[2]

如果说主导价值观和主流价值观各自内蕴的特殊性支撑了两者转化的驱力问题,那么主导价值观转化为主流价值观的前后蕴含的某些共同性则支持了两者何以能转化,即两者转化中的张力问题。从动态层面而

---

[1] 李德顺. 当前的价值冲突与主导价值观到位[N]. 学习时报,2010-03-30(3).
[2] 郭湛. 主体性哲学——人的存在及其意义[M]. 云南:云南人民出版社,2002:135.

言,主导价值观和主流价值观转化方式的特殊性决定了转化前后存在着某些一致性。上文已述及主导价值观转化为主流价值观的最后结果是,主导价值观在实践中并不意味着彻底消失了,而是以另外一定形式、方式和主流价值观互动,这提示着两者之间存在某些一致性。只是在阶级社会里,这些一致性过多渗透着虚幻性,而较少体现出真实性。从静态层面而言,在特殊情境下,主导价值观和主流价值观两者主体需要的一致提示了主导价值观和主流价值观存在某些统一性。在阶级对立的社会里,主导价值观所体现、反映的利益点和主流价值观所体现、反映的利益点,两者之间是长期对抗的,只有在特殊情况下,两者才是接近一致的,从而提示两者之间内蕴着某些一致性。"统治阶级的特殊利益采取了一种共同利益的形式,但其中也确实包含全民族的一定的共同需要和利益,正因此,在一个民族没有外在威胁的时候,其内部不同阶级的矛盾可能处于显化的比较激烈的状态,而一旦遇到了外在威胁,尤其是在面临民族生死存亡的关头,各个阶级的共同需要就成为一种优势需要,使他们能够抑制冲突一致对外。"[1]

至此,主导价值观转化为主流价值观可以归纳为驱力和张力的辩证统一。其基本含义为:在客观肯定各自独特作用、合理界定各自的边界、遵循各自作用机制的基础上,既要适应经济形态更替而形塑民众主体和利益意识增强的历史现实,充分尊重民众在形成主流价值观中的积极作用,从而合力促进主流价值观日益壮大,又要创新形式使主导价值观在新阶段指引主流价值观沿着一个正确的方向发展,从而实现两者均衡和良性互动。如此,一方面避免主导价值观的刚性力量无根基、无边界的扩张或者相反,另一方面也避免主流价值观发展偏离方向、无序发展。

综上所述,具体包括:既要看到主导价值观和主流价值观各自凝结的特殊性,又要看到它们共同蕴含某些普遍共性;既要积极推进主导价值观向主流价值观转化,从而实现社会基本价值观完善,又不能割断前后联

---

[1] 李德顺,马俊峰.价值论原理[M].西安:陕西人民出版社,2002:90—91.

系;既要重视主导价值观建构过程中由官方到民间自上而下的刚性方式,又要重视主流价值观形成过程中由民间到官方自下而上的柔性方式;既要重视国家权威评价的"有机方式"及其"对于民众评价活动的引导"功能,又要重视民众评价的"无机方式"及其比"国家权威评价活动更为基础"①的作用;既要重视理论创新、国家权威机构在主导价值观建构中的自觉作用,又要重视群众实践、人民大众在主流价值观形成中的自觉、自发作用;既要熟稔历史上社会基本价值观发展的普遍性,又要洞悉特定情形下其发展的特殊性。

---

① 陈新汉. 社会价值观导向中的教导文明和对话文明[J]. 探索与争鸣,2016(9):53-55.

第二章　主导价值观转化为主流价值观的两种机制

党中央继提出建设社会主义核心价值体系之后,又提出了弘扬社会主义核心价值观的战略任务。"建设和倡导把如何使核心价值体系或核心价值观与国民相结合作为题中应有之义。如果说认同是微观层面的二者如何结合的机制,那么共识就是宏观层面的二者如何结合的机制。"[①]由此,认同和共识是主导价值观在主流价值观中凸显出来的两种基本方式,或者说认同和共识就成为主导价值观转化为主流价值观的两种基本机制。

第一节　主导价值观以认同方式转化为主流价值观

"在人类几个较长历史时段内,尤其在个体主体意识薄弱阶段或革命时期,如欧洲的中世纪和中国的封建社会历史时期等,灌输一直是主导价值观与个体结合的实现方式。"[②]而发展到现代社会,伴随着个体主体意识觉醒与增强,主导价值观转化为主流价值观的方式也从灌输演进到认同与共识(共识将在下一节论述)。其内在理路为不同经济形态形塑了民众的主体意识和利益意识状况,而民众的主体意识和利益意识的变化又驱使主导价值观转化为主流价值观基本机制的更迭。

[①] 陈新汉.认同与共识及其相互转化——关于社会价值观念与国民结合的哲学思考[J].江西社会科学,2014(7):38-46.

[②] 裴学进.论主导价值观和主流价值观及其转化[J].求实,2016(11):21-29.

一、主导价值观以认同方式转化为主流价值观的本体基础

哲学语境的认同作为对"'我是谁'的自我反思,包括对'我是什么'的事实性理解和对'我具有什么意义'的价值性理解。与对前一问题的反思相比较,后一个问题对'我'的意义更大。因此,认同主要与'我具有什么意义'肯定性理解相联系"[①]。在一定意义上,也可以理解为包括认识层面的内化,即对于"我是谁"的理解。外化环节则是基于内化环节对"我是谁"的理解而形成角色规范来指导自己的行为,也就是行为层面的外化。

价值学语境的认同是指个体在没有强制的情况下,对某种价值观的自觉自愿的认可、接受、赞同,甚至尊崇和信仰。从发生学角度而言,在前现代时期个体性并不凸显,因而不存在现代社会这样对个体性的强调;当作为个体的人面临着应该把自己当作一个独立整体而加以经验时,他自身的特性就成为他自己必须要予以明白的一个问题,这就需要主体认同[②]。

"认同事实上是一个现代性现象。"这不是说,在前现代社会,根本不存在认同问题,只是到了现代社会,认同问题更加凸显。而现代性与认同紧密关联是以个体的觉醒与独立为中轴而形成的。可以说,个体主体意识的觉醒与认同本身具有直接同一性。"个体是否认同某种意识形态是个体主体性的体现。"[③]因此认同的本体基础就在于个体主体意识和利益意识的觉醒与增强。"一旦个体在认同中意识到某一社会价值观念对于自身的利益,那么个体就会在认同的两个环节中对该社会价值观念'存感激之情',于是利益意识就转化为自愿意识(主体意识之一——引者注)。由此在个体认同的两个环节中,该社会价值观念的内容就会成为'自我的一部分或分享关系的一部分',就会在'将自我视为一个群体的一部分'中发生作用,从而在'确立和认证自身中'明了'我是谁'。"[④]

---

① 陈新汉.哲学视域中的认同意蕴新思考[J].湖南师范大学学报,2014(3):5—12.
② 陈新汉.哲学视域中的认同意蕴新思考[J].湖南师范大学学报,2014(3):5—12.
③ 聂立清.我国当代主流意识形态认同研究[M].北京:人民出版社,2010:47.
④ 陈新汉.哲学视域中的认同意蕴新思考[J].湖南师范大学学报,2014(3):5—12.

"要使某一社会价值观念在个体的认同中发生作用,就要使该社会价值观念所体现出来的利益意识的变化与个体价值观念所体现出来的利益意识变化高度吻合和匹配。"[1]把此观点提升到普遍意义上就是,要使某种社会价值观念能够以主导价值观的形式与民众相结合,并产生积极影响,就要选择与民众主体意识和利益意识特点相一致的实现方式。从我们论题而言,人类发展到现代社会,伴随民众的主体意识和利益意识觉醒与增强,主导价值观转化为主流价值观的方式也要从灌输演进至认同,但也不能就此把灌输和认同截然分开。

"他们是什么样的,这同他们的生产是一致的——既和他们生产什么一致,又和他们怎样生产一致。因而,个人是什么样的,这取决于他们进行生产的物质条件。"[2]由此,个体的主体意识和利益意识是伴随经济形态更替而日益增强。对此马克思把人类社会分为三个阶段,即三大社会形态。"人的依赖关系(起初完全是自然发生的),是最初的社会形态,在这种形态下,人的生产能力只是在狭窄的范围内和孤立的地点上发展着。以物的依赖性为基础的人的独立性,是第二大形态,在这种形态下,才形成普遍的社会物质交换、全面的关系、多方面的需要以及全面的能力体系。建立在个人全面发展和他们共同的社会生产能力成为他们的社会财富这一基础上的自由个性,是第三阶段。第二阶段为第三个阶段创造条件。"[3]不难看出,三大社会形态依次更替的历史必然性正是植根于自然经济、商品经济、产品经济形态的依次更替的必然性之中。根据唯物史观基本原理,可以发现"不是意识决定生活,而是生活决定意识"[4]。因此伴随经济形态的更替,个体主体意识和利益意识总体上跃升。就我们论题

---

[1] 陈新汉.核心价值体系论导论[M].上海:上海大学出版社,2016:179.
[2] 中共中央马克思恩格斯列宁斯大林著作编译局.马克思恩格斯选集(第1卷)[M].北京:人民出版社,1995:68.
[3] 中共中央马克思恩格斯列宁斯大林著作编译局.马克思恩格斯全集(第46卷上册)[M].北京:人民出版社,1979:104.
[4] 中共中央马克思恩格斯列宁斯大林著作编译局.马克思恩格斯选集(第1卷)[M].北京:人民出版社,1995:73.

而言，在此侧重分析前两种社会形态中个体主体意识和利益意识的状况。

三大社会形态中以"人的依赖关系"为基础的社会，就是以自然经济为基础的社会。在自然经济形态社会中，个体是通过血缘或地缘的方式结合成群体形式来存在的。主要是由于此阶段个体力量微弱，只有结合群体并以群体的形式才能获得生存发展，由此形成各种形式的群体。最初表现为以血缘为基础的原始公社，后来表现为以地缘为基础的农村公社和城市公社。而在中国封建社会里，则结合成以家庭为主的群体形式，在计划经济时代这种情况没有根本改变，只不过以单位（公社）作为主要群体形式。"在传统的计划经济时代，个人依附于单位，城市的基层组织是单位，而农村基层组织是公社。"[①]"职工和社员对单位（包括公社）都有一样的人身依附关系。"[②]在计划经济时代流行的宣传口号——"集体的事再小也是大事，个人的事再大也是小事"，就折射了当时个体主体意识的淡化。"物质生产的社会关系以及建立在这种生产的基础上的生活领域，都是以人身依附为特征的。"[③]

在这个阶段里，个人是完全在群体组织的支配之下，个人的独立性几乎不存在，个体的主体性是依附于所属群体的（如公社、家庭等）。"群体支配个人的一切，个人无独立性可言，体现人的主体性是群体。"[④]由此，隶属于某个民族就成了人最自然的利益。[⑤]这一阶段民众主体意识的导向是整体意识，个体主体意识还处于萌芽阶段，比较薄弱。相应地，人们对利益的追求也局限于衣食住行等方面以物理形态事物的形式来满足，是有限的，个体利益意识并不突出。"反映在自然经济社会形态的社会价值观念，这就是个体利益导向或对利益追求意识并不强烈，由此就可以理

---

① 陈新汉，邱仁富．坚持社会主义核心价值体系的人民主体性——关于克服社会主义核心价值体系边缘化危机的思考[M]．上海：东方出版中心，2011：121．
② 卢汉龙等．新中国社会管理体制研究[M]．上海：上海人民出版社，2009：48．
③ 中共中央马克思恩格斯列宁斯大林著作编译局．马克思恩格斯全集(第23卷)[M]．北京：人民出版社，1972：94．
④ 陈新汉．核心价值体系论导论[M]．上海：上海大学出版社，2016：68．
⑤ 中共中央马克思恩格斯列宁斯大林著作编译局．马克思恩格斯全集(第3集)[M]．北京：人民出版社，1960：169．

解自然经济形态社会在数千年内发展的缓慢性。"①正是因为在这个阶段里,群体、集体利益大于个体利益,反映在价值意识中就是个体主体意识和利益意识都比较薄弱,而整体意识相对比较突出,所以决定了在这个阶段主导价值观转化为主流价值观的方式选择了以侧重群体(国家)的发展为导向的灌输来作为基本方式。"新中国成立后,中国共产党作为执政党,向苏联学习建立起高度集中的计划经济体制、政治体制和社会体制。在与世隔绝相对封闭环境中,中国共产党凭借其强大政治动员能力,把马克思主义从外部直接'灌输'到民众思想中去,形成人人都学马列主义、毛泽东思想的热潮。可以说,在意识形态'一元'的社会中灌输方式成效显著。"②

"以物的依赖性为基础的人的独立性"社会,就是以商品经济为基础的社会。在商品经济的社会中,个人是商品或货币所有者。在经济活动中,每个人都是平等主体,人与人之间通过商品交换才能建立起社会关系。个人由此脱离了群体限制,挣脱了对群体的依附和人身束缚,实现了对物的依赖关系取代此前对人的依赖关系,因而独立自主的个体也就逐步生成了。可以说,商品经济强化了主体的超越性,赋予了主体独立性和平等性,增强了人的主体性,承认了个体对利益的追求等。

由于市场经济是商品经济的一种,内在凝结了商品经济的共同规律,因此建构市场经济体制的过程,也就是人的主体地位从必然受动走向相对主动的进程。相对于自然经济,这是人的主体地位在经济物化王国中的真实确立。③ 我国社会主义市场经济伟大实践也对此做了生动诠释。"市场经济体制建立起通过财富的物化关系来表现人与人之间的平等关系,与此相应的是社会价值观念中个体主体意识的凸显。"④

---

① 陈新汉.核心价值体系论导论[M].上海:上海大学出版社,2016:69.
② 曾令辉,陈敏,石丽琴.论加强我国社会主义意识形态领导权建设[J].马克思主义研究,2014(1):124—133.
③ 范传鸿,颜杰.人的主体性建设:社会主义市场经济建设之底蕴[J].哈尔滨学院学报,2005(7):1—4.
④ 陈新汉.社会主导价值观念导向中几个问题的哲学思考[J].学术界,2016(10):5—14.

相应地，由于商品及作为其固定等价物货币的出现，人们对利益的追求从具体物理形态事物的有限追求转化为对货币的无限追求。而"货币，因为具有购买一切东西、占有一切对象的特性"①，所以货币的使用价值是无限的。于是对货币的无限追求"就使得对以货币为中介的利益的追求没有止境"②，这强烈激发了个体利益意识。我国正在建立和完善市场经济体制，人们通过辛苦的劳动付出能够使自己改变贫穷落后的面貌，由此使得人们迸发了对于自身利益追求的极大热情。

在商品经济阶段，个体主体意识得到发育，利益意识得到凸显。而这种润泽于商品经济领域的主体意识和利益意识映现于价值领域，提示了在主导价值观转化为主流价值观的过程中，在注重群体（国家）发展的同时，也要选择偏重于个体发展的"认同"来作为基本方式。"伴随着中国改革开放的深入推进和市场经济体制的确立，民众往往依据自身利益诉求选择和认同意识形态，在思想多元、利益分化的环境中，民众的自主选择性大大增强，以往的强制性'灌输'方式已明显不适合当前社会发展需求，需要不断创新具体方式，实现由以灌输为主到以说服为主。"③就当前选择认同方式来作为主导价值观的社会主义核心价值观的转化方式，习近平总书记指出："我国是一个有着13亿多人口、56个民族的大国，确立反映全国各族人民共同认同的价值观'最大公约数'，使全体人民同心同德、团结奋进，关乎国家前途命运，关乎人民幸福安康。"④

二、主导价值观以认同方式转化为主流价值观的层次分析

从横向来考察，"认同"可以理解为是一项"自我延伸"。"正是在认同的动态平衡过程中，一方面，让社会成为自我的一部分，或者成为分享关

---

① 中共中央马克思恩格斯列宁斯大林著作编译局. 马克思恩格斯全集(第42卷)[M]. 北京：人民出版社，1979：150.
② 陈新汉. 核心价值体系论导论[M]. 上海：上海大学出版社，2016：69.
③ 曾令辉，陈敏，石丽琴. 论加强我国社会主义意识形态领导权建设[J]. 马克思主义研究，2014(1)：124—133.
④ 习近平. 习近平谈治国理政(第一卷)[M]. 北京：外文出版社，2014：168.

系的一部分。另一方面,让个体成为某社团的一员。"①当然这两个方面不是截然分开的,而是同一个延伸的两个方面。就我们论题而言,主导价值观以认同方式转化为主流价值观的过程,即是让社会主导价值观在自愿中成为大多数民众个体价值观一部分的过程;主导价值观就"构成他们自身明确生活体系",即他们的"集体意识或共同意识"②。同时,在这个基础上,让众多的民众个体价值观融入社会主导价值观之中(因为主导价值观是在理论上对主流价值观的提升),从而让个体成为认同主导价值观念社会成员中的一员。个体通过认同主导价值观念完成了政治社会化过程,获得了一种归属感,从而成为国家这个特殊社团中的一员,达到确立和认证自身,也就是"使个体置于'整体安全的体系'之中,从而使个体获得了安身立命之'根'的归属感"③。

社会或群体(国家是一种特殊的群体)是个体普遍存在的方式,离群索居是例外。人是肉体和灵魂的统一,个体生存发展离不开社会。这种离不开不仅体现在物质生活资料方面对社会的依赖,更为主要的还体现在精神层面从社会中获得归属和接纳,其核心就是对特定社会里主导价值观的认同。由此,这种社会价值观念往往就成为个体寄放灵魂的精神场所。"任何一个成熟的社会总存在着一些社会基本价值观念,它们像'精神的太阳'那样照耀着生活于社会中的人们,对这些基本社会价值观念的认同,决定着个体能否过上正常的社会生活。"④两者相比,后者尤为重要,正是在这个意义上,马克思指出:"人的本质不是单个人所固有的抽象物,在其现实性上,它是一切社会关系的总和。"⑤因此,个体对主导价值观念的认同也意味着他们自己被社会接纳、融入社会的过程,实现从自

---

① 陈新汉. 核心价值体系论导论[M]. 上海:上海大学出版社,2016:175.
② [法]埃米尔·涂尔干. 社会分工论[M]. 渠东,译. 上海:三联书店,2000:42.
③ 陈新汉. 核心价值体系论导论[M]. 上海:上海大学出版社,2016:176.
④ 陈新汉. 关于社会价值观念与国民结合中的信仰问题的若干思考[J]. 天津社会科学,2015(6):16—22.
⑤ 中共中央马克思恩格斯列宁斯大林著作编译局. 马克思恩格斯选集(第1卷)[M]. 北京:人民出版社,1995:56.

然人转变为社会人,由单子式个人转变为群体中的一员,由抽象的个人转变为现实的个人。

主导价值观以认同方式转化为主流价值观和民众认同主导价值观是同一个含义,只是角度不同,区别在于前者是从国家的角度,后者是从民众的角度来表述而已。从纵向来看,主导价值观以认同方式转化为主流价值观的层次性,就是民众按照由低到高,逐层跃升地认同主导价值观。从个体角度来说,主导价值观是以认同方式来转化为主流价值观,就是个体认可和接受某种主导价值观,并将其纳入自己思想意识,成为自己价值观的一个有机组成部分,以此来调节自身行为,使自身行为符合主导价值观要求的过程,且使这个过程得到持久化、稳定化,进而把主导价值观积淀为信仰。认同也是一个心理过程,一般的心理过程由知、情、意和行等环节构成,而认同主导价值观的过程是遵循一般心理过程和体现认同价值观过程特殊性的统一,包括认知认同、情感认同、行动认同和信仰认同四个层次。

(一)在认知层次认同主导价值观

认知是个体对外界输入的信息进行加工,从而获得和应用知识的过程。民众从认知层次认同主导价值观即在知识层面认同主导价值观,也就是在真理层次上认同主导价值观。"认识论意蕴上的真是观念与实存对象的一致。"[1]其主要涉及两个方面:

一是主导价值观自身要具备客观的"真"的品格,即马克思所说的"抓住事物的根本"[2],也就是主导价值观自身要反映特定社会阶段的社会存在,符合社会发展规律和趋势,符合人类进步的发展方向等,即本体意义上的"真"。"一切的价值,善、美、功利,包括科学本身在内,一切好的东西都要以真为前提,基本的内涵是:一方面要符合社会发展的方向,符合客观真

---

[1] 陈新汉."真"的双重意蕴及其当代诠释[J].江西社会科学,2012(7):31—38.
[2] 中共中央马克思恩格斯列宁斯大林著作编译局.马克思恩格斯选集(第1卷)[M].北京:人民出版社,1995:9.

理;另一方面,人民群众的真实利益的要求,是人民群众的真实需要。"①

二是国家通过各种宣传、教育等形式,让广大民众对主导价值观有了准确、全面、系统、完整、深刻的理解后,认识到、领悟到主导价值观是内蕴着"真"的品格。就民众角度来说,他们在接受外界开展的关于主导价值观的教育、宣传等活动,经过判断、分析、推理等信息加工环节,能够准确、完整理解主导价值观,从民众的认知结论中呈现出的主导价值观是符合社会发展规律的,即民众认知图式中的"真"。其中包括让民众在感性层次里知晓主导价值观"是什么"和在理性层次里领悟到主导价值观"为什么"的两个方面。

针对社会主义核心价值观而言,社会成员要真正地认同社会主义核心价值观必须要准确理解和把握其内容和精神实质,从片面化、直观化的价值感知逐步深入到全面化、系统化的理性认同。② 而社会成员若要准确理解和把握其精神实质,则首先是要以社会主义核心价值观符合我国社会发展规律为基础,然后通过宣传、教育等工作来实现,而不是自动完成,也不是仅仅依靠某一方面来完成。

认知是认同的逻辑起点,从认知层次认同主导价值观是认同主导价值观的初级层次,是民众认同主导价值观的发端,是情感认同和行为认同的根据,也是主导价值观以认同方式转化为主流价值观的基础。

(二)在情感层次认同主导价值观

在情感层次认同主导价值观就是民众在认知层次认同主导价值观后,经过评价后所形成的满意、肯定等主观情绪体验。"真就不再只是关于本质和规律的冷冰冰的规定,而是与人的利益联系在一起,从而体现着人的情感。"③在这个环节中,民众所产生的主观情绪体验的性质取决于主导价值观与民众自身内在某些需要、利益是否一致,即遵循着"内在性

---

① 冯契. 坚持价值导向的"大众方向"[J]. 探索与争鸣,2015(11):4—6.
② 胡春阳. 转型时期社会主义核心价值观认同构建[J]. 中国特色社会主义研究,2015(1):65—70.
③ 陈新汉."真"的双重意蕴及其当代诠释[J]. 江西社会科学,2012(7):31—38.

原则"。"在评价活动中,主体从自身需要和利益出发,反映客体及其属性对于主体所具有的意义。"①延伸至我们的论题,就是民众在完成认知环节认同主导价值观后,还要从自身需要和利益角度出发,对主导价值观是否对自身具有的意义、效益做出性质判别,并据此产生相应情绪、情感体验,即对自己有意义的主导价值观,形成满意、喜欢态度,否则,反之。而这个体验直接影响着后续认同的速度、力度和深度等。因此,在情感层次认同主导价值观中遵循的是"内在性原则",这与在认知层次中主要遵循的"外在性原则"有着显著的不同。

与对主导价值观的认知认同强调要对主导价值观形成客观、理性的印象和认识不同,由于"情感认同更注重主观、情感的体验。所以情感认同实质为社会成员对社会主义核心价值体系(也适用于对社会主义核心价值观——引者注)形成的积极、肯定的主观体验"②。情感是认知基础上形成的,它来源于对事物的真实了解。同时情感一经形成,又会对认知产生很大影响,成为调节认知活动重要的动力。"情感认同一经形成,又会对认知认同产生巨大催化、强化作用。"③由此可以看出,在情感层次认同主导价值观对整个认同主导价值观的过程发挥着"动机诱发、力度调节、速度控制"等作用,是认同主导价值观的"变压器、催化剂"。

"认同不仅是对他者的一种简单的知识性的同意、接受,更是主体对他者在心灵深处的相通、相融合和在情感、意识上的归属感。"④民众在情感层次认同主导价值观是认知认同发展到行为认同主导价值观的中介,也是信仰认同主导价值观的感性基础。

(三)在行为层次认同主导价值观

民众将主导价值观内化为自己的价值准则,并以此来指导、调控自己的行为,就是民众在对主导价值观认知认同的基础上,在情感、意志等因

---

① 陈新汉. 核心价值体系论导论[M]. 上海:上海大学出版社,2016:47.
② 邹国振. 社会主义核心价值体系认同的层次性分析[J]. 学术论坛,2011(2):179-182.
③ 聂立清. 我国当代主流意识形态认同研究[M]. 北京:人民出版社,2010:54.
④ 聂立清. 我国当代主流意识形态认同研究[M]. 北京:人民出版社,2010:22.

素的支配下,在社会生活中自觉践行主导价值观的要求,是民众对主导价值观的认知认同和情感认同发展的必然结果。在行为层次认同主导价值观是主导价值观得到民众认同的重要标志,也是检验认同主导价值观效果的一个重要标准。因为如果民众对主导价值观认同仅仅停留在认知、情感层次上,而不能把已经内化的主导价值观用来指导自己行为、付诸社会实践,那么对主导价值观的认同就失去了实践意义。"哲学家们只是用不同的方式解释世界,问题在于改变世界。"①而主导价值观得到民众认同的根本就在于实践。

在一定意义上(只能在一定意义上),民众在行为层次认同主导价值观可以说标志着初次完成了主导价值观的认同,实现了主导价值观从思想理论状态经民众认同后转化为广大群众符合国家意识形态导向的实践活动,积极主动根据主导价值观的要求规范自己的行为,即习近平总书记所说的"使社会主义核心价值观外化为人们的自觉行动"②。对那些违反、背离了主导价值观要求的行为应给予坚决抵制、批判。

民众对主导价值观的认知、情感和行为认同是主导价值观认同的三个阶段,可以说是一个连续链条中的三个环节,遵循着由低层次到高层次逐级提升的内在逻辑,它们不是截然分开的,而是前后相依、上下互动的。

(四)在信仰层次认同主导价值观

对一般价值观而言,达到行为层次认同也就意味着价值观认同基本完成。而对主导价值观而言,除了要让大部分民众达到在行为层次认同以外,还力求达到在信仰层次认同(但最终只有少数群体能够达到),这也是认同主导价值观的特质和难点。在信仰层次认同主导价值观与其他层次认同相比,它内蕴着独特的"深度"意蕴。"信仰则是就社会价值观念与

---

① 中共中央马克思恩格斯列宁斯大林著作编译局. 马克思恩格斯选集(第1卷)[M]. 北京:人民出版社,1995:57.
② 习近平. 习近平谈治国理政(第一卷)[M]. 北京:外文出版社,2014:164.

国民结合的深度而言的。"①由此引导民众在信仰层次认同主导价值观就成为国家在把主导价值观转化为主流价值观中所不懈追求的目标和夙愿。"努力把核心价值观的要求变成日常行为的准则,进而形成自觉奉行的信念理念。"②这种独特的"深度"意蕴主要体现在以下三个方面:

其一,整体性。在信仰层次认同主导价值观就是对在认知、情感和行为三个层次认同主导价值观的系统集成、有机合成和深度整合。就信仰内在结构来说,信仰是可信和确信的统一。所谓可信,就是指作为信仰的社会价值观念从根本上对自己是有益的,并且这种价值关系能够在理论上为主体深刻地理解和接受。这就需要主体运用一定知识,对这种关系予以一定程度科学分析和逻辑论证,可信是属于信仰中理性因素。确信就是相信在情感上的强化,属于信仰中的非理性因素。③ 虽然这两个之间有一定联系,且可以互相转化,但信仰的形成标志不是可信,而是确信。如果没有确信产生的"意志、感情和愿望"等非理性因素的共同作用,那么"可信只能形成知识,而不能形成信仰"④。

信仰与信念的最大区别在于信仰的实践性。"信念中'念'仅仅是一种意念,一种在思想上的相信和向往。信仰则由信念发展而来。信仰中的'仰'是一种整体性的姿态,是一种在思想上的从'拳拳服膺'地相信和向往,发展到要在行动上'孜孜以求'地表达出来的精神状态,从而调动起主体的全部力量去为之奋斗。"⑤由此可见,在信仰层次认同主导价值观是在认知、情感和行为三个层次认同主导价值观的"结晶"。

其二,稳定性。与在其他层次认同主导价值观相比,在信仰层次认同

---

① 陈新汉.关于社会价值观念与国民结合中的信仰问题的若干思考[J].天津社会科学,2015(6):16—22.
② 习近平.习近平谈治国理政(第一卷)[M].北京:外文出版社,2014:174.
③ 陈新汉.关于社会价值观念与国民结合中的信仰问题的若干思考[J].天津社会科学,2015(6):16—22.
④ 柯普宁.马克思主义认识论导论[M].北京:求实出版社,1982:271.
⑤ 陈新汉.关于社会价值观念与国民结合中的信仰问题的若干思考[J].天津社会科学,2015(6):16—22.

主导价值观相对来说需要时间更长,但是一旦形成,就会成为民众相对稳定的行为惯性和精神定势,从此主导价值观就在民众内心深深扎下根子,沉淀为个体意识中深层结构中的一部分,弗洛伊德称之为"潜意识",列宁称之为"逻辑的格"[①]。此时民众就有了对主导价值观至死不渝的恪守和追求,即使遇到与主导价值观相背离、偏离的价值观和思想侵扰时,也能坚守对主导价值观的追求而不动摇,会自觉克服一切困难和阻碍,持之以恒地实践主导价值观内蕴的价值准则和价值追求。

其三,终极性。信仰从表面上看起来是指向客体的,但其实指向的是以客体为载体的一种基本社会价值观念。这种社会基本价值观念在信仰者的意识中总是与其根本利益(包括物质利益和精神利益,以精神利益为主)联系在一起。这种根本利益"根本"到与信仰者的生命等终极性意义联系在一起。常常发生信仰者在信仰中"经由自我超越以发现生命意义"[②]。更有人超越生命意义去信仰主导价值观。其典型表达形式就是对作为信仰的主导价值观追求和践行超越对生命本体的守护和追求。我国封建社会里"杀身成仁"和"舍生取义"的格条,就是对当时人们以超越生命意义上的信仰作为封建社会主导价值观实践的生动写照。在革命年代,涌现出一大批像李大钊等拥有超越生命意义上的信仰的主导价值观代表。他们的这种精神至今对形成社会主义核心价值观的信仰仍具有巨大的激励意义。

三、主导价值观以认同方式转化为主流价值观的优势分析

个体在认同主导价值观的两个延伸中(即让主导价值观成为自我价值观的一部分和让个体成为国家的一员)达到了确立和认证自身,折射出民众认同主导价值观对于个体自我发展的独特意蕴,凸显了主导价值观

[①] 中共中央马克思恩格斯列宁斯大林著作编译局.列宁全集(第38卷)[M].北京:人民出版社,1959:233.

[②] 李向平.信仰是一种权力关系的建构[J].西北民族大学学报:哲学社会科学版,2012(5):1—17.

以认同方式转化为主流价值观的特殊规定。即与灌输相比,以认同方式把主导价值观转化为主流价值观,关照和高扬了民众日益增强的主体意识和利益意识,实现了转化的重点从满足国家需要拓展为满足国家需要和促进民众发展并重,使主导价值观转化为主流价值观由以一个圆点("为国")为中心的圆周运动演进为以两个焦点("为国"和"为我")为中心的椭圆形运动。这种优势主要体现在以下三个方面。

(一)认同发生上的自主性——体现出对民众主体地位的充分关照

认同发生上的自主性就是在民众主体意识增强的情况下,主导价值观能否被民众认同以及在什么程度上认同,或者说,民众是否接受国家施加的主导价值观影响,在很大程度上取决于民众的内在自觉自愿,而不完全是依靠外界的影响。"个体在认同中绝不是被动的,而是能动性。"[1]因而个体的自愿性、主动性在认同中得以充分凸显。

这在主导价值观转化为主流价值观的展开中就是国家要对民众的主体地位予以充分关照,从而与以灌输方式来把主导价值观转化为主流价值观形成区别,凸显其优势。"我们说,工人本来也不可能有社会民主主义的意识。这种意识只能从外面灌输进去,各国的历史都证明:工人阶级单靠自己本身的力量,只能形成工联主义的意识。"[2]从中可以看出,在以灌输来把主导价值观转化为主流价值观的过程中,民众往往被置于客体地位。

"虽然认同也可以由支配的制度产生,但是只有在社会行动中将之内化,且将它们的意义环绕着内化过程建构时,它才会成为认同。"[3]这提示了认同发生是以个体内在自愿为中心的关系性存在,个体内在需要与外界因素于交往中形成积极关系,从而激发个体认同的形成。"认同完全是

---

[1] 陈新汉. 核心价值体系论导论[M]. 上海:上海大学出版社,2016:175.
[2] 中共中央马克思恩格斯列宁斯大林著作编译局. 列宁选集(第1卷)[M]. 北京:人民出版社,2012:317.
[3] [美]曼纽尔·卡斯特. 认同的力量[M]. 夏铸九等,译. 北京:社会科学文献出版社,2001:3.

出于主体的自觉、自愿,是主体在内部认知因素和情感因素的驱使下对他者的主动认可,接受乃至尊崇,而非对外部情境、权威命令、奖励或惩罚等外部因素和压力的直接或间接的屈从、依从。"[1]因此,个体是否认同某种价值观主要取决于这种价值观与个体自身内在某些因素的契合 。"如果社会价值观念中的'文化、价值观、信仰、情感'不能与个体价值观念中相应的'社会知识、信仰、价值观、情感'发生契合并引起共鸣,那么即使运用强制力量,个体的认同也不能发生。"[2]

对于培育社会主义核心价值观来说,要是没有认同,社会主义核心价值观就无法内化为广大民众的信念,只能成为"意识形态漂浮"[3]。即大众媒体可以铺天盖地,大张旗鼓地宣传某种意识形态,但是这种意识形态却又不能深入人心,甚至引起人们的抵触、逆反心理而漂浮在空中。当然,这不意味着社会不存在引导个体对某一社会价值观念认同所具有的能动性,其所要做的工作在于对个体认同某一社会价值观念以后的相应心理和行为方面给予巩固和强化。

(二)认同驱动上的利我性——体现出对民众基本利益的深度关照

"对利益的追求成为建构为我关系活动的根本动因。"[4]这里的"为我关系"就是价值关系,因此认同驱动上的利我性就是自我利益成为个体认同得以维持和深化的主要驱动因素。它在主导价值观转化为主流价值观的展开中就是民众维护和扩大自己的基本利益成为认同主导价值观的基本动力之一。"大多数利益的绝对性,决定了一个社会的价值观念必须符合大多数人的利益,唯其如此,才能赢得大多数人的认同,从而就能从众多社会价值观念中凸显成为社会主流价值观念,否则就不具有社会主流价值观念的基础。"[5]从国家角度来说,就是在以认同方式把主导价值观

---

[1] 聂立清. 我国当代主流意识形态认同研究[M]. 北京:人民出版社,2010:11.
[2] 陈新汉. 核心价值体系论导论[M]. 上海:上海大学出版社,2016:177.
[3] 张彦君. 社会主义核心价值观认同的驱动力研究[J]. 河南社会科学,2014(7):8—14.
[4] 陈新汉. 社会主导价值观念导向中几个问题的哲学思考[J]. 学术界,2016(10):5—14.
[5] 陈新汉. 核心价值体系论导论[M]. 上海:上海大学出版社,2016:62.

转化为主流价值观中,要深度关照好民众利益,尤其要把维护好民众的基本利益作为转化的基础和起点。"'思想'一旦离开利益,就一定会使自己出丑。"[①]这为我们维护好民众个体利益,促进民众对主导价值观的认同提供了理论指导。

"利益不是仅仅作为一种'普遍的东西'存在于观念之中,而且首先是作为彼此有了分工的个人之间互相依存关系存在于现实之中。"[②]因此利益尤其是民众个体利益也时刻存在于对主导价值观的认同中。这对我们的启示就是要构建合理利益机制来深化人们对主导价值观的认同。让人们自己能够在日常生活中真切、直接地感受到主导价值观与他们生活的内在关联,而不是停留在口头上、宣传中,应构建合理利益格局为引导民众认同主导价值观奠定物质基础。"对于同一社会观念的认同,与人们在利益、生活情况和生存条件等方面形成的'同样'的认同联系在一起,当然,在这些'同样'认同中,在利益方面形成的'同样'认同最为重要。"[③]

(三)认同旨归的为我性——体现出了对民众个体发展的直接关照

从理路来看,任何认同都是经由他者而折返、迂回、回归于"为我"。因此"为我"成为认同的旨归,而"为我"本质在于为了"我的发展"。认同发生的自主性和驱动因素的利我性从不同方面服从于个体的自我发展。而认同旨归的为我性是指在认同主导价值观偏重于国家发展的基础上,要凸显民众个体自我发展的效应。这也是认同主导价值观的旨归和认同一般性价值观旨归的特殊之处。主导价值观的导向作用即使在经过认同之后,仍然在不同程度保持着"导向"的本色,这意味着"民众在对待意识形态的过程中,驱动要素由偏重顺从国家发展传统单一型要素拓展为顺从国家发展和自身发展并重的耦合型要素"[④],而不是走向完全是以顺从

---

① 马克思恩格斯列宁斯大林著作编译局. 马克思恩格斯文集(第1卷)[M]. 北京:人民出版社,2009:286.
② 马克思恩格斯列宁斯大林著作编译局. 马克思恩格斯文集(第1卷)[M]. 北京:人民出版社,2009:536.
③ 陈新汉. 核心价值体系论导论[M]. 上海:上海大学出版社,2016:57.
④ 裴学进. 试论党的意识形态话语系统的新探索[J]. 马克思主义研究,2014(8):112—119.

个体自我发展为单一驱动要素的情形中。于是在以认同方式来把主导价值观转化为主流价值观中,就会出现"哪种意识形态成为社会的主流意识形态或主导意识形态,取决于这种意识形态满足国家需要和民众需求的程度"[①]。

其一,认同指向的为我性。就价值构建本质来说,任何认同都是从自我出发来进行的。"凡是某种关系存在的地方,这种关系都是为我而存在的。"认同主导价值观也是如此,个体通过有效地认同主导价值观,使之成为"为我"的一部分。在认同主导价值观的"为我关系"中不断建构和丰富自己,使自己得到壮大,从而使自我的发展地位从依附于群体之中跃升到趋向独立的新阶段。

其二,认同标准上的自我性。坚持按照自己的标准来确定主导价值观中某些内涵、元素是属于"同"或"异"。换言之,所谓"同"或"异",都是与民众自己的标准相同或相异。而标准都由"我定的"。"人们总是认同那些与自己的利益需求、情感和信仰相一致或近似的东西。"[②]

其三,认同定位上的自我性。"认同指的是主体同化、吸收其他人或事,以建构自身人格的过程。"[③]对自己身份的确认并不是由自身来回答的,而是在其他人或社会中反观自身来确认的。对我们论题而言,民众是通过认同主导价值观来完成其自身的政治社会化过程以获得自我的身份确立和认证。换句话说,认同不过是认同者从别人或社会那里折射出来的自我而已。人总是通过社会来确定自己身份,对自我进行定位。周晓虹通过分析西方认同理论和社会认同理论相似性后指出:"它们都强调由社会建构自我(所谓认同或社会认同)的功能。"[④]

---

① 曾令辉,陈敏,石丽琴. 论加强我国社会主义意识形态领导权建设[J]. 马克思主义研究,2014(1):124-133.
② 贾英健. 认同的哲学意蕴和价值认同的本质[J]. 山东师范大学学报:人文社会科学版,2006(1):10-16.
③ 沙莲香. 社会心理学[M]. 北京:中国人民大学出版社,2006:101-102.
④ 周晓虹. 认同理论:社会学与心理学的分析路径[J]. 社会科学,2008(4):46-53.

第二节　主导价值观以共识方式转化为主流价值观

"价值共识是指不同价值主体之间通过相互沟通而就某种价值或某类价值及其合理性达到一致意见。"[1]如果说主导价值观以认同方式转化为主流价值观的本体基础在于个体主体意识和利益意识增强,这是从时间维度纵向比较而言的,那么以共同利益为基础的由适度差异化利益形成的多元价值观的共存就构成主导价值观以共识方式转化为主流价值观的物质前提,体现出空间维度的横向观照。

一、主导价值观以共识方式转化为主流价值观的物质前提

"价值的差异性或特殊性同价值的共同性如同硬币的两面是不可分割地联系在一起的,价值的差异是在其共同性的基础上才显现出来的,其共同性也只有在差异性的参照下并存于差异性中才显现出来。"[2]利益是价值观的基础,共同利益决定着价值共识的可能性,适度差异的利益则决定价值共识的必要性。由此,作为共同利益形式存在的国家利益较多地真实包含了民众个体特殊利益;在以国家利益作为共同利益的基础上,个体之间还存在着适度的差异化利益。这两个方面有机地构成了主导价值观以共识方式转化为主流价值观的物质前提,从而与以认同方式来把主导价值观转化为主流价值观中对国家满足个人利益的要求形成了一定区别。

这种区别简单来说就是在主导价值观以认同方式转化为主流价值观的情形中,必备条件是一个,即个体基本利益得到满足(或国家要满足个体利益,国家利益较多地、真实地包含着个体利益)。这是从不同经济形态下个体主体意识状况有别(纵向比较)来观照的,即与此前的自然经济

---

[1] 汪信砚.普世价值·价值认同·价值共识——当前我国价值论研究中三个重要概念辨析[J].学术研究,2009(11):5—10.

[2] 胡敏中.论公共价值[J].北京师范大学学报:社会科学版,2008(1):99—104.

状态下,由于国家利益较少包含个体利益,相应的个体主体意识和利益意识都比较薄弱,才映衬出在商品经济形态下,个体主体意识和利益意识的凸显,从而呼唤着在微观层面以对个体基本利益的满足来实现主导价值观转化为主流价值观。对此反面的理解就是在商品经济(包括市场经济)阶段,如果国家不能满足个体基本利益,则主导价值观就难以或不能以认同方式转化为主流价值观。

在主导价值观以共识方式转化为主流价值观的情形中,必备条件是两个,不仅要使个体自己的基本利益得到满足,还要使不同个体之间的利益得到满足,并且程度保持在一个合理范围内,不能悬殊太大(即国家不仅要满足个体利益,而且要使个体利益之间保持着适度差异化,也就是要使个体基本利益得到满足后,不同个体之间利益差异维持在均衡水平)。这更多的是从不同个体之间的利益得到满足的情况下(横向比较)来透视的。因为个体基本利益得到满足后,个体关注重点就不再是自己利益是否得到,而是观察其他成员利益得到满足的情况,进而要别人进行比较来考量、反思国家满足不同社会成员利益的方式是否合理,是否公平。对此从反面理解,就是在商品经济时代,如果国家仅仅满足了个体基本利益,而没有使不同个体利益差异保持在一个适度范围,就会导致在整个社会层面利益过度分化(即贫富分化),主导价值观还是难以或不能以共识方式来转化为主流价值观。这是由于假如不同个体利益过度分化,那么必然削弱作为共同利益的国家利益在广大民众个体利益结构中的比例(因为在这种情况下,国家利益在客观上就集中于少数群体了)。相应地,也就会弱化以这种共同利益为基础的主导价值观对民众的吸引力,从而难以在宏观层面形成民众对之共识。"社会利益过度分化,则会削弱执政党的合法性和道德基础,会损害改革进步的社会认同和价值共识。"[1]就一般意义而言,认同和共识是互相联系的,这就决定了在主导价值观以认同和共识方式转化为主流价值观的过程中,国家满足个人利益的上述两种

---

[1] 沈瑞英. 以利益导向促价值共识:社会转型新思维[J]. 探索与争鸣,2014(6):20—22.

方式也并不是截然分开的。

(一)国家利益较多包含民众个体特殊利益,并以真实共同利益的形式存在着

在个体特殊利益、差异化利益的基础上,存在着以真实共同利益形式存在的国家利益,也就是国家利益和民众利益在根本上是一致的,因而作为共同利益的国家利益"并不是存在于各种特殊利益之外和之上并与各种特殊存在着抽象对立的东西,而是各种特殊利益得以实现的最基本的共同前提条件"①。与之相反的是,在阶级社会里,国家利益主要是统治阶级特殊利益的体现,表面上是以虚幻共同体形式表现出来的普遍利益,所以不具备主导价值观得到民众充分共识的物质基础。

在适度差异化个体利益的基础上存在以共同利益为形式的国家利益,就是主导价值观获得民众共识的根本前提之一。尽管在社会转型时期,利益多元化、社会分层化,但要使一个社会价值观念或核心价值体系成为大多数人的共识,就必须体现多数人的利益,从而使大多数人成为这个社会价值观念或核心价值体系的主体。②

"共同的利益是形成价值共识的重要条件,缺少这个条件是很难形成价值共识的,即使形成价值共识也不稳定,很难成为维系社会整体的精神力量。"③这个是对一般的价值共识来说,也适用于对主导价值观的共识,兹从两方面来做分析。

一方面,从共同利益(国家利益的真实存在形式)满足更多个体需要角度而使主导价值观得到共识来说,以社会共同的利益和需要为基础的社会存在决定着价值共识的形成。④ 只有当共同利益更多包含了民众个人的特殊利益,以此为基础的共同价值观(即主导价值观)才能得到社会

---

① 汪信砚. 普世价值·价值认同·价值共识——当前我国价值论研究中三个重要概念辨析[J]. 学术研究,2009(11):5—10.
② 陈新汉. 核心价值体系论导论[M]. 上海:上海大学出版社,2016:189.
③ 兰久富. 倡导社会主义核心价值观的理论前提[J]. 哲学研究,2014(8):18—21.
④ 宋小红. 价值共识及其形成路径探析[J]. 中国特色社会主义研究,2016(3):64—69.

更多个体的共识。此时主导价值观就获得了以普遍性方式存在于越来越多个体的意识中,主导价值观也就成为大多数人民共同的价值观或价值观的共同基础,实现了主导价值观大众化。在对共同利益认知、认可的基础上才会寻求价值共识。这是由于在共同利益上对事物价值比较容易达成一致的看法,从而形成价值共识。相反,没有共同的利益,就很难达成价值共识。

就社会主义核心价值观来说,中国特色社会主义社会根本利益的一致性以及共同理想追求,才能使社会主义核心价值获得民众共识,而成为各个民族、行业人民的共同思想基础,所以提出"培育和践行社会主义核心价值观,巩固全党全国各族人民团结奋斗的共同思想基础"①。正因为在我国,国家利益充分代表和体现了人民利益,社会主义核心价值观才有可能被巩固成全国各族人民的共同思想基础。

另一方面,从更多个体民众基于自己利益而形成对主导价值观的共识来说,"只有那些适合各种处境、指向共同利益的价值观才能为大多数人所认可和接受。"②即只有让更多人,甚至每个人从作为共同利益的国家利益中找到自己的利益点,让他们深切感受到主导价值观内蕴着对个体民生福祉的关照,才会从各自不同角度来形成对主导价值观的一致认识。因为对于公民来说,会感激这些原则对他们自己和对他们所关心的那些人带来普遍好处,以及对社会所带来的普遍好处,然后便会在这一基础上来认肯这些原则。③此时,众多的个体意见汇合成共同意见,于是对主导价值观的共识也就形成了。"每个人都从自己角度作出价值判断和价值选择的。只有当不同的主体从各自角度作出一致的价值判断和价值选择时,才有真正的价值共识。"④现实中就是以共建社会共同利益来维护和保持个体基本利益,实现利益共享,促成社会价值观的共识。

---

① 中共中央关于全面深化改革若干重大问题的决定[M]. 北京:人民出版社,2013:39.
② 兰久富. 倡导社会主义核心价值观的理论前提[J]. 哲学研究,2014(8):18—21.
③ [美]约翰·罗尔斯. 政治自由主义[M]. 万俊人,译. 北京:译林出版社,2000:170—171.
④ 兰久富. 倡导社会主义核心价值观的理论前提[J]. 哲学研究,2014(8):18—21.

就社会主义核心价值观来说，在政府教育宣传后，更多的民众意识到社会主义共同利益真实包含自己利益，从而激发个体共同的价值追求。通过对话、协商等方式，秉持互利互惠的原则，并能对各自特殊的价值追求做些适当调适和权衡，形成对社会主义核心价值观的共识。

需要特别补充说明的是，回顾人类社会发展中国家利益和民众特殊利益格局演变历史，从中可以看出，国家利益和民众利益之间总是以不同比例关系体现出一种张力性联系。尽管在大部分时间里国家利益和人民利益是以对抗为主，但并非时刻都以断裂形式体现出来。如在发生对外战争或发生重大自然灾害时，国家和人民的共同需要、一致利益就凸显出来了。只是在剥削阶级社会里，国家利益从根本上来说是统治阶级的利益，而较少体现出民众利益，但不能说没有包含民众利益的"颗粒"。由此决定了这个阶段的主导价值观得到民众共识，尽管在局部或特定情况下是取得成功的，但总体是有限的，可也不是根本无效的。而伴随剥削阶级社会形态更替，尤其到社会主义社会，国家利益越来越多包含、体现甚至代表民众的特殊利益。正是在这个意义上，可以说："人类社会的进步恰恰是自我利益的不断发现、自我意识的不断增强，所谓的被压迫、被剥削的不断反抗，实际上就是对自我利益的不断觉醒。"[1]

伴随人类的发展，国家利益越来越多以共同利益形式体现出来，由此就形成了作为这种利益在观念表达的主导价值观得到越来越多民众的共识。这只是相对于前一个阶段社会（如资本主义社会对比封建社会）而言，前一种类型社会（社会主义社会对比以前的剥削阶级社会）的主导价值观得到民众的共识有了显著提升，取得了根本性进步，但并不意味着到了社会主义社会，主导价值观得到民众共识的任务就此自动完成或一蹴而就了，它还是处在一个不断深化的过程。

上述分析对我们论题的启示是，伴随着经济形态的更替，民众受市场经济塑造出的主体意识和利益意识不断增强。与此同时，民众特殊利益

---

[1] 龚群. 罗尔斯政治哲学[M]. 北京：商务印书馆，2007：117.

在国家利益中比例逐渐加大,主导价值观得到民众的共识层次也逐步提高,实现了从有限到接近无限,但不会就此止步。因此,主导价值观以共识方式转化为主流价值观的根本前提是国家利益较多包含民众个体特殊利益,其内在隐含两层意思:一方面,与以往相比,到了国家利益较多包含个体利益的境况下,主导价值观才会越来越以共识方式转化为主流价值观,这并不是说以往社会里,主导价值观从来不会以共识方式转化为主流价值观而被民众所共识。另一方面,在这个基础上,又要特别地强调,到了国家利益较多包含个体利益的境况下,主导价值观以共识方式转化为主流价值观的过程还要继续推进和不断探索,这仍旧是艰巨的任务,所以对待这个问题应该持有辩证的思维。

(二)在国家利益较多以共同利益存在的基础上,还存在着适度差异化的个体利益

"共识是以差异为基础的,共识源于差异。社会价值观念的共识不是对多元社会价值观念的简单否定或替代,而是对多元社会价值观念的补充和完善。以差异为基础的共识的本体论根据就在于存在着不同的利益诉求,然而不同诉求的价值主体又是作为共同体的成员而存在的。"[①]而存在着利益差异的成员之所以能够作为共同体成员存在,就在于成员之间存在着共同利益,也即真实共同体的利益。"过去,在大家利益基本一致的情况下更容易讲公共利益和共同理想;现在,必须在利益差异的背景下阐明人们的共同利益和价值共识。"[②]由此提示,主导价值观以共识方式转化为主流价值观的物质前提除了国家利益较多包含着民众特殊利益以外,还要具备另外一个物质前提:尚存在着适度差异化的民众利益。这种差异只能限定在一个合理范围内,如果超过一定限度,社会贫富差距就会太大,从而失去共识的物质基础。

以上对我们的启示,即是把社会贫富分化控制到适度范围内,促进民

---

① 陈新汉.核心价值体系论导论[M].上海:上海大学出版社,2016:184.
② 韩震.我国意识形态工作困难的成因及其破解办法[J].中国高校社会科学,2015(7):12—17.

众形成对社会主义核心价值的共识,后面将做详细论述。如果说国家利益较多包含了个体特殊利益,这是构成主导价值观通过共识转化为主流价值观的可能性维度,因为不存在无共同利益为基础的共同价值观,那么在具备共同利益的基础上,则存在着适度差异化的个体利益,这是构成主导价值观通过共识转化为主流价值观的必要性维度。

如果在共同利益一致的基础上,个体之间不存在利益差异,也不存在多样化、多元的价值观,那么主导价值观就没有必要以共识方式转化为主流价值观。因为在那样的社会里,主导价值观和主流价值观已经高度重合了,即主导价值观本身就是主流价值观。这种情况只会发生在社会处于极端高压的状态中,涂尔干称其为"机械团结社会"(与"有机团结社会"相对应)。在这种情况下往往会出现主导价值观覆盖、压制民众个人价值意识和价值选择,民众在其中几乎或完全失去活力、失去自我,个人之间分化水平低、同质性高。主导价值观始终以一种强烈而明确的方式塑造出民众整齐划一的精神生活。如所有成员在宗教信仰、行为规范、道德评价标准以及生活方式达到高度一致,整个社会就会接近于"万马齐声"的局面。

价值共识是以价值的分立、多元、差异为前提和基础。而价值的差异源自利益差异。价值多元化的社会基础在于现实生活中利益主体的多样性。正是在这个意义上,可以说:"差异性共在是价值共识的存在论基础。"[①]对其中"差异性共在"的辩证理解,就是以某种共同利益为纽带把具有利益差异的人们联结成共同体。当然在不同时代,这种利益纽带的产生方式和发挥作用的方式有刚柔之别。在今天润泽于市场经济而形塑的价值主体是多样化的,其方式只能是对话、协商。"既存在着不同的利益诉求,因此呈现出多样化的价值状况;同时又需要承认公共利益的存在,不同价值都是以共同体成员的共同价值或公共价值为统领。"[②]

就社会主义核心价值观的共识来说,社会利益的多元利益诉求决定

---

① 王玉萍,黄明理. 价值共识及其当代意义[J]. 求实,2012(5):37—40.
② 宋小红. 价值共识及其形成路径探析[J]. 中国特色社会主义研究,2016(3):64—69.

了多元价值观的合理性。① 正因为社会主义市场经济塑造了多元利益主体,形成了多元价值观的客观存在,才凸显出对社会主义核心价值观以共识方式转化主流价值观的必要性。否则一如在计划经济时代,不存在也就没有必要以共识方式,而是以权威方式把主导价值观转化为主流价值观。至少可以说:"这种情况下的价值共识不建立在内在需要的基础上,它是一种自上而下、不顾主体内在需求的多样性和复杂性的指令性和分配性的价值共识。从而这种一元和指令性的价值共识具有外在强制性和简单划一性。"②

二、主导价值观以共识方式转化为主流价值观凝结着三个特质

作为物质前提的利益格局决定了在主导价值观以共识方式转化为主流价值观过程中所体现出的精神特质、致思方式。由此,秉承主体间性哲学理念、以"价值认异"为底色和贯穿着过程性实现方式构成其三个特质,也成为在实践中要遵循的基本原则。

(一)秉持主体间性哲学理念

价值共识的本质是孕育于市场经济而共同存在着的多个差异的主体基于共同需要以平等身份,经过对话、协商后,达成对某种价值观念的一致认识。这意味着"共识"主体是平等的、多元的,共识存在于主体之间。③ 在一定意义上可以说,价值共识就是由平等地位的不同价值主体之间通过交往形成对某种价值观的一致认可,尽管其具体表现形式多样,不仅有处在以全球化为背景的市场经济纵深发展时代共存共在的主体意识高涨而又高度差异化的不同价值主体之间的民众共识(这是其基本形式),还指涉作为民众评价活动主体的群众和作为权威评价活动主体的国家在特定情境内形成的官民共识,更包括两个国家或多个国家之间形成

---

① 宋小红. 价值共识及其形成路径探析[J]. 中国特色社会主义研究,2016(3):64—69.
② 胡敏中. 论价值共识[J]. 哲学研究,2008(7):96—102.
③ 沈湘平. 价值共识是否及如何可能[J]. 哲学研究,2007(2):107—111.

的国家间共识、国际共识等,以及全世界范围不同价值主体之间形成的人类共识,但是承认各个价值主体具有平等地位是价值共识的本质规定。其具体含义为,在价值共识过程中"要求让人与人之间,在坚持自己是主体,具有主体性的同时,也要把他人当作主体,承认他人的主体性,要尊重他人作为主体的地位"①。其内在理路是把市场经济活动中的双方地位上平等的这个特质延伸、移植到价值观互动活动中。商品是天生的平等派②,同时也是市场经济培育出平等意识在价值领域的映现。哈贝马斯称之为"交往理性"。在实现价值观与国民结合中,相比较而言,不是绝对的,以灌输方式把主导价值观转化为主流价值观时往往把民众置于客体地位。"阶级政治意识只能从外面灌输给工人,即只能从经济斗争外面,从工厂同厂主的关系范围外面灌输给工人。"③可见在灌输中体现着主体性哲学(又称主客体哲学)。在主体性哲学中,主体把客体置于支配地位。"在'主体—客体'的模式下,达成共识的双方的地位和权利是不对等的。"④

在价值共识中,则更多地体现主体间性哲学理念。主体间性即"主体间理解的一致性"⑤,也就是有着自己精神信念追求,并能够将自己的信念追求与他人的信念追求通过深入交往,在理解中达到互相包容,这是当今对主体性的要求之所在,实现了对主体性哲学的超越和扬弃。在某种意义上,主体间性"超越了单纯的主客体模式,而进入主体与客体、主体与主体的多重复合关系模式"⑥。在主体间性哲学中,双方的地位是对等的,强调"任何交往都是平等的主体之间的直接或间接语言互动,它以承认和尊重异质性为前提,通过自由交流、对话、平等合作和互相理解协调

---

① 王玉樑. 21世纪价值哲学:从自发到自觉[M]. 北京:人民出版社,1999:119.
② 马克思. 资本论(第1卷上册)[M]. 北京:人民出版社,1975:103.
③ 中共中央马克思恩格斯列宁斯大林著作编译局. 列宁选集(第1卷)[M]. 北京:人民出版社,2012:363.
④ 吴育林,陈水勇. 交往理性视阈中的价值共识[J]. 学术研究,2011(1):24—30.
⑤ 俞吾金等. 现代性现象学——与西方马克思主义者的对话[M]. 上海:上海社会科学院出版社,2002:28.
⑥ 孙伟平. 价值哲学方法论[M]. 北京:中国社会科学出版社,2008:232.

达致多样性追求的有机统一"①。

(二)以"价值认异"为底色

"如果说达成'共识'的前提是承认'差异',那么,'差异'的意义也恰恰在于其间所包含的'共识'诉求。"②因此,价值共识就是指向"不同价值主体"即众多个体的、不同价值主体通过"多元理性竞争和理性对话",从而寻找到某种互相共享的价值理念,形成一定程度的价值观念方面的共识。③简而言之,是通过"多"的交往、论辩达到别样的"一"。

辩证的价值共识包含价值认同但不等于价值认同,还包含价值认异,即在特定时空内,差异化的平等价值主体除互动后共同认可某些共同价值观以外,还要理解和尊重对方另外的价值选择,从而各自保留对其他价值观的认同,而不是要求他们放弃对其他价值观的认同。这也就并不意味着有差异性的价值主体一定要形成全部相同的价值观念,而是既寻求达到承认共"同"价值观又留存各自相"异"的价值观。因为社会价值观念中的"差异"形成了"共识"过程中的困难和紧张,但"差异"绝不意味着只是对抗和冲突,它更多地蕴含着一种思想张力。④ 从广泛意义上来说,价值共识是对宰制的绝对主义和放任多元主义的双重超越,是扣其两端而致中道的产物,而不是只要"求同"就不能"存异",或者只要"存异"就不能"求同",也不是"求同去异""求同灭异",是为了达到"在认同中承认,也在承认中认同",从而与机械论意义、独断论意义的价值共识划清界限。

"价值共识不是价值等同,它以承认差异为前提,是和而不同,是在多样性基础上的协调、互惠、通达。"⑤这就是以"价值认异"为底色的价值共识。具体对主导价值观共识而言,就是引导民众形成对主导价值观或与

---

① 吴育林,陈水勇.交往理性视阈中的价值共识[J].学术研究,2011(1):24—30.
② 王玉萍,黄明理.价值共识及其当代意义[J].求实,2012(5):37—40.
③ 陈新汉.哲学视域中的认同意蕴新思考[J].湖南师范大学学报,2014(3):5—12.
④ 陈新汉.核心价值体系论导论[M].上海:上海大学出版社,2016:184.
⑤ 吴育林,陈水勇.交往理性视阈中的价值共识[J].学术研究,2011(1):24—30.

主导价值观相一致价值观的认同。在这个基础上,也允许民众各自认同与主导价值观不一致或相异的其他价值观。而差异性、多样化的个体正是由"以物依赖性"为特征商品(市场)经济社会所塑造出来的,由区别于"以人的依赖性"为特征的自然经济所塑造出来的同一性群体。

在市场经济社会里,主导价值观共识过程就隐含着在引导个体基于共同利益对主导价值观形成一致认识的基础上,允许并尊重个体基于各自诉求而认可其他价值观念,即在价值共识中可以存在共识和非共识[1],甚至可以说"共(同)"与"非共(异)"是互相依赖的,"共(同)"依赖于"非共(异)",而不是互相排斥的。

(三)贯穿着过程性的实现方式

主导价值观转化为主流价值观的过程性特点内在决定了主导价值观以共识方式转化为主流价值观也会浸透着过程性特点。具体可以从两个方面来理解:

一方面是就价值共识始源、生成(起点)而言,共识不是先天、先验就存在的,而是人们在价值实践活动中主动追求的结果。"共识不是直接裸露的、某种现成的存在,它是需要人们去积极澄清或追求而'形成''达致'的结果。"[2]

另一方面,作为结论(终点)层面而言,即不同价值主体通过相互作用形成一定程度共享的价值观念是一个建构和消解的过程,在社会转型期尤其如此,不能采取一步到位的思维方式。"共识自身不是凝固的,它不仅可以拥有多副面孔,而且可以是历史地变化着的。"[3]因为价值共识作为一种体现人的主体性原则把握现实的方式,内在遵循着人类实践活动的某些共性规律,如是个由肤浅到深刻、由狭窄到广泛逐步深化的过程等。就价值共识的特殊性来说,价值共识其实也是价值主体在多种可能性中所做出的某种价值选择。由于人们的价值选择要受到各种主

---

[1] 陈先达. 论普世价值与价值共识[J]. 哲学研究,2009(4):4—10.
[2] 沈湘平. 价值共识是否及如何可能[J]. 哲学研究,2007(2):107—111.
[3] 沈湘平. 价值共识是否及如何可能[J]. 哲学研究,2007(2):107—111.

客观因素的限制,因而主体在进行价值选择过程中,并不是一劳永逸的,相反,它经常表现为一个逐步实现的渐进过程。① 此外,价值共识本体基础在于价值主体之间的利益状况。社会利益格局变化决定、影响着价值共识的性质和方式的变迁。正因为如此,伴随着人类社会从阶级利益对立的社会发展到根本阶级利益一致的社会,价值共识实现了质的跃升。作为社会意识形式的价值共识,还与其他社会意识形式发生互相影响。

鉴于上述分析,可见价值共识本身是生成性的、非先验的,已经达成的价值共识还是处在动态中,非凝固不变的,这是一个充满着反复的过程。

三、主导价值观以共识方式转化为主流价值观的两种基本形式

重叠共识理论为分析多元价值观存在的社会中如何达到价值共识提供了一种独特视角。对于我们论题而言,就是主导价值观被不同的民众接受后形成共识(不同主体之间的共识)和主导价值观的不同部分被民众接受后形成共识(不同内容之间的共识),构成主导价值观以共识方式转化为主流价值观的两种基本形式。为便于理解,这里以社会主义核心价值观为例进行分析。

(一)不同价值主体形成对主导价值观的共识

近年来习近平总书记在全国各族、各个地区、各个行业等就差异性群众之间形成"最大公约数"做过两次专门论述。第一次论述是关于形成深化改革的"最大公约数",可以算作是为第二次论述关于形成社会主义核心价值观"最大公约数"的铺垫。深入分析其中所透视出的普遍性蕴含可为我们从最广泛意义上理解不同民众形成对主导价值观的共识提供启示。

---

① 贾英健. 认同的哲学意蕴和价值认同的本质[J]. 山东师范大学学报:人文社会科学版,2006(1):10—16.

第一次论述着重从方法论的角度,针对不同民众形成对改革的"最大公约数"。习近平总书记指出:"我们十三亿人,八千二百多万党员,包括海外同胞,大家能凝聚共识,本身就是力量。……同时,我们也要看到,不同地方、不同阶层、不同领域、不同方面,大家会有不同想法。……那就要考虑,哪些是可以'求同'的?哪些是可以经过做工作形成或转化为共识的?哪些是可以继续'存异'的,把最大公约数找出来,在改革开放上形成聚焦,做事就能事半而功倍。"[①]其中的"聚焦"就是不同群众从自己的全部眼光中投射部分"光线"汇聚到"改革",获得对"改革"的共同观照后,在他们视网膜上共同留下对改革的"印记",而形成"最大公约数"。此处以不同"光线聚焦"的一种形象形式来比喻具有差异性群众(因为光线来自有生命的主体)对改革形成的共识。

第二次论述着重从结果的角度,针对不同主体形成社会主义核心价值观共识。习近平总书记指出:"我国是一个有着13亿多人口、56个民族的大国,确立反映全国各族人民共同认同的价值观'最大公约数',使全体人民同心同德、团结奋进,关乎国家前途,关乎人民幸福安康。"[②]其中"共同认同"就是共识,"价值观最大公约数"就是基于我国因民族、人口等多方面形成的差异性的民众对社会主义核心观的共识。此处的"价值观最大公约数"就是被最多群众所共识的"社会主义核心价值观",非公约数部分的价值观就是群众各自认可的价值观。

我国人口之多,各民族不同群众之所以能够在保留自己的差异性选择价值观后,还能形成对"社会主义核心价值观"的共识在于两个方面:其一,我国各族人民虽然有差异,但都传承了优秀中华文明,同享改革开放的成果,有着共同生活环境;其二,社会主义核心观所体现的国家利益和全国人民利益在根本上是一致的。因此,对社会主义核心价值观的共识能够满足各民族人民的利益和需要。

---

① 中共中央文献研究室. 习近平关于实现中华民族伟大复兴的中国梦论述摘编[M]. 北京:中央文献出版社,2013:45.
② 习近平. 习近平谈治国理政(第一卷)[M]. 北京:外文出版社,2014:168.

(二)主导价值观不同部分被民众接受后形成共识

形成对主导价值观的共识除不同主体之间形成共识之外,还有另外一种形式就是主导价值观的不同部分被民众接受后形成共识,如人们对社会主义核心价值观的不同部分接受后形成共识,这源自以下两个方面因素。

其一,任何一个社会,主导价值观在内容上并非铁板一块,而是由其内在结构不同部分组成的。例如,中国封建社会主导价值观包括"三纲五常"和"仁义礼智信"等。新加坡共同价值观包括"国家至上、社会为先;家庭为根、社会为本;关怀扶持、尊重个人;求同存异、协商共识;种族和谐、宗教宽容"五个层面内容。虽然美国政府从来没有正式公布其主导价值观基本内容,但一般都认为其基本包括个人主义、自由、平等、民主和法治等。社会主义核心价值观由作为国家层面的价值目标的富强、民主、文明、和谐,作为社会层面的价值取向的自由、平等、公正、法治,作为公民层面价值准则的爱国、敬业、诚信、友善三个方面组成。

主导价值观的这些部分之间存在着某种关联。如中国传统社会里,家庭和国家是同质同构,所以决定了在其主导价值观中,国家对个人方面提出的要求(如忠等)和家庭对个人方面提出的要求(如孝等)在理路上是一致的,这点也不同程度地体现在社会主义核心价值观中。习近平总书记指出:"中国古代历来讲格物致知、诚意正心、修身齐家、治国平天下。从某种角度看,格物致知、诚意正心、修身是个人层面的要求,齐家是社会层面的要求,治国平天下是国家层面的要求。我们提出的社会主义核心价值观,把涉及国家、社会和公民的价值要求融为一体,既体现了社会主义本质要求,继承了中华优秀传统文化,也吸取了世界文明有益成果,体现了时代精神。"[1]正是由于主导价值观不同部分存在着一定关联,这为偏重认同主导价值观某一个部分的不同人群之间形成对主导价值观的共识奠定了基础。

---

[1] 习近平. 习近平谈治国理政(第一卷)[M]. 北京:外文出版社,2014:169.

其二，人们基于各自需要、身份和偏好，可能偏重于认同作为主导价值观的社会主义核心价值观中的某一部分，如有些人往往侧重于认同作为价值目标的富强、民主、文明、和谐，有些人往往从自身生活感受偏向于认同作为价值规范的爱国、敬业、诚信、友善，还有些人则可能更倾向于认同作为价值准则的自由、平等、公正、法治。当然这只是一种理论分析，真实情况要比这里的分析复杂得多。但是有一点是明确的，人们基于自身需要更侧重于认同作为主导价值观的社会主义核心价值观的不同部分，由此形成作为结果的认同状况是参差不齐的。这种参差不齐既表现为横向各有侧重，也表现在纵向上深浅有别。问题是这些侧重于认同社会主义核心价值观不同部分、程度上深浅有别的人们如何形成对社会主义核心价值观的共识呢？约翰·罗尔斯的回答是通过公共论坛来进行讨论。在讨论中，众多因恪守"各种尽管互不相容但却合乎理性的宗教学说、哲学学说和道德学说而产生深刻的分化"①的自由而平等的公民能"超出自己观点的狭小圈子并发展出各种他们可以依此面对更广阔的公共世界来解释和正当化其所偏好的政策"，从而使"大多数人在'公共论坛'讨论中心悦诚服地形成'共识'"②。从抽象意义上来理解，罗尔斯的公共论坛就是因恪守不同学说而分化公民通过交往、沟通等互动性活动形成共识，因此其观点也同样适用于形成对社会主义核心价值观的共识。

人是社会关系的产物，不同的人总要发生一定社会交往和互动。"社会——不管其形式如何——究竟是什么呢？是人们交互活动的产物。"③所以社会生活中总是自然存在或人们主动创设了各种让不同人员互动、对话的平台（今天包括现实和虚拟的）。借助这些平台，让这些侧重认同社会主义核心价值观不同部分的人们经过互动、交往和讨论后，形成对社会主义核心价值观的共识。"在公共领域中，整个社会透过公共媒体交换

---

① [美]约翰·罗尔斯. 政治自由主义[M]. 万俊人，译. 南京：译林出版社，2000：5.
② 陈新汉. 核心价值体系论导论[M]. 上海：上海大学出版社，2016：190.
③ 中共中央马克思恩格斯列宁斯大林著作编译局. 马克思恩格斯选集（第4卷）[M]. 北京：人民出版社，1995：532.

意见,从而对问题达成共识。"①其内在机制为:"不同价值观念之间多元竞争和理性对话,就能够使不同主体在理解对方或他者社会价值观念立场中扩展自己的理解,丰富自己的内容,从而可以寻找到某种互相共享的价值理念。"②正是在这个过程中,侧重于认同作为主导价值观的社会主义核心价值观不同部分的民众就会逐步意识到"与他者共在的事实或至少体验到一种与他者的共在感"③。对社会主义核心价值观的共识也会包含在这种"共在感"之中。

---

① 汪晖,陈燕谷. 文化与公共性[M]. 北京:三联书店,2005:200.
② 陈新汉. 核心价值体系论导论[M]. 上海:上海大学出版社,2016:184.
③ 王玉萍,黄明理. 价值共识及其当代意义[J]. 求实,2012(5):37—40.

第三章　主导价值观转化为主流价值观的资源借鉴

"我们强调弘扬社会主义核心价值观,继承和发扬中华民族优秀传统文化,坚持和弘扬中国精神,并不排斥学习借鉴世界优秀文化成果。"[①]因此,批判性分析和汲取国外在探索主导价值观转化为主流价值观方面所积累的成果,可为我们研究主导价值观转化为主流价值提供一种视角参照。结合我们的论题,兹选择葛兰西文化领导权理论、阿尔都塞意识形态国家机器理论、罗尔斯重叠共识理念作为理论资源,而把新加坡和美国在探索各自主导价值观转化为主流价值观方面的基本做法作为实践资源。

第一节　主导价值观转化为主流价值观的理论借鉴

一、文化领导权理论

安东尼奥·葛兰西是意大利共产党领袖,是国际共产主义史上著名思想家、活动家。根据当时历史条件,从实践层面反思和透视西欧无产阶级革命屡屡失败(在根本无法首先掌握政治统治权的情况下,因策略失误也没有夺取文化领导权)、俄国十月革命成功的主要原因(依靠的是与俄国社会结构相适应的政治统治),以及资本主义国家为及时适应社会变化对统治方式进行了调整,在保持原来政治统治基础上,加强了对市民社会的文化领导,从而继续保持了统治。"由于现代国家政治现实的变化,资

---

① 习近平. 习近平在文艺工作座谈会上的讲话[N]. 人民日报, 2015-10-15(2).

产阶级的统治方式也发生了相应的变化,主要是依靠建立在市民社会之上的政治社会和市民社会之间平衡来行使领导权。"[1]本着"反其意而用之"的原则,在合理吸收马克思主义基本观点,尤其是列宁领导权思想的基础上,提出了文化领导权理论。

(一)完整国家观:市民社会和政治社会

葛兰西阐述了意识形态在西方工业社会结构中的特殊地位和作用。要了解葛兰西这方面的思想,先要厘清他所使用的"市民社会"概念的特殊含义。众所周知,在马克思恩格斯语境中,市民社会是物质生活关系的总体,是从属于经济基础的,葛兰西则把它归入到上层建筑的范围内,把市民社会上升到国家有机组成部分的高度。"对国家的认识离不开对市民社会的认识(因为可以说国家=政治社会+市民社会,即强制力量保障的霸权)。"[2]这句话可具体理解为:"目前我们可以确定两个上层建筑'阶层':一个可称作'市民社会',即通常称作'私人的'组织的总和,另一个是'政治社会'或'国家'。"[3]其中政治社会的执行机构是军队、法庭、监狱等,作为专政的工具,主要是强制机关,代表暴力,其行使"统治霸权"。而"市民社会"是统治阶级传播意识形态中各种各样的民间组织的集合体,由政党、工会、教会、学校、学术文化团体和各种新闻媒介、民间组织构成。市民社会是"教育"机关[4],其职能"就是把广大国民的道德文化提高到一定的水平,与生产力的发展要求相适应,从而也与统治阶级的利益相适应"[5],培育一批把国家和个人的终极目标当作奋斗目标的社会集团。葛兰西的完整国家观内涵可简化如表3—1所示。

---

[1] 黄伊梅. 文化领导权的理论与策略[J]. 中共中央党校学报,2006(4):40—44.
[2] [意]安东尼奥·葛兰西. 狱中札记[M]. 曹雷雨,姜丽,张跣,译. 北京:中国社会科学出版社,2000:218.
[3] [意]安东尼奥·葛兰西. 狱中札记[M]. 曹雷雨,姜丽,张跣,译. 北京:中国社会科学出版社,2000:218.
[4] 陈新汉. 核心价值体系论导论[M]. 上海:上海大学出版社,2016:102.
[5] [意]安东尼奥·葛兰西. 狱中札记[M]. 曹雷雨,姜丽,张跣,译. 北京:中国社会科学出版社,2000:214.

表 3—1　　　　　　　完整的国家＝受强制力量保障的霸权

政治社会	市民社会
专政	领导权
强制机构(军队、警察、官吏等)	领导权机构(学校、教会、工商团体等)
国家作为权力机构	国家作为意识形态组织者、教育者
统治	领导

上述是从静态的角度来理解葛兰西的完整国家观。从动态的角度来理解葛兰西的完整国家观就是以下完整国家发展经历的三个阶段。第一阶段为国家＝政府,即政治社会,国家吞没市民社会,国家与市民社会相重叠。第二阶段为国家＝政治社会＋市民社会,即国家不只是以强制机关为特征的政治国家,国家也包括各种民间的领导权机构。葛兰西认为,发达的资本主义国家基本处于这个阶段。第三阶段为国家＝市民社会,这是国家发展最后也是最高阶段,葛兰西称之为没有国家的国家。此时,国家成为守夜人。因此,完整国家发展周期包括三个阶段:"经过'国家'等于'政府','国家'等于'市民社会'的阶段,到达国家成为'守夜人'的阶段。"[①]

(二)文化领导权存在的基础、前提与本质

在划分政治社会和市民社会的基础上,葛兰西进一步指出依存于政治社会和市民社会中的领导权方式。其一,这两个阶层一方面相当于统治集团通过社会行使的"霸权"(霸权也就是领导权——引者注)职能,另一方面相当于国家和"司法"政府所行使的"直接统治或管辖职能"。[②] 其二,一个社会集团的霸权地位表现在以下两个方面,即"统治"和"智识与道德的领导权"。一个社会集团统治着它往往会"清除"或者甚至以武力

[①] [意]安东尼奥·葛兰西. 狱中札记[M]. 曹雷雨,姜丽,张跣,译. 北京:中国社会科学出版社,2000:219.

[②] [意]安东尼奥·葛兰西. 狱中札记[M]. 曹雷雨,姜丽,张跣,译. 北京:中国社会科学出版社,2000:7.

来制服的敌对集团,他领导着同类的和结盟的集团。① 这里的"统治"就是"政治统治"或者说是政治领导权,"智识和道德的领导权"也就是文化领导权。与对政治领导权阐释相比,葛兰西从多角度对文化领导权进行了透视。"按照葛兰西的观点,在整个上层建筑的范围内,市民社会是政治社会的基础。葛兰西认为,在西方资本主义社会中,资产阶级的统治主要不是靠政治社会,即军队和暴力来维持的,而在相当程度上是靠他们广为宣传,从而被人民大众普遍接受的世界观来维持的。这就在西方社会的革命中,把市民社会,即意识形态——文化及其领导权问题空前地凸显出来了。"②

第一,文化领导权依存于市民社会。从相对意义上来说,政治领导权和文化领导权适应于国家结构不同组成部分中的两种权力运行方式。文化领导权依存于市民社会中,由此可以说,文化领导权在市民社会比较发达的国家中更加凸显。葛兰西针对东西国家中政治社会和市民社会在整体结构中所占比例的不同(发展程度不同),指出了政治领导权和文化领导权之间互相关系的不同。

以俄国为例,政治领导权比文化领导权起着更为重要的作用。这也是俄国十月革命得以通过暴力革命取得胜利的原因。因为在这些国家,政治社会非常强大,而市民社会则比较式微。但是在西方工业国家,情形正好相反。葛西兰说:"在俄国,国家就是一切,市民社会处于原始状态,尚未开化;在西方,国家和市民社会关系得当,国家一旦动摇,稳定的市民社会结构就立即显露。国家不过是外在壕沟,其背后是强大堡垒和工事。"③这表明了西方社会不仅拥有"前沿阵地"——反动政权,而且拥有众多的"堡垒和战壕"——思想、文化优势,以及学校、教会、道德观念、习

---

① [意]安东尼奥·葛兰西. 狱中札记[M]. 曹雷雨,姜丽,张跣,译. 北京:中国社会科学出版社,2000:38.
② 俞吾金. 意识形态论(修订版)[M]. 北京:人民出版社,2009:239.
③ [意]安东尼奥·葛兰西. 狱中札记[M]. 曹雷雨,姜丽,张跣,译. 北京:中国社会科学出版社,2000:194.

惯势力等。①因此在西方社会,文化领导权的社会基础越厚实,文化领导权的地位也就越发凸显,甚至跃升到和政治领导权平分秋色的层次。相应地,在西方社会,必须获得文化领导权才能保持统治。这恰恰是西方资本主义国家保持统治成功的秘诀。

正是从西方国家的市民社会比较发达的现实出发,葛兰西认为无产阶级革命取得成功的秘诀就在于首先获得文化领导权。这就是说,西方无产阶级革命的路线并不是直接夺取政治领导权,而是先在市民社会的各个环节中逐步破坏资产阶级在文化、意识形态上的领导权,然后才有可能在适当的时候掌握政治社会的领导权,即先要掌握文化领导权再掌握政治领导权,最终夺取政权,并在夺取政权后还要继续掌握文化领导权。"一个社会集团能够也必须在赢得政权之前开始行使'领导权'(这就是赢得政权的首要条件之一);当它行使政权的时候就最终成了统治者,但它即使是牢牢地掌握住了政权,也必须继续以往的'领导'。"②

需要说明的是,葛兰西此观点是针对西方无产阶级在市民社会发达的资本主义国家里,资产阶级国家政权由于比较稳固,所以也就根本不具备像马克思主义所描述的那样在通过暴力革命掌握政治领导权的条件下,应该先获取文化领导权,进而夺取政治领导权。"无产阶级逐步掌握了意识形态的领导权,把各种不同的社会团体团结在一种新的世界观之下,从而完成了夺取政治领导权的最重要的准备工作。"③

第二,维护民众的利益是获得文化领导权的前提。"'思想'一旦离开'利益',就一定会使自己出丑。"④葛兰西以自己独有的方式继承并发扬了马克思关于利益和思想关系的原理,提出维护好被统治阶级的利益是获得文化领导权的前提,不过葛兰西着重从考虑被领导集团群体利益的

---

① 陈新汉等.社会主义核心价值体系论研究[M].北京:北京师范大学出版社,2012:91.
② [意]安东尼奥·葛兰西.狱中札记[M].曹雷雨,姜丽,张跣,译.北京:中国社会科学出版社,2000:38.
③ 俞吾金.意识形态论(修订版)[M].北京:人民出版社,2009:240.
④ 中共中央马克思恩格斯列宁斯大林著作编译局.马克思恩格斯全集(第2卷)[M].北京:人民出版社,1957:103.

角度来论述。"只要领导权是伦理—政治的,那么它也就不能不是经济的,而它的基础也就不能不是领导集团在经济活动的决定性领域所行使的决定性职能。"①由于"考虑到被领导集团的利益和倾向是获得领导权的前提"②,因此在有些时候,需要领导集团作出妥协,才能获得文化领导权。"毫无疑问,领导权成为事实前提,就是需要估计将被施加领导权的那些集团的利益和要求,就是需要通过妥协形成某种平衡,换言之,就是需要领导集团做出某些牺牲,带上经济—社团的性质。"③就文化领导权获得的前提是考虑作为被领导集团群众的利益而言,必然要求领导阶级在获取文化领导权的时候考虑从属阶级的利益。④

第三,文化领导权本质是获得民众的同意。与政治统治以强制的国家机器作为后盾、以刚性方式来实施政治领导权不同,文化领导权在权力类型上属于软权力。"获取文化领导权的过程就是一种通过吸引力、感召力和同化力而不是强制力来获得权力行使的过程,使无产阶级的'有机的'知识分子用先进的意识形态批判旧的意识形态,教育工人阶级的过程。"⑤其依据在于市民社会作用机制的非强制性。"市民社会无须'法律约束'或强迫的'义务'就能运转,但是照常可以带来集体压力,并且通过风俗的演化、思想和行为方式以及道德风尚等产生客观效果。"⑥社会存在决定社会意识,市民社会的非强制特点,决定了作为对这种社会存在反映的文化领导权的非强制性。"在葛兰西那里,作为其政治与意识形态思想的有机生长点的'文化领导权'概念富有特殊的政治意蕴,它描述了统治阶级不诉诸暴力或强制便能使从属阶级的意识得以构造的过程。"⑦

---

① [意]安东尼奥·葛兰西. 现代君主论[M]. 陈越,译. 上海:上海世纪出版集团,2006:38.
② [意]安东尼奥·葛兰西. 狱中札记[M]. 曹雷雨,姜丽,张跣,译. 北京:中国社会科学出版社,2000:124.
③ [意]安东尼奥·葛兰西. 现代君主论[M]. 陈越,译,上海世纪出版集团,2006:38.
④ 潘西华. 葛兰西文化领导权思想研究[M]. 北京:社会科学文献出版社,2012:64.
⑤ 潘西华. 葛兰西文化领导权思想研究[M]. 北京:社会科学文献出版社,2012:59.
⑥ [意]安东尼奥·葛兰西. 狱中札记[M]. 曹雷雨,姜丽,张跣,译. 北京:中国社会科学出版社,2000:198.
⑦ 潘西华. 葛兰西文化领导权思想研究[M]. 北京:社会科学文献出版社,2012:59.

葛兰西有感于发达资本主义国家扎根于市民社会获得民众同意来巩固统治的重要性。他觉得这也可能是无产阶级突破资产阶级统治的环节。因此与他强调文化领导权非强制性特点紧密相连的就是，他特别重视被统治阶级（民众）同意在无产阶级获得文化领导权中的地位，乃至把民众的同意列为"巩固政权的基本要素"①。"国家的前提是同意而且要求同意。"②文化领导权本质在于获得被统治阶级出自内心的同意、赞同，即对于主要统治集团强加于社会生活的总方向，人民大众给予"自发的"首肯。③ 在他看来，文化领导权的获取与巩固就是用一种新的意识形态和新的世界观、价值观去教育民众，争取民众的同意，而且要把这种"同意"积淀到自发层次，激发到自愿阶段，定格为动态过程。"在葛兰西那里，文化领导权的确立意味着该阶级在意识形态领域成功地说服了社会其他阶级接受自己世界观、价值观，并使从属阶级及同盟者在心理、文化观念上顺从和满足于现有统治，自发地、积极地拥护统治阶级的统治。"④

（三）掌握文化领导权的具体实践方式

以政党作为组织依托来培养知识分子，以有机知识分子为队伍主体来联结群众，以阵地战方式开展工作，构成了葛兰西关于无产阶级掌握文化领导权实践方式的基本内涵。

其一，政党在市民社会里发挥着"坩埚"的作用，为获得文化领导权还起着培养人才的作用。葛兰西认为，政党是完整的、全面的知识分子的新的培育人，可以被理解为现实的历史过程的理论和实践的统一在其中得以发生的坩埚。⑤ 具体含义为："政党所负的责任是把某一集团（居统治地位的集团）的有机知识分子和传统知识分子结合在一起，政党在完成

---

① 陈新汉．核心价值体系论导论[M]．上海：上海大学出版社，2016：103．
② [意]安东尼奥·葛兰西．狱中札记[M]．葆煦，译．北京：人民出版社，1983：218．
③ [意]安东尼奥·葛兰西．狱中札记[M]．曹雷雨，姜丽，张跣，译．北京：中国社会科学出版社，2000：7．
④ 潘西华．葛兰西文化领导权思想研究[M]．北京：社会科学文献出版社，2012：65．
⑤ [意]安东尼奥·葛兰西．狱中札记[M]．曹雷雨，姜丽，张跣，译．北京：中国社会科学出版社，2000：246．

该职能时严格依赖于其基本职能,即培养自己组成部分——一个作为'经济'集团产生和发展起来的社会集团所需要的那些成分——并且把他们转变成合格的政治知识分子、领导者以及一个完整社会(市民社会和政治社会)所固有的一切活动与职能的组织者。"① 政党的角色"必须而且只能是精神和道德改革的倡导者与组织者,因此也意味着为民族和人民的集体意志持续发展、向实现高级完整的现代文明创造基础"②。政党从此成为迄今为止培养领导者的最有效手段。

其二,发挥有机知识分子在掌握文化领导权中的联结作用。葛兰西在一般意义上肯定了知识分子在掌握文化领导权中联结作用的基础上(如知识分子恰恰就是上层建筑体系中的公务员),知识分子便是统治集团的"代理人",所行使的是社会霸权和政治统治的下级职能等。③ 他还对知识分子的两种形态作了区分,即传统知识分子和有机知识分子。传统知识分子是指在社会变动过程中,凭借文化的持续传承而保持相对稳定地位的知识群体。而有机知识分子"把群众在其实践活动中提出的问题研究和整理成融贯一致的原则的时候,他们才和群众组成为一个文化的和社会的集团"④。因此,他认为要充分发挥有机知识分子在掌握文化领导权中的作用。"任何在争取统治地位的集团所具有的最重要的特征之一,就是它为同化和在'意识形态'上征服传统知识分子在作斗争,该集团越是同时成功地构造其有机的知识分子,这种同化和征服便越快捷、越有效。"⑤ 这是因为有机知识分子除争取和转化传统知识分子以外,有机

---

① [意]安东尼奥·葛兰西. 狱中札记[M]. 曹雷雨,姜丽,张跣,译. 北京:中国社会科学出版社,2000:10.
② [意]安东尼奥·葛兰西. 狱中札记[M]. 曹雷雨,姜丽,张跣,译. 北京:中国社会科学出版社,2000:95.
③ [意]安东尼奥·葛兰西. 狱中札记[M]. 曹雷雨,姜丽,张跣,译. 北京:中国社会科学出版社,2000:7.
④ [意]安东尼奥·葛兰西. 狱中札记[M]. 曹雷雨,姜丽,张跣,译. 北京:中国社会科学出版社,2000:240.
⑤ [意]安东尼奥·葛兰西. 狱中札记[M]. 曹雷雨,姜丽,张跣,译. 北京:中国社会科学出版社,2000:5-6.

知识分子还担负着以情感方式把统治阶级和人民群众联结在一起的作用,是政党联系大众的中介和纽带。"知识分子因为某些特殊的传统条件的缘故,倾向于比在别处更接近人民,以便在意识形态上引导人民并使之同领导集团联结起来。"①"知识分子和人民—民族、领导者和被领导者、统治者和被统治者之间的关系,是以有机的融贯一致——在其中,感情—热情变成理解并从而变成知识(不是以机械地而是以一种生动的方式)——为特征的,那时,只有在那时才是一种代表的关系,只有在那时,统治者和被统治者、领导者和被领导者之间个别要素的交换才能发生,作为一种社会力量的共有生活——并创造出'历史的集团'——才能实现。"②只有经过有机知识分子的作用,文化领导权才能实现;否则,文化领导权就难以实现。因为人民不能在没有这种热情,没有知识分子和人民—民族之间的这种情感联结情况下,去创造政治—历史。③

其三,以阵地战的方式来开展获得文化领导权的工作。阵地战和运动战本义是指战争中两种战略方式。所谓的运动战就是敌对双方正面交锋,以坦克、大炮、机枪等去直接夺取政权,能在较短时间内迅速达到战争目的。而阵地战就是一种长期斗争的策略,其目标不是首先针对资产阶级国家政权的直接正面进攻,而是向资产阶级的领导权机构提出挑战,对敌人的思想阵地进行渗透和入侵。因此,意义和价值在其中成为斗争的对象④,最后取得意识形态和文化上的领导权。而具体在实践中,是采取运动战,还是阵地战,则要先探明国家的性质,视其民族与国情的特点而定。

葛兰西理论立足于当时资本主义国家政治领导比较稳固,且市民社会比较发达的现实,在政治统治和文化领导两方面都较为成功。"资产阶级之所以

---

① [意]安东尼奥·葛兰西. 狱中札记[M]. 曹雷雨,姜丽,张跣,译. 北京:中国社会科学出版社,2000:336.
② [意]安东尼奥·葛兰西. 狱中札记[M]. 曹雷雨,姜丽,张跣,译. 北京:中国社会科学出版社,2000:333.
③ [意]安东尼奥·葛兰西. 狱中札记[M]. 曹雷雨,姜丽,张跣,译. 北京:中国社会科学出版社,2000:333.
④ [意]斯蒂夫·琼斯. 导读葛兰西[M]. 相明,译. 重庆:重庆大学出版社,2014:40.

能保持统治的巩固,并不简单地依靠暴力或经济上的优势,而是获得了被统治阶级的同意。资产阶级在意识形态上取得了统治的'霸权',而公民社会中诸多组成部分成为霸权的实现机制,它们代表了统治阶级的意志对被统治阶级进行教育和改造,从而实现了统治阶级在政治、道德、意识形态等所有方面上的全方位霸权。"①因此,无产阶级要推翻资产阶级政权,不可能采取像列宁在俄国十月革命那种运动战方式来开展工作,只能结合实际情况,采取阵地战方式来逐个击破资产阶级文化领导权的各个环节,从而掌握无产阶级文化领导权。"伊里奇认识到必须把1917年在东方成功运用过的机动战改变为西方唯一可行阵地战,因为西方的军队可以迅速集中数不胜数的弹药,而且这里社会结构本身也能起到铜墙铁壁的作用。"②

尽管葛兰西不否认政治统治(强制)作为一种行使政权的方法在一定历史时期存在的必要性,但他更强调借助非暴力、非强制的文化领导权所产生的权威。这在于它"不仅能为政权存在的政治合法性赢得普遍认同、同意与支持,而且在意识形态领域可为政权存在提供深层次的文化道德合法性支持"③,而这对于无产阶级夺取政权和巩固政权都是至关重要的。

二、"意识形态国家机器"理论

路易·阿尔都塞是法国著名哲学家,是结构主义的主要代表。他的《意识形态和意识形态国家机器》(一项研究的笔记)从马克思主义生产关系再生产角度出发,阐述了"劳动力的再生产展现为其必要条件不仅有劳动力'技能'的自我生产,而且包括其对主导意识形态的服从或者该意识形态'实践'的再生产"④。他继承葛兰西某些思想,如国家通过强制机关

---

① 朱晓慧. 哲学是革命的武器——阿尔都塞意识形态理论研究[M]. 上海:学林出版社,2007:214.
② [意]安东尼奥·葛兰西. 狱中札记[M]. 曹雷雨,姜丽,张跣,译. 北京:中国社会科学出版社,2000:193—194.
③ 潘西华. 葛兰西文化领导权思想研究[M]. 北京:社会科学文献出版社,2012:61.
④ [斯]斯拉沃热·齐泽克等. 图绘意识形态(第二版)[M]. 方杰,译. 南京:南京大学出版社,2006:100.

和教育机关共同维护着社会的秩序①,又提出了自己的观点,明确了强制性国家机器的构件,开创性地提出"意识形态国家机器"的概念。在这个基础上,他从多个角度对强制性国家机器和意识形态国家机器作了区分,并从历史,尤其是从封建社会发展到资本主义社会的角度,阐述了意识形态物质载体发生的相应变化,即从教会转换为学校。

(一)两类国家机器:强制性国家机器和意识形态国家机器

阿尔都塞指出,"必须考虑另一个显然属于(强制性的)国家机器但不能与之混淆的现实,我将用其概念来称呼这个现实:意识形态国家机器。"②他分析了意识形态国家机器和强制性国家机器各自包含的要素。具体来说,强制性国家机器所包括要素为政府、行政部门、军队、警察、法庭、监狱等等,它们构成了阿尔都塞所说的压制性国家机器。③ 它们是"通过暴力起作用的——至少最终是这样(因为压制,即行政压制,可能采取非物质的形式)"。而意识形态国家机器的清单为:"宗教的 ISA(不同教会的系统);教育的 ISA(不同公立、私立学校的系统);家庭的 ISA;法律的 ISA;政治的 ISA;工会的 ISA;通讯的 ISA(报纸、无线电和电视等);文化的 ISA(文学、艺术、体育运动等)。"④至此,阿尔都塞在马克思关于镇压性国家机器观点的基础上,提出了意识形态国家机器。这样就赋予了意识形态以一种物质性的存在,至少以物质载体的形式存在(即意识形态国家机器各种专门化形式),从而"穿上了由各种制度构成的物质性的外衣"⑤。而此前,意识形态都是以思想性形式存在的。

阿尔都塞还对强制性国家机器和意识形态国家机器从以下三个方面

---

① 陈新汉等. 社会主义核心价值体系论研究[M]. 北京:北京师范大学出版社,2012:93.
② [斯]斯拉沃热·齐泽克等. 图绘意识形态(第二版)[M]. 方杰,译. 南京:南京大学出版社,2006:106.
③ [斯]斯拉沃热·齐泽克等. 图绘意识形态(第二版)[M]. 方杰,译. 南京:南京大学出版社,2006:106.
④ [斯]斯拉沃热·齐泽克等. 图绘意识形态(第二版)[M]. 方杰,译. 南京:南京大学出版社,2006:106.
⑤ 冷琳琳,张盾. 论阿尔都塞对意识形态理论的反思与建构[J]. 南昌大学学报:人文社会科学版,2014(5):19—23.

作了区分。

第一，数量方面的一与多。很清楚，虽然只有一个(强制性的)国家机器，但却有多个意识形态国家机器。这些多个意识形态不是以无序和离散形式存在，而是有其内在统一性的，共同服务于占统治地位的意识形态。这个统一性，阿尔都塞称之为音乐会中的"乐谱"[1]。有学者指出："按照阿尔都塞的看法，强制性国家机器只有一个，而意识形态国家机器则有许多。而且随着社会的发展会越来越多，在一个社会中，虽然有许多的意识形态国家机器，但它们却具有统一性，这种统一性就是统一在占统治地位的意识形态之下的。"[2]

第二，从属领域的公与私。统一的(强制性的)国家机器整个属于公共范畴。与之相反的是，部分意识形态国家机器(它们显然是弥散状态)是私人范畴的部分。这一点应是导源于葛兰西的"市民社会"概念。之所以他把教会、政党等列入私人范畴的国家机器，在于这些机构和组织并非由政府设立，却能以特有方式执行国家职能。

第三，发挥作用方式的刚与柔。阿尔都塞认为，作用方式才是强制性国家机器和意识形态国家机器的本质性区别。"现在让我们谈一谈本质的东西。将ISAs(意识形态国家机器)与(强制性的)国家机器区分开的是以下基本差别：强制性国家机器'通过暴力'起作用，而意识形态国家机器'通过意识形态'起作用。"[3]这里阿尔都塞指出两种不同的国家机器要达到的目的虽然相同，即都是为统治阶级的统治服务，但两者服务的方式不同。[4] 具体来说，国家机器是通过暴力以"强制"——刚性方式来实现的，而意识形态国家机器是以意识形态——柔性方式来实现的。"诸如宗

---

[1] [斯]斯拉沃热·齐泽克等. 图绘意识形态(第二版)[M]. 方杰,译. 南京：南京大学出版,2006:112.

[2] 朱晓慧. 哲学是革命的武器——阿尔都塞意识形态理论研究[M]. 上海：学林出版社,2007:217.

[3] [斯]斯拉沃热·齐泽克等. 图绘意识形态(第二版)[M]. 方杰,译. 南京：南京大学出版 2006:107.

[4] 朱晓慧. 哲学是革命的武器——阿尔都塞意识形态理论研究[M]. 上海：学林出版社,2007:216.

教、教育、家庭、工会等都属于意识形态国家机器,它们与强制性的国家机器直接发挥作用不同,而是通过非暴力的甚至极其隐晦的方式渗透进人们的思想的。"[1]

在具体实践中,要综合运用以上两种方式。阿尔都塞指出:"据我所知,任何一个阶级如果不在掌握政权的同时对意识形态国家机器并在这套机器中行使其领导权的话,那么它的政权就不会持久。"[2]只是在不同情况下,有所侧重,即以运用一种方式为主,并辅以另外一种,但不存在完全只用其中一种方式的情况。一种情况为:"这就是(强制性的)国家机器大规模、普遍地通过强制(包括物质上的强制)起作用,而间接地通过意识形态起作用的事实(不存在纯强制性的机器之类的东西)。例如,军队与警察都通过意识形态起作用,既保证其自身的凝聚力和再生产,又体现在它们表面上提出的'价值'中。"[3]另外一种情况则是:"对于意识形态国家机器来说,它们大规模、普遍地通过意识形态起作用,但也间接地通过强制起作用。仅仅是最终地通过强制起作用,这种作用也是非常薄弱与隐蔽的,甚至是象征性的。(不存在诸如纯意识形态的机器之类的东西。)"[4]从中可以看出,虽然在理论上,两种组合方式都有理想的使用情况与之匹配。但阿尔都塞认为,第二种情况与资本主义的现实契合度更高。"'镇压的国家机器'只是阶级统治的最后手段,只有当统治阶级认为社会政治结构受到严重威胁时,才会诉诸它。而'意识形态国家机器'则渗透在日常生活中,它通过意识形态的宣传、灌输和教育,在社会上强化统治阶级的意志,塑造俯首帖耳的芸芸众生,不断地进行资本主义生产关系和社会关系的再生产。所以这些意识形态的工具是一些以专门机构的

---

   [1] 冷琳琳,张盾. 论阿尔都塞对意识形态理论的反思与建构[J]. 南昌大学学报:人文社会科学版,2014(5):19—23.
   [2] 陈越. 哲学与政治——阿尔都塞读本[M]. 长春:吉林人民出版社,2003:338.
   [3] [斯]斯拉沃热·齐泽克等. 图绘意识形态(第二版)[M]. 方杰,译. 南京:南京大学出版社,2006:107.
   [4] [斯]斯拉沃热·齐泽克等. 图绘意识形态(第二版)[M]. 方杰,译. 南京:南京大学出版社,2006:107.

形式呈现在观察者面前的现实存在。"①

(二)不同历史时期意识形态物质载体的变化

"教会作为主导意识形态国家机器的角色,今天已经被学校所取代。"②阿尔都塞通过对封建社会和资本主义意识形态国家机器演化的考察,发现在两个社会里,虽然都重视发挥意识形态国家机器的功能,从而保障生产关系的再生产,但是伴随封建社会发展到资本主义社会,意识形态的物质载体亦随之从教会和家庭转换为学校和家庭。"在封建生产方式的社会形态中,教会在意识形态国家机器中占有特别重要的地位,当代资本主义社会学校已经取代了教会,成为最重要的意识形态国家机器。"③

阿尔都塞首先分析了在封建社会里教会主要发挥着意识形态国家机器的功能。他指出:"我们注意到,中世纪时期,教会(宗教的意识形态国家机器)积聚的许多功能,今天已经移交给了数个不同的意识形态国家机器。我正援引的与过去相关联的新的功能中,独具特别地位的是教育和文化的功能。当时与教会平行的还有家庭的意识形态国家机器,其作用之大,资本主义社会形态中的家庭作用无法与之相比。不论表面现象如何,教会和家庭不是仅有的意识形态国家机器。还有政治的意识形态国家机器(1789年前的法国三级会议、最高法院、不同的政治派别和同盟、现代政党的先驱、自由公社及整个农奴制政治体制),还有强大的'原始——工会'的意识形态国家机器。如果我可以冒险使用如此时代倒置的字眼(强大的商人和银行家的协会、熟练工人协会等等)。出版和通讯业甚至也得到了无可争议的发展,戏剧也是如此;开始时,两者都是教会的组成部分,然后,它们变得越来越独立于它。"④

---

① 张羽佳.阿尔都塞(大家精要)[M].昆明:云南人民出版社,2011:105.
② [斯]斯拉沃热·齐泽克等.图绘意识形态(第二版)[M].方杰,译.南京:南京大学出版2006:114.
③ 陈新汉等.社会主义核心价值体系论研究[M].北京:北京师范大学出版,2012:94.
④ [斯]斯拉沃热·齐泽克等.图绘意识形态(第二版)[M].方杰,译.南京:南京大学出版社,2006:110—111.

对于教育(学校)在资本主义国家意识形态中的作用,阿尔都塞认为:"在成熟的资本主义社会形态中确立其主导地位的意识形态国家机器,作为反对旧的主导意识形态国家机器的激烈政治、意识形态国家机器,作为反对旧的主导意识形态国家机器的激烈政治、意识形态阶级斗争的一种结果,是教育的意识形态机器。"[①]

阿尔都塞还对学校取代教会成为资本主义国家意识形态做了分析。他认为:"在其政治的意识形态国家机器后面的,正是教育的意识形态国家机器,前者占据前台,资产阶级将它确立为其头号的,也就是主导的意识形态国家机器,后者其实已经在作用上取代过去的主导的意识形态国家机器,教会,也许还可以进一步说,学校—家庭的组合已经取代了教会—家庭的组合。"[②]

三、"重叠共识"理论

约翰·罗尔斯(1921—2002),美国普林斯顿大学哲学博士,先后执教于普林斯顿大学、康奈尔大学、麻省理工学院和哈佛大学。他的政治哲学理论围绕正义来展开,尤其强调"公平"意义下的"正义"价值。[③] 他认为正义乃是一个社会最根本的问题。

罗尔斯关于正义论思想演化明显体现在前后两个阶段。前一个阶段以1971年出版的《正义论》为代表,后一阶段以1993年出版的《政治自由主义》为标志。他在对《正义论》的某些观点反思修订的基础上,又在《政治自由主义》中提出了"重叠共识"理论。罗尔斯指出:"在《正义论》我所使用的公平正义之秩序良好社会的理念是不现实的。这是因为,它与在最佳预见的条件实现其自身的原则不一致。因此,《正义论》第三部分关于秩序良好

---

① [斯]斯拉沃热·齐泽克等. 图绘意识形态(第二版)[M]. 方杰,译. 南京:南京大学出版 2006:111.

② [斯]斯拉沃热·齐泽克等. 图绘意识形态(第二版)[M]. 方杰,译. 南京:南京大学出版 2006:112.

③ 陈新汉. 核心价值体系论导论[M]. 上海:上海大学出版社,2016:185.

社会的稳定性解释也不现实。必须重新解释。"①结合我们的论题,其"重叠共识"理论中主要包含着三层内涵:全体公民是"重叠共识"的主体;异中求同是达成重叠共识的思维方式;以软性化方式来达到重叠共识。

(一)全体公民是"重叠共识"的主体

罗尔斯秉承现代西方以自由主义为精髓的个人本位的传统来构筑其正义大厦。"罗尔斯的正义观实际上是建立在个人的权利之上,即个人的平等自由的权利。"②只不过一开始他便给"个人"概念以严格的"社会公民"规定:"个人便是能够成为公民的人。"③他重叠共识中的主体便是植根于现代民主社会的全体公民,这也是他论述"重叠共识"的逻辑起点。"'作为自由而平等之个人的公民理念'和'由一种政治的正义观念有效调节的良好秩序的社会理念'是罗尔斯'最合适之政治正义观念'的两个基本要素。"④也可以说,"重叠共识"本质是应恪守不同完备性学说而产生分化的自由而平等公民之间的共识,从而凸显出全体公民是共识的主体。

"在各种不同学说(它们是支配公民们不同社会立场的基本学说)之间寻求相互间重叠的共识面,这种共识即是公民之'全体观点',它是公民参与支持民主政体的意志基础,也是确保民主政体得以持续稳定发展的基本理念。"⑤在这里,罗尔斯实际上指出了"重叠共识"的主体是"公民的实质性多数人",并把这一论断作为其全部立论的根据。⑥

(二)内蕴着异中求同的思维方式

罗尔斯看到了现代西方社会植根于学说之异而形成多元社会的事实。这种多元事实合乎现代民主的永久性事实。"合乎理性的然而又是

---

① [美]约翰·罗尔斯. 政治自由主义[M]. 万俊人,译. 南京:译林出版社,2000:4—5.
② 龚群. 罗尔斯政治哲学[M]. 北京:商务印书馆,2007:2.
③ [美]约翰·罗尔斯. 政治自由主义[M]. 万俊人,译. 南京:译林出版社,2000:19.
④ 万俊人. 政治自由主义的现代构建——罗尔斯《政治自由主义》读解,见罗尔斯,政治自由主义[M]. 万俊人,译. 南京:译林出版社,2000:578.
⑤ 万俊人. 政治自由主义的现代构建——罗尔斯《政治自由主义》读解,见罗尔斯,政治自由主义[M]. 万俊人,译. 南京:译林出版社,2000:584.
⑥ 陈新汉. 核心价值体系论导论[M]. 上海大学出版社,2016:187.

互不相容的完备性学说之多元化,乃是立宪民主政体之自由制度框架内人类理性实践的正常结果。"①孕育于这种社会中的公民也因恪守不同学说而分化。以异中求同来达到重叠共识导源于以下两个互相依存的事实:一方面,现代社会是民主、多元社会,即现代民主社会是因具有多种完备性宗教学说、哲学学说和道德学说且又互不相容而呈现出多元特征。另一方面,这些学说中的任何一种都无法取得全体公民的认可。任何人也别指望在可预见的将来,它们中的某一种学说或某种别的合乎理性学说得到全体公民的永久认肯,也不能用任何一种哪怕完备性的理性学说来统合社会其他不同见解。

由此,在罗尔斯看来,重叠共识的(甚至政治自由主义)中心课题(也是现代民主社会根本性问题)就是"如何确保持不同或对立之学说的公民不致因其所持的学说或观点的不同而出现对国家民主政体的意志冲突?答案只能是,在各不同学说(它们是支配公民们不同社会立场的基本学说)之间寻求互相间的重叠共识面"②,即在因恪守学说而相异的平等地位公民之间寻求对某种观念的共识,得以共同生存,从而保持社会稳定。"一个由自由而平等的公民——他们因各种尽管互不相容但却合乎理性的宗教学说、哲学学说和道德学说而产生深刻分化——所组成的公正而稳定的社会如何可能长治久安? 简而言之,尽管合乎理性但却深刻对峙的诸完备性学说怎样才能共同生存并一致认肯一立宪政体的政治观念?"③由此在确保个人自由权利的同时,实现社会的多元宽容并达到统一,这成了现代民主社会的基本政治需要。其实就是在因恪守不同学说而导致分化的平等公民之间寻求对作为立宪核心的公平正义的重叠共识,从而实现社会稳定。在罗尔斯看来,社会稳定性与人们能否在正义观

---

① 万俊人. 政治自由主义的现代构建——罗尔斯《政治自由主义》读解,见罗尔斯,政治自由主义[M]. 南京:译林出版社,2000:571.
② 万俊人. 政治自由主义的现代构建——罗尔斯《政治自由主义》读解,见罗尔斯,政治自由主义[M]. 南京:译林出版社,2000:584.
③ 万俊人. 政治自由主义的现代构建——罗尔斯《政治自由主义》读解,见罗尔斯,政治自由主义[M]. 南京:译林出版社,2000:572.

念方面达成共识密切相关:只有社会成员们在正义观念上达成了共识,这个社会的制度才能够是稳定的。①

从中可以窥见,在"重叠共识"中内蕴着异中求同思维方式里的"异"和"同"的名义,其中的"异"是指孕育民主社会中因恪守合乎理性且完备的宗教学说、哲学学说和道德学说而深刻分化的公民;重叠共识所寻求的"同"就是作为核心焦点的政治向度的公平正义。对这个"同"(公平正义)可从以下三个方面来理解:

其一,在和其他学说关系上的相对独立性。"公平正义"既不依据于任何一种合乎理性的学说(保持中立),又容忍并适合于各种各样的合乎理性的完备学说。具体理解就是它既"超脱"于各种完备性学说,又是"现在民主社会里各种多元化理性完备学说共同认可的基本观念"。换句话说,政治正义观念是现代民主社会的共同理性的基本表达。②

其二,涵盖范围的有限性。罗尔斯认为要对作为重叠共识所要达到的"同"的具体内涵给予严格限定。他认为公民不可能也没有必要在社会所有领域都达成共识,共识是在排除了各种分歧和对立之后的共同认识。因此,罗尔斯为了简明起见,对于重叠共识的具体性程度,"一直都假定其核心焦点是一种具体的政治正义观念,而公平正义即是其标准范例"③。在他看来,公平正义是从作为一公平合作系统的社会之根本理念和自由而平等的个人观念出发。这些理念可被看作是民主理想的核心理念。④而政治领域内公平正义包括"'立宪民主''平等、公平''良心的自由和普遍的思想自由,而不仅仅是政治自由和政治思想自由''结社的自由和移民自由'"⑤。

---

① 姚大志.重叠共识观念能证明什么?——评罗尔斯的政治自由主义[J].天津社会科学,2009(6).
② 万俊人.政治自由主义的现代构建——罗尔斯《政治自由主义》读解,见罗尔斯,政治自由主义[M].南京:译林出版社,2000:577.
③ [美]约翰·罗尔斯.政治自由主义[M].万俊人,译.南京:译林出版社,2000:175.
④ [美]约翰·罗尔斯.政治自由主义[M].万俊人,译.南京:译林出版社,2000:177—178.
⑤ 陈新汉.哲学视域中社会价值观念的共识机制[J].哲学动态,2014(4):31—39.

其三,达成共识过程的两步性。由"重叠共识"来形成的"同"是按照由浅到深、由窄到宽的两个步骤。即第一阶段以一种宪法共识而告终,第二阶段以一种"重叠共识而告终"。由此提示,重叠共识的达成也是过程性的。

罗尔斯也注重利益对公民达成正义共识的影响。"在一个达到这种共识的政治社会中,存在着好几种在政治上互相对立的正义观念,它们无疑受到各种不同的利益和不同政治阶层的拥护。"①因此对于独立于各种完备性宗教学说、哲学学说和道德学说之外的某些自由主义原则,公民们"首先可能会感激这些原则对他们自己和对他们所关心的那些人,以及对社会所带来的普遍好处,然后便会在这一基础上来认肯这些原则"②。即使后面情况发生变化,也会坚守这些原则。"如果他们在后来认识到,这些正义原则与他们广泛的学说之间存在着一种不相容性,那么他们就很可能会去调整或修正这些学说,而不是去抛弃这些原则。"③正是在这两个方面的基础上,最终固定某些政治的基本权利和自由的内容,并赋予它们以特殊的优先性。④"于是,简单的多元论便趋向理性多元,宪法共识即可达成。"⑤

第二阶段以一种"重叠共识而告终"。"重叠共识"的焦点乃是一类自由主义观念,一般很少在较少范围内发生变动。因此在达成宪法共识后,各政治集团就必须进入政治讨论的公共论坛,并呼求其他并不分享其完备性学说的那些集团。超出自己观点狭小圈子并发展各种他们可以依此面对更广阔的公共世界来解释和正当化其所偏好的政策,以便构筑一个大多数。⑥而当他们这样做时,他们也就被引导到系统阐释政治正义观

---

① [美]约翰·罗尔斯. 政治自由主义[M]. 万俊人,译. 南京:译林出版社,2000:175.
② [美]约翰·罗尔斯. 政治自由主义[M]. 万俊人,译. 南京:译林出版社,2000:170—171.
③ [美]约翰·罗尔斯. 政治自由主义[M]. 万俊人,译. 南京:译林出版社,2000:171.
④ [美]约翰·罗尔斯. 政治自由主义[M]. 万俊人,译. 南京:译林出版社,2000:171.
⑤ [美]约翰·罗尔斯. 政治自由主义[M]. 万俊人,译. 南京:译林出版社,2000:174.
⑥ [美]约翰·罗尔斯. 政治自由主义[M]. 万俊人,译. 南京:译林出版社,2000:175.

念的方向上来。这些观念提供了共同的讨论渠道,并为解释每一个集团所认可的原则和政策之含义提供了一个较为深刻的基础。①

可以形象地把"重叠共识"内蕴的异中求同思维方式比喻为不同演员在同一个舞台上演出的过程,就是虽然不同演员因自己专长不同而演出不同节目,但这些志趣各异的演员对这个舞台已形成共同需要,并按一定步骤出场才能维持整个演出正常进行。此时不同的演员类似于"重叠共识"中作为"异"而存在,且作为达成共识主体的公民;舞台就是作为"重叠共识"核心的公平正义;演出的先后顺序类似于达成共识的前后步骤;维持整个演出顺利类似于维持社会的统一与稳定。

(三)达成"重叠共识"方式的柔性化

上述两个问题的自然延伸就是在现代民主社会里,以何种性质的方式来达到不同公民之间对政治正义的重叠共识。罗尔斯做出了以下回答,即以建立在公民自愿基础上的柔性化方式来实现重叠共识。从共识主体的角度来说,在此种共识(即重叠共识)中,各合乎理性的学说从各自观点出发共同认可这一观点。② 从对象角度来说,一持久而安全的民主政体,也就是说,一个未被分化成持有互相竞争的学说观点的和敌对的社会阶层的政体,必须至少得到该社会上政治上持积极态度的公民的实质性多数的自愿支持。③ 这意味着"政治正义观念要发挥立宪政体的公共正当性证明的基础作用,就必须是一个能够得到各种不同且互相对立的(然而却是合乎理性)完备性学说的广泛认可"④。从反面来说,则是不能依靠某一种普遍完备性学说来统合其他学说达到"重叠共识",也不能借助于一种哪怕是最强有力的政治力量、社会力量和心理力量来推行一种学说来强迫具有平等和自由的公民接受并形成"重叠共识"。因此,在存

---

① [美]约翰·罗尔斯. 政治自由主义[M]. 万俊人,译. 南京:译林出版社,2000:175—176.
② [美]约翰·罗尔斯. 政治自由主义[M]. 万俊人,译. 南京:译林出版社,2000:141.
③ 龚群. 罗尔斯政治哲学[M]. 北京:商务印书馆,2007:245.
④ [美]约翰·罗尔斯. 政治自由主义[M]. 万俊人,译. 南京:译林出版社,2000:39.

在一种合乎理性的学说之多元性的时候,要求利用国家权力的制裁来纠正或惩罚那些与我们观点相左的人,是不合乎理性的或错误的。①

其内在依据是"在终极意义上,政治权力乃是公共权力,即是说,它是作为集体性实体的自由而平等的公民的权力"②。因而不能滥用。唯一的方法就是通过公共理性运作来达到对政治正义观念的共同认可。由此可见,形成重叠共识的基础是潜存于公共政治文化之中的"公共理性"。尽管在历史上,都发生过以国家权力刚性方式(即压迫性使用国家权力)来维持人们对作为主导价值观念的某种全面性宗教学说、道德学说和哲学学说的共识。"中世纪社会——它或多或少统一在认肯天主教信仰的基础上——宗教裁判所的产生并不是一种偶然,它对异教徒的压制,是保持那种共享的宗教信仰所需要的。"③

概而言之,罗尔斯"重叠共识"理论所蕴含的全体公民是共识的主体,"异中求同"的思维方式和达成共识的柔性方式对我们在深入推进社会主义市场经济的语境下,科学地把社会主义核心价值观从主导价值观转化为主流价值观提供了一定启发。但需要指出的是,西方社会不是如罗尔斯所说的是一个在"重叠共识"的支配下,体现出不同集团利益的各完备性学说之间"和平共处",从而使人们能够和谐地共存于其中的稳定社会,而是充满了尖锐的矛盾和冲突。④ 这是需要引起我们惕厉的。

第二节　主导价值观转化为主流价值观的实践借鉴

一、新加坡探索"共同价值观"转化的基本实践

1991年新加坡政府立足于国内社会发展现状,经过长期论证后,向

---

① [美]约翰·罗尔斯. 政治自由主义[M]. 万俊人,译. 南京:译林出版社,2000:146.
② [美]约翰·罗尔斯. 政治自由主义[M]. 万俊人,译. 南京:译林出版社,2000:144.
③ [美]约翰·罗尔斯. 政治自由主义[M]. 万俊人,译. 南京:译林出版社,2000:38.
④ 陈新汉. 哲学视域中社会价值观念的共识机制[J]. 哲学动态,2014(4):31—39.

议会提交了《共同价值观白皮书》，在获得议会批准后，政府予以颁布，这成为新加坡人民共同遵守的具有法律约束力的文书。《共同价值观白皮书》里关于"共同价值观"的内容主要包括以下五个方面：

一是"国家至上，社会为先"。即在处理国家、社会和个人的关系问题上，个人利益应该服从国家和社会利益。在新加坡人民党看来，党即政府，政府即国家。新加坡领导人认为国家利益先于个人利益是新加坡过去取得成功的重要因素。

二是"家庭为根，社会为本"。家庭被李光耀称之为社会的基本单位——社会的砖块。在新加坡领导人看来，只有把家庭看作是社会基本的组成单位，并使其稳定下来，才能以此为基础来建立一个大而稳的社会结构。而之所以提出"家庭为根，社会为本"的价值观，主要是针对新加坡在伴随工业化过程中出现的家庭分崩离析的现实。其强调家庭的目的，还是在于通过建立稳定的家庭来树立民众爱家、爱国的观念。

三是"关怀扶持，同舟共济"[1]。（有时表述为"关怀扶持，尊重个人"[2]。）主要是针对新加坡在推进市场经济中产生贫富分化而提出的。新加坡领导人认为，虽然客观存在贫富分化，政府也在努力缩小差距，并建立一套完善的社会福利保障制度，但重点在于依靠民众自身以及互相之间扶持解决这个问题。政府不会走西方国家福利道路，不搞福利主义。之所以强调这点，旨在缩小贫富差距，将对国家和社会的不满尽力降低，从而保证人们的基本生存权，将危及国家安全的不利因素尽早消除，实现社会公平，树立起人们对国家的认同感。

四是"求同存异，协商共识"。这个主要是基于新加坡是个多种族、多种宗教并存的移民社会而提出的价值准则，就是要引导民众本着互谅互让的精神来处理分歧，维护好国家共同利益。这涉及不同民族的生存发展，是新加坡国家发展的大问题。如果不能以此来规范、引导人们的行

---

[1] 李志东. 新加坡国家认同研究(1965—2000)[M]. 北京：中国人民大学出版社，2001：57.

[2] 陈偲. 新加坡共同价值观建设经验[N]. 学习时报，2015-06-15(2).

为,社会就会成为一盘散沙,从而危及国家的稳定。

五是"种族和谐,宗教宽容"。这是在深刻反思过去发生种族事件和宗教冲突教训的基础上提出的。不同种族人平等和谐相处,所有的宗教活动在不参与政治的前提下互相宽容,而不是互相对立,以实现不同种族和宗教的和谐,这是新加坡社会得以稳定和发展的最重要、基础性、全局性因素。长期以来,新加坡政府采取了有效举措来深化种族与宗教融合。如经过变更后成立了"总统(保护)少数团体权利委员"。其主要任务是"检查在政府和国会各项行政和立法中是否发生了侵犯少数种族和宗教团体权益的事情,如发现有,可以提请政府和国会重新考虑他们的决定"①。在选拔官员时,保证数量较少的马来西亚人和印度人必须占一定比例。如20世纪70年代中央政府颁布的公务员组成状况是华人占67.2%,马来人占19.8%,印度人占9.2%,其他民族占3%,而当时新加坡各民族在国家人口中所占的比例为华人占76.2%,马来人占15%,印度人占7%,其他民族占2%。② 可见少数民族在中央政府公务员中所占的比例还高于其在总人口中占的比例。

从上述内容可以看出,共同价值观既以儒家伦理为核心,又按照现代化标准对其进行了创造性改造,并重新进行了解释。"其核心精神是通过各种机制,如社区、家庭、种族、宗教、社会等之间的和谐来维持和促进国家的稳定,在这当中,国家作为各种社会机制的总代表,充当主动协调者的作用。"③

(一)通过法律为转化共同价值观提供保障

长期受英国殖民影响而浸染西方法治传统,加上李光耀本人律师职业出身等原因形成新加坡政府注重通过法律来为转化共同价值观提供保障。"政府认为,共同价值观的构建和传播须以相应的法治为基础和保

---

① 李路曲. 新加坡现代化之路:过程模式与文化选择[M]. 北京:新华出版社,1996:489.
② 李志东. 新加坡国家认同研究(1965—2000)[M]. 北京:中国人民大学出版社,2014:73.
③ 陈祖洲. 试论新加坡国民意识的形成[J]. 江苏社会科学,2002(2):125—131.

障,运用法治的强制力量促进人们遵守共同的行为规范。"[1]因此,不仅《共同价值观白皮书》本身是经过国会批注,以法律文书形式颁布的,而且政府还制定了一整套体现共同价值观精神的法律、法规和禁令。

对于保持不同种族、宗教之间的和谐与宽容(共同价值观的重要组成部分),政府颁布了《维持宗教和谐白皮书》。该文书中明确指出:"新加坡不是一个宗教国家,宪法是政治权力的最高权威,宪法保障了宗教自由……只有实行宗教宽容和节制,我们才能享有融洽及和睦的种族关系;我们不能把宗教和谐当成理所当然的事,有关方面,特别是宗教领袖和组织都应该自觉地并且努力去维持它。维持宗教和谐必须具备两个重要的条件:第一,不同宗教的信徒必须互相谦让和容忍,避免引起宗教间的敌视和仇恨;第二,宗教和政治必须严格地区分。"[2]该文书同时要求在实践中必须坚持以下原则:"(1)必须认清新加坡是个多元种族、多元宗教的社会,应该特别留意避免冒犯其他宗教团体的感情;(2)应该强调各宗教信仰共同的道德价值;(3)尊重他人宗教信仰的自由,也尊重他人选择或拒绝某种宗教的权利;(4)管制本教的信徒、教徒、教会负责人或传教人员,不让他们对其他宗教、宗教团体有任何不敬的行为;(5)不鼓动或煽动自己的教徒仇视或以暴力对付其他宗教团体和非宗教团体。"[3]正是有法律形式作为保障,新加坡政府才实现了各种族和宗教融洽共存的局面,形成了种族融合和宗教协调的良性互动,此后再也没发生过大规模的种族和宗教冲突事件。

在公民的日常行为和道德规范方面,新加坡制定了详细的法律规定,对从随便攀折树木、乱吐口香糖到垃圾丢弃、污染房屋外观等均做出具体要求,并实行严厉的罚款。如乱丢垃圾罚款 1 000 新元,随地吐痰最高也可罚款 1 000 新元;在公共场所吸烟,最高罚款 500 新元;开车闯红灯罚

---

[1] 陈偲. 新加坡核心价值观建设经验[N]. 学习时报,2015-06-15(2).
[2] 余定邦. 新加坡政府发表《维持宗教和谐白皮书》[J]. 世界宗教文化,1990(3):41—43.
[3] 余定邦. 新加坡政府发表《维持宗教和谐白皮书》[J]. 世界宗教文化,1990(3):41—43.

款 180 新元；乱停车，最高罚款 500 新元。①

（二）重视家庭建设来推行共同价值观的转化

新加坡除了和其他国家一样重视通过学校教育来推进共同价值观进校园以外，如从小学到大学都开设了"新公民学"和"公民与道德"等专门课程。新加坡注重培养学生的国家和公民意识、社会公德和家庭美德意识、宽容和合作意识等，并针对不同年龄层次的学生采用实用性、操作性强的教育方法，避免空洞说教。②

新加坡虽然是多元社会，但人口分布中以华人为主，华人占新加坡人口 3/4 左右。一方面，华人多数是受儒家文化影响的，由此决定共同价值观是以儒家文化为基础的。"从本质上讲，'共同价值观'又是以儒家价值观作为基础的。"③而儒家文化主要孕育于家庭。另一方面，伴随工业化进程的推进，传统家庭受到巨大影响。所以在新加坡，以家庭为基础来推进共同价值观转化显得尤为重要。这是由于家庭把社会价值观念潜移默化，而不是以正式讲授的方式传给下一代。如果我国社会要在不失去它的文化冲动、同情心和智慧的情形底下自力更生，我们就必须保存这种珍贵的家庭结构。④还有一个深层次的原因就是孕育于家庭的儒家文化与新加坡维持统治具有很高的内在契合性。从某种意义上来说，维持和保护家庭，尤其是维持传统大家庭的稳定就是在间接地维持国家的稳定，或者说为维持统治的稳定提供了精神支撑。据此，新加坡政府从各方面加大力度来推进家庭建设，维持家庭尤其是传统大家庭的稳定。"我们必须不惜任何代价加以避免的，就是不能让三代同堂的家庭分裂。"⑤新加坡政府甚至把家庭中父母对子女教育提高到关乎新加坡发展的高度。"新

---

① 李路曲. 新加坡现代化之路：进程、模式与文化选择[M]. 北京：新华出版社，1996：502.
② 陈偲. 新加坡核心价值观建设经验[N]. 学习时报，2015-06-15(2).
③ 孙景峰. 新加坡人民行动党意识形态研究[J]. 社会科学研究，2006(3)：57—62.
④ 新加坡联合早报. 李光耀 40 年政论选[M]. 北京：现代出版社，1993：412.
⑤ 新加坡联合早报. 李光耀 40 年政论选[M]. 北京：现代出版社，1993：411.

加坡未来的进步,大体上系于家长如何教导他们的子女而定。"①为此新加坡政府于1993年提出五项家庭价值观,即"亲爱关怀、互敬互助、孝顺尊长、忠诚承诺、和谐沟通"。围绕推行这个五项家庭价值观,新加坡政府主要采取的举措如下:

其一,1995年国会通过《父母赡养法令》,政府予以颁布实行,为推进家庭建设提供了一个重要的法律保证。

其二,政府设立了"全国家庭与老人咨询理事会"。该组织属于咨询智库机构,就如何巩固家庭组织等问题向政府提供建议,协助政府促进家庭组织的完善,营造稳固的家庭组织的大环境。该理事会向政府递交的建议包括:政府应提供更加多样化的、能吸引全家人参加的休闲文化设施和活动方式;家庭和社会都应向子女灌输以家庭为核心的价值观②;等等。

其三,让三代同堂的家庭享有建屋发展局的配屋优先权。首先,建造很多三室、四室、五室的单元组屋,可以为大家庭选择理想的组房提供物质条件。其次,在组屋配置权上坚持已婚家庭比未婚单身者更需要住房的原则,并对传统的以大家庭形式购买组屋者实行积极的鼓励政策。鼓励方法多种多样,主要有以下几种类型:(1)组别计算方式上的优惠。父母和已婚或单身子女一起生活,申请购买组屋时其家庭收入可按两组计算。父母可与一个已经参加工作的子女为一组,其他子女为一组。③ (2)家庭最低收入额度审定上的优惠。针对一般家庭,1985年新加坡购买组屋的家庭最高月收入限额为4 000新元,但如果一个大家庭申请,则每组月收入不超过4 000新元,两组月收入之和不超过6 500新元,也符合购房条件。④ (3)遗产税减免。父母遗留下来的房屋也可以享受遗产

---

① 新加坡联合早报.李光耀40年政论选[M].北京:现代出版社,1993:349.
② 李路曲.新加坡现代化之路:进程、模式与文化选择[M].北京:新华出版社,1996:535—536.
③ 毕世鸿.新加坡概论[M].北京:世界图书出版公司,2012:329.
④ 毕世鸿.新加坡概论[M].北京:世界图书出版公司,2012:329.

税的减免,条件是必须有一个与丧偶的父亲或母亲住在一起。①

(三)加强民生工作来推行共同价值观的转化

"一个国家对具有不同语言、宗教、历史传统和风俗习惯的各个民族是否有凝聚力,与该国的经济发展水平和人民生活的改善程度是密切相关的。人民只有从国家的经济发展中得到实惠,才能达到对国家的认同。"②对国家的认同本质上是对其主导价值观的认同,对新加坡而言就是对其共同价值观的认同。正是基于这样的认识,新加坡人民行动党在其纲领中明确提出以"更加努力去发展生产力"作为该党的首要目标。只有发展经济,才有足够资金来加强和改善民生工作,提高人民生活水平。当人民在实际生活中感受到共同价值观与其生活内在的利益关联时,就会自觉自愿地认同之。因此,在大力发展经济的基础上,加强民生工作是政府转化"共同价值观"中的一条主线。当然新加坡是通过加强一系列民生工作来推进共同价值观的转化,这里着重选择其中有特色的项目加以介绍。

其一,在"居者有其屋"基础上实施"华厦供精选"工程。由于新加坡特殊的被殖民发展历史,造成当时社会普遍存在"屋慌"这个严重的社会问题。如新加坡市区有84%的家庭住在店铺和简陋的木屋区,其中40%的人住在贫民窟和窝棚内,只有9%的居民有自己较为稳定住房。③新加坡政府从国家层面大力推进这项工作,于20世纪60年代颁布了《建屋与发展法令》,并据此成立"建屋发展局"。其职能是为低收入和中等收入居民提供住房和管理住房,也就是具体实施政府确定的建造组屋计划,拆迁旧房和规划设计住宅区等。以五年为一个周期,经过多年积累,这项工作成效非常明显。

政府后来对"居者有其屋"工程进行了符合时代需要的提升,改名为

---

① 李路曲. 新加坡现代化之路:进程、模式与文化选择[M]. 北京:新华出版社,1996:535.
② 李志东. 新加坡国家认同研究(1965—2000)[M]. 北京:中国人民大学出版社,2001:84.
③ 马志刚. 新加坡道路及发展模式[M]. 北京:时事出版社,1996:426.

"华厦供精选"工程,使其重心由前者满足居民最为必需的住房刚性需要转换为力求建造更宽敞、更高品质的房屋来满足生活富裕起来的居民提升居住品质的需要。具体包括:允许新加坡单身公民购屋制度,允许35周岁以上的单身者从公开转售市场上购买市区以外的一房至三房的转售组屋;执行共管公寓计划,设计更多户型供选择;启动独立户型公寓计划。为老年居民提供新的选择;于2006年开始执行公积金住房额外补助计划。该计划经2009年修订后变更为:"给予第一次购买组屋的中等收入家庭以5 000至4万新元的不等补助,享受该津贴的家庭每月收入不得多于5 000新元。2011年,建屋发展局开始执行特殊公积金住房补贴。该津贴针对月收入不多于2 250新元的第一次购房者。他们在购买第一套两室或三室住房时,可以获得5 000至2万新元不等的津贴……"①目的使住房制度更趋人性化,满足多样化需要。

新加坡这项以改善居民住房条件的惠民工程,不仅从根本上和整体上改善了居民条件,使新加坡成为世界上解决住房问题最好的国家,还极大地激发了民众对其共同价值观的认同。"由于大多数新加坡人有自己的住宅,'有恒产者有恒心',公共组屋把广大新加坡人和他们的祖国及脚下土地紧密地联系在一起了,形成了'同命运、共呼吸'的民族国家认同,这对新加坡国家认同意识的形成起了巨大的促进作用。"②

其二,把改善群众的住房和促进种族融合结合在一起。通过各种族的杂居来加强不同种族之间的交往,促进种族的结构性调整和发展。基于这样的考虑,政府在分配组屋时,就不再按传统的以种族为基础来分区域居住制度,而是打破不同种族的界限,只按照公民的身份、级别、收入高低及家庭成员数量来调配,以强化种族的杂居。因此组屋形成的是华人、马来人、印度人和其他种族人的毗邻而居的新型社区,不再是传统意义上以某一种族为主要人群的集中居住区。各种族具体数量比例可见1989

---

① 毕世鸿.新加坡概论[M].北京:世界图书出版公司,2012:327.
② 李志东.新加坡国家认同研究(1965—2000)[M].北京:中国人民大学出版社,2001:88.

年规定:"华族在每一社区中的人口比例不得超过84%,在每一幢公寓楼中不得超过87%;马来族在每一社区中的人口比例不得超过22%,每栋公寓楼不得超过25%;印度族和其他族在每一社区中的人口比例不得超过10%,每栋公寓楼不得超过13%。"①如此,不同种族杂居为化解种族间的隔阂和疏离、增加种族间邻里意识和融合意识、培养睦邻创造了物质条件。只有种族关系和谐了,才能增加不同种族人的归属感,从而增强对国家的认同。这其实是在改善民生过程中,以制度性方式来把共同价值观的一个重要方面("种族和谐")体现在日常生活中,对于促进共同价值观的转化具有独特意义。李光耀指出:"我们必须创立足够的共同价值观以及一个单一的国家观念。政府花了很多年的时间,致力使不同种族的人民在新镇里混合居住。我们希望能够逐渐使这些离心倾向趋向一致,同时也使不同语文的报章在塑造一个国家观念方面,日益接近,尽管这方面还有不足之处。"②

其三,深化中央公积金制度。中央公积金制度始于1955年,是一种由政府规定的强制性开展的社会保障项目。根据《中央公积金法》规定,新加坡的每一个雇员,包括临时工、试用工、小时工、月薪工、日薪工、周薪工、小贩以及计件薪工都必须按规定开立账户存款;个体劳动者,如的士司机、小贩等,如果全年收入超过2 400新元,那么也必须开立账户存款。公积金缴纳由雇主和雇员共同承担,雇主和雇员具体按照薪资多少比例来缴纳,并以之作为福利的基础。由于根据经济社会发展情况来定,总体趋势逐年增加。新加坡发展到今天,得益于实行差异化的缴费方式。针对不同的企业和员工不同年龄的情况,采取差异化缴纳率。如根据2012年中央公积金局对会员缴纳比例的规定,对于薪资在1 500－5 000新元的雇员,35－50岁的缴纳率为36%,雇主承担16%、雇员承担20%;50－55岁的缴纳率为32.5%,雇主承担14%、雇员承担18.5%;55－60岁的为23.5%,雇主承担10.5%、雇员承担13%;60－65岁的缴纳率为

---

① 李路曲.新加坡现代化之路:进程、模式与文化选择[M].北京:新华出版社,1996:90.
② 新加坡联合早报.李光耀40年政论选[M].北京:现代出版社,1993:554.

14.5%,雇主承担7%、雇员承担7.5%;60岁以上的缴纳率为11.5%,雇主承担6.5%、雇员承担5%。①

中央公积金为每个人设立三个账户,即普通账户、保健账户和特别账户。根据不同年龄层次,每个会员先缴纳总的公积金(包括雇主部分),再按一定比例分配至三个账户中。年龄越大的雇员,其保健账户比例会越高;相应地,其普通账户的比例就越低。根据这个规定,会员公积金存款享有存款利率。但是普通账户、保健账户和特别账户分别享受不同的存款利率,具体为:"普通账户的存款利率参照本地银行每月末的存款利息以及12个月内市场的存款利率来确定。《中央公积金法》又有规定,会员的存款利率不得低于2.5%。……保健账户和特别账户的利率是根据新加坡政府10年来的债券的12月平均收益率再增加1%来确定,但不低于4%。"②

此外,为提高公积金增值,政府允许会员利用公积金的账户内存款进行规定范围内的投资。如55岁以下的会员可以通过中央公积金管理局指定的投资托管人进行中央公积金管理局指定的投资。具体项目包括购置组屋、政府批准的保险和投资项目,支付教育费用以及向父母的退休金账户进行填补性转移支付等。③

等到雇员退休后(55岁生日时或此后不久),雇员就可以提取自己的公积金。公积金使用大致分为两个阶段:第一阶段,主要局限于住房方面,如租住政府低价住宅或使用分期付款来购买政府住宅。这个阶段公积金是新加坡公民获得公共住宅的主要手段。第二阶段,政府扩大了公积金使用范围,公积金除用于住房以外,还有教育、医疗和养老等方面的保障,涉及范围比较广泛。因此,中央公积金制度在维持新加坡人民稳定生活水平方面发挥了重要作用,也是政府从民生角度来推行共同价值观转化的又一重要举措。

---

① 毕世鸿. 新加坡概论[M]. 北京:世界图书出版公司,2012:320—321.
② 毕世鸿. 新加坡概论[M]. 北京:世界图书出版公司,2012:321.
③ 毕世鸿. 新加坡概论[M]. 北京:世界图书出版公司,2012:322.

(四)加强媒体管理来营造有利于共同价值观转化的社会环境

新加坡政府高度重视媒体在转化共同价值观中的积极作用,同时严格控制媒体发布不利于共同价值观的言论,以营造良好的社会环境。李光耀曾经指出:"更重要的一点,我们要大众媒介加强而非破坏我们学校和大学所灌输的文化意识和社会态度。大众传播媒介可以创造出一种气氛,让人民在这种气氛中更热心于求取知识,接受先进国家的技能和训练。如果没有这些条件,我们永远不能提高我们人民的生活水准。"[①]

同时,应注重对媒体的管理,把媒体自由限制在符合国家要求的范围内,不得僭越。"言论自由和新闻媒介的自由就必须次于新加坡国家的完整和民选政府的首要目标。政府已经采取,而且也将在必要时候采取坚决的措施,确保新加坡人民,尽管受到不同文化价值观和生活方式的分离势力的影响,也能有一致的目标,向更高的生活水准迈进。没有更高的生活水准,大众传播媒介是无从蓬勃起来的。"[②]因而对那些没有正面传播共同价值观的境内外媒体应采取严厉的惩罚措施。具体措施如下:

其一,颁布并及时修订《报章与印刷出版法令》,从而为全面管理媒体提供法律保障。该法令颁布后,政府根据形势先后多次作出修订,如在1977年、1986年、1988年和1990年进行了四次修改。还有《内部安全法》有关条款中也涉及媒体管理。

其二,成立特殊的媒体管理体制。重要的媒体都由政府来经营从而把媒体变成传播政府意志的工具。新加坡报业控股集团控制着国内重要报纸(包括《联合早报》和《海峡时报》),而该公司首任主席就是内安部官员,广播电台则由官方的广播局经营。

其三,实施新闻机构资质的年度更换制度和新闻审查制度。就前者而言,报纸在出版之前,其出版和发行机构必须有政府颁发的许可证,而且每年都必须进行年审。通过年审者再改换。就后者而言,国会后来又

---

① 新加坡联合早报. 李光耀40年政论选[M]. 北京:现代出版社,1993:534.
② 新加坡联合早报. 李光耀40年政论选[M]. 北京:现代出版社,1993:537.

授权政府,凡是刊登国内政治文章都要经过政府批准才能予以报道,而对那些没有经过政府允许就擅自刊登新加坡国内政治文章的报刊,则给予限制发行或取缔出版。总体而言,新加坡从纸质媒体到电视媒体和互联网无一不在政府严格控制之下。①

其四,采取不同形式的惩罚、制裁举措。新加坡政府针对媒体违反规定发布不利于或者对共同价值观产生负面影响的情况制定了轻重不一的惩罚、制裁措施。最严重的是依据国家安全法直接拘留从业人员;吊销执照,当政府认为报刊有违法违规行为时可以随时撤销执照;减少报纸发行量,如《亚洲华尔街日报》和《远东经济评论》的发行量曾被减少到低于500份等。

(五)注重发挥基层组织作用来推进共同价值观的转化

"一个社会有怎样的表现,是要看它有怎样的文化价值观,有怎样的领导层,有怎样的组织;也要看它的政府和人民之间,在面对问题的时候,怎么样互相起作用。"②新加坡政府特别注重建设或依托基层社会组织来加强政府和人民之间的沟通,在政府和大众之间建立了一种体制性联系,从而促进共同价值观被人们所认同和共识。所以李光耀给予基层组织格外关注。李光耀评价道:"基层组织的力量,对新加坡的成功向来起着关键性的作用。从60年代到80年代,基层组织协助政治领袖和人民建立起密切的关系,同时也协助培养共识。"③至今,新加坡政府建立了以人民协会为核心和主干,以民众联络所管理委员会、居民委员会和公民咨询委员会为枝蔓的较为发达的基层组织。"新加坡国家政权通过新的人民协会、公民咨询委员会、民众联络所、居民委员会等组织,构建新的社会的主干,其大脑是新加坡政府,人民协会是神经主干,公民咨询委员会

---

① 胡若雨. 新加坡国家意识形态发展研究[M]. 太原:山西人民出版社,2015:102.
② 新加坡联合早报. 李光耀40年政论选[M]. 北京:现代出版社,1993:395.
③ 新加坡联合早报. 李光耀40年政论选[M]. 北京:现代出版社,1993:236.

是神经枝干,民众联络所与居民委员会是神经末梢。"①

其一,人民协会。它成立于1960年,是所有基层组织中成立最早的。它的常设机构是人民协会的董事会,共有包括总理在内的15名董事,多数是政治家、国会议员和部长等,其中10人由总理任命,其余人员由人民协会所属的团体选举产生。其宗旨是在社会、文化、教育、职业、娱乐和体育方面促进和组织集体活动,以建立和各民族统一的感情,培养具有国家意识并愿意为新加坡多元民族社会服务的精神。其行动目标是促进种族和谐和加强社会凝聚力;双向沟通,架起政府和人民之间的桥梁;贯彻执行与上述两个目标相关的政策。② 可见,人民协会除具有社区中心通常的社会和娱乐功能外,还有引导人民对政府的忠诚和认同的功能。

其二,民众联络所管理委员会。民众联络所诞生于被殖民时期,后来被新加坡政府所接管,此后又在其他地区建立了民众联络所。因此它是人民协会最主要的基层组织,可以说是行动党执政后建立的第一个全国性的社会基层组织。后来随着社会发展,民众联络所日益增多和正规化,它的社会基层组织作用也越发凸显。为了对它进行有效领导,从而更好发挥其作用,新加坡政府及时成立了民众联络所管理委员会,并规定其任务:"为联络所附近的居民提供文娱活动的场所和机会,并积极鼓励和组织他们参加这些活动;根据人民协会的规定,代表人民协会管理民众联络所;向政府或人民协会反映附近居民的要求,并把政府对这些要求所采取的措施和政策传达给居民;帮助联络所附近居民发展公民意识。"③

其三,公民咨询委员会。它是以选区为基础的带有地方议会特色的基层组织。早期制定的公民咨询委员会任务主要是两项:一是根据人民要求向政府提出建议,并将政府采取的措施告知民众;二是向国民灌输公民意识。公民咨询委员会是随着选区增加或减少而变动的。发展到今

---

① 李志东. 新加坡国家认同研究(1965—2000)[M]. 北京:中国人民大学出版社,2001:120.
② 毕世鸿. 新加坡概论[M]. 北京:世界图书出版公司,2012:196.
③ 李路曲. 新加坡现代化之路:进程、模式与文化选择[M]. 北京:新华出版社,1996:271.

天,它同时具备部分议会和政府功能。其议会职能包括:委员每个月要与本区议员举行一次会议;研究政府的各种有关本区的政策以及应该向政府提出的议案;向政府提交改善本区福利的预算报告;制定社区发展计划、组织社区工程、建造民众联络所;筹集资金;帮助需要资助的家庭和学生等。

其四,居民委员会。居民委员会是伴随新加坡城市化而建立起来的新型基层社会组织。现在每个组屋区都建有居民委员会,其委员均由本区居民担任。建屋发展局负责领导居民委员会工作,总理署设立了24个居民委员会秘书处,分片协调居民委员会工作。其主要任务是处理社区内各种问题,组织居民开展体育、文化等活动,配合政府开展群众活动,增加居民之间交往,从而在社区内培养起强烈的社区精神和国家认同感。

这些基层社会组织在推进共同价值观转化中发挥了基础性作用。"它们是新加坡国家政权的基础,发挥着政府与居民间的沟通桥梁作用。新加坡政府将这些组织的目标定位为宣传政府政策、促进种族和谐、鼓励居民交往、提供社区管理服务、加强社会凝聚力等,为弘扬共同价值观奠定良好基础。"[①]

二、美国探索"核心价值观"转化的基本实践

从美国建国前期到美国建国,白人盎格鲁—撒克逊新教徒WASP(即White Anglo-Saxon Protestant的简称)的传统和价值观就已成为统治新大陆的主流文化。WASP文化所包含价值观被认为是美国当时的社会核心价值观。后来由于大量移民涌入等原因,WASP价值观经过演变后,新的价值观基本确立(需要说明的是,新价值观确立后,WASP价值观仍以不同形式发挥作用)。与其他很多国家不同的是,美国至今没有正式公布国家的核心价值观,但这不影响美国核心价值观的建设。因为它的基本价值观早已写进美国诞生前后重要的法律文本如《独立宣言》《联

---

① 陈偲. 新加坡核心价值观建设经验[N]. 学习时报,2015-06-15(2).

邦宪法》《权利法案》等。

对于美国核心价值观的具体内容,很多学者提出了大同小异的观点,如李道揆认为是"自由、个人主义、平等、法治、公民义务"等[1];孙哲认为"自由、平等、个人主义、美国式民主和法治"五元素构成美国的信条[2];玛雅认为"个人自由和自我依靠、机会均等和参与竞争、物质财富和努力工作"三对理念构成美国的基本价值观[3];周文华则提出"个人主义、自由、平等、民主和法治"是新时期美国的核心价值观[4]。由于考证美国核心价值观具体内涵不是本文重点,因此本文主要以周文华提出的观点作为美国核心价值观的基本内容,并兼顾其他学者的观点。

(一)以法律形式来保障美国核心价值观的转化

美国和新加坡一样,都曾有长期受英国殖民的经历,从而浸染法治传统。就此,托克维尔指出:"尽管这些(即英国的——引者注)法律与美国的立法主旨和美国人的基本思想相抵触,但是美国人还是把它们照搬过来。"[5]美国注重通过各种法律法规来保证作为主导价值观的国家核心价值观的转化,从最早的《五月花号公约》就开启了这个延续至今的传统。形成于《独立宣言》前一个月且后来成为宪法框架一部分的《弗吉尼亚权利法案》中第一条就指出:"所有人都是生来同样自由与独立的,并享有某些天赋人权,当他们组成一个社会时,他们不能凭任何契约剥夺其后裔的这些权力;也就是说,享受生活与自由的权利,包括获取与拥有财产、追求和享有幸福和安全的手段。"该法案第十二条指出:"出版自由乃是自由重要保障之一,决不能加以限制;只有专制政体才会限制自由。"到后来,《独立宣言》《权利法案》和《联邦宪法》是美国立国的基本法律制度。这些法律都对美国核心价值观的践行做了明确的规定。如美国《独立宣言》中指

---

[1] 李道揆. 美国政府和美国政治[M]. 北京:中国社会科学出版社,1990:79.
[2] 孙哲. 剖析美利坚:美国、美国人和美国精神[J]. 美国问题研究,2004(1):407-456.
[3] 玛雅. 美国的逻辑:意识形态和内政外交[M]. 北京:中国经济出版社,2011:4.
[4] 周文华. 美国核心价值观建设及启示[M]. 北京:知识产权出版社,2014:25.
[5] [法]夏尔·阿列克西·德·托克维尔. 论美国的民主(上)[M]. 董良果,译. 北京:商务印书馆,1988:51.

出,"我们认为下述真理是不言而喻的:人人生而平等,造物主赋予他们若干不可转让的权利,其中包括生命权、自由权和追求幸福的权利。为了保障这些权利,人类在他们之间建立政府。而政府之正当权利,是经过被治理者的同意而产生的。"《独立宣言》中还指出:"一个君主,当他的品格已经打上暴君的烙印时,是不配做自由人民的统治者的。"又如《权利法案》的第一条修正案规定,"国会不得制定有关下列事项的法律:确定一种宗教或禁止信仰自由;剥夺言论自由或出版自由;或剥夺人民和平集会和向政府要求伸冤的权利。"

《美利坚合众国法》在序言中就指出:"我们,合众国的人民,为了组织一个更完善的联邦,树立正义,保持国内的安宁,建立共同的国防,增进全民福利和确保我们自己及后代能安享自由带来的幸福,乃为美利坚合众国制定和确立这一宪法。"又如《加利福尼亚教育法》第44790条规定:"在加利福尼亚所有公立学校都需要设立相应的核心价值观教育计划。"有学者发现"美国民主党在他们的党章里明确推崇'自由、革新、社会平等',主张'观念、制度和法律应随社会环境之改变而变迁'"[1]。从一定意义上来说,包括美国在内的西方国家都很注重通过法律来为本国主导价值观转化为主流价值观提供保障。

(二)以公民宗教为基本载体来加强核心价值观的转化

基督教(主要是清教)是美国核心价值观形成的重要文化基础,而公民宗教是今天所推行的其核心价值观转化的基本载体。就清教是形成美国核心价值观的重要文化基础来说,基督教,特别是新教中清教,是美国文化最主要的源头。[2] 一方面,从整体来说,新教坚持上帝之前人人平等,每个人独立自由地面对上帝。因此,新教是美国价值观念赖以形成的强大精神力量。"美国政治价值观体现于美国信念,而美国信念的首要来

---

[1] 欧阳康,钟林.美国如何宣传自己的价值观[J].精神文明导刊,2015(2):61-63.
[2] 玛雅.美国的逻辑:意识形态和内政外交[M].北京:中国经济出版社,2011:16.

源在于清教价值观。"①正是在这个意义上,G. K. 切斯特顿说"美国是'怀有教会灵魂的国度'"②,以及"清教徒留下的文化遗产经过修饰、改装和扩散,成了美国的精髓"③。另一方面,从局部来说,美国核心价值观的主要部分都和清教的不同方面存在直接关联。托克维尔考察了美国基督教(主要是清教)和作为美国核心价值观之核心的"自由"之间关系后指出:"宗教认为公民自由是人的权利的高尚行驶。"④他同时指出:"自由认为宗教是自己的战友和胜利伙伴,是自己婴儿时期的摇篮和后来各项权利的神赐依据。自由视宗教为民情的保卫者,而民情则是法律的保障和使自由持久的保证。"⑤

另外,清教和基督教的其他分支教义的主要区别之一:"新教强调个人良知以及个人直接从圣经学习上帝的真理的责任,这就促使美国人笃信个人主义、平等以及宗教信仰自由和言论自由的权利,新教强调工作道德以及个人对自己的成败负责。新教的教堂组织形式是教区教友齐聚一堂,这就促进了人们反对等级制,认为类似的民主形式应用于政府之中。"⑥所以有学者指出:"清教的教义不仅是一种宗教学说,而且还在许多方面掺有极为绝对的民主和共和理论。"⑦

从美国历届总统宗教信仰情况也可以看出,清教以一种独特方式影响着作为主导价值观主体的统治阶级的核心——总统的终极追求。这从

---

① [美]塞缪尔·亨廷顿. 谁是美国人?——美国国民特性面临的挑战[M]. 程克雄,译. 北京:新华出版社,2010:47+56.
② [美]塞缪尔·亨廷顿. 谁是美国人?——美国国民特性面临的挑战[M]. 程克雄,译. 北京:新华出版社,2010:37.
③ [美]塞缪尔·亨廷顿. 谁是美国人?——美国国民特性面临的挑战[M]. 程克雄,译. 北京:新华出版社,2010:49.
④ [法]夏尔·阿列克西·德·托克维尔. 论美国的民主(上)[M]. 董良果,译. 北京:商务印书馆,1988:49.
⑤ [法]夏尔·阿列克西·德·托克维尔. 论美国的民主(上)[M]. 董良果,译. 北京:商务印书馆,1988:49.
⑥ [美]塞缪尔·亨廷顿. 谁是美国人?——美国国民特性面临的挑战[M]. 程克雄,译. 北京:新华出版社,2010:51.
⑦ [法]夏尔·阿列克西·德·托克维尔. 论美国的民主(上)[M]. 董良果,译. 北京:商务印书馆,1988:36.

一个独特的角度提示了清教对美国核心价值观影响的广度和深度,即美国历届总统都无一例外是基督教徒的独特景观,其中新教占有绝对优势。如在奥巴马之前的43位总统中除肯尼迪一人是天主教徒外,其余都是WASP。而奥巴马当选总统虽然打破了WASP的藩篱,但他也是一名新教徒。

鉴于宗教思想与美国核心价值观存在着深度融合关系,美国仍然是基督教到处对人们的灵魂发生强大的实在影响的国度。① 因此,宗教活动演变为美国用来推进其核心价值观被民众认同的一种文化外衣和基本载体,客观上发挥着协助政府进行思想统治的作用。托克维尔指出:"在法国,我看到宗教精神和自由精神总是几乎背道而驰的;而在美国我却发现这两者是紧密配合,共同统治着一个国家的。"②宗教的内在机理是它为人们提供价值规范,引导民众思想、协调民众行动,实现民众对国家的认同感和归属感。由此,教会也日益成为美国核心价值观的重要场所。

美国政府始终坚持借助宗教力量将民众的宗教信仰转化成为对国家精神的信仰,即把民众对上帝的虔诚转化成对国家的忠诚,从而使其核心价值观借助宗教这个载体而被民众所认同。如第45任总统特朗普在就职演讲中也表达了借助圣经来加强国内凝聚力的意图。他说:"圣经告诉我们,当上帝的子民团结一致,那情景将是妙不可言的。我们必须坦率地表达我们的观点,真诚地就不同观点进行辩论,但同时,我们也要追求团结一致。当美国人民团结在一起时,美国会变得势不可当。"③

宗教元素、宗教符号也成为美国推进其核心价值观转化的独特文化资源。如在美国很多教堂里都有一个奇特布置:牧师传教的讲台旁插着一个国旗。再如《独立宣言》的最后写道:"为了支持这篇宣言,我们坚决

---

① [法]夏尔·阿列克西·德·托克维尔. 论美国的民主(上)[M]. 董良果,译. 北京:商务印书馆,1988:337.
② [法]夏尔·阿列克西·德·托克维尔. 论美国的民主(上)[M]. 董良果,译. 北京:商务印书馆,1988:342.
③ 观察者网, http://www.guancha.cn/america/2017_01_21_390488_s.shtml。

信赖上帝的庇佑,以我们的生命、我们的财产和我们神圣的名誉,彼此宣誓。"[1]正是在这个意义上,似乎可以说,美国人的宗教信仰与他们的国家认同也是密不可分的。[2] 需要说明的是,发展到今天,宗教与世俗政治(尤其是爱国主义)相结合演变为民族宗教(又称公民宗教[3]),由此民族宗教在美国核心价值观转化中发挥了重要作用。"公民宗教通过宗教教育,创造性地将宗教信仰转化为价值观教育的重要力量。"[4]其典型形式有:

其一,融合于总统宣誓及其他重要活动。每四年一次的新总统就职典礼上,当新任总统对着大法官宣誓时,一定要将右手放在《圣经》上。而总统在其就职演说以及后面重要的公开讲话时,一定要说句"上帝保佑美国(God bless America)",否则就是天理不容。如特朗普就职演讲最后说道:"你们的声音,你们的希望和你们的梦想,将定义美国的命运。你们的勇气、善意和爱将永远指引我们的方向。我们会让美国再次强大。我们会让美国再次富有。我们会让美国再次骄傲。我们会让美国再次安全。当然,我们将共同做到这些,谢谢你们,让美国再次强大。上帝保佑你们。上帝保佑美利坚。"[5]

其二,渗透于重大体育赛事活动。在一场球赛开始前,全场数以万计的观众起身站立,聆听神职人员的祈祷,然后齐声高唱国歌。国歌以及其他爱国歌曲在各种仪式、公众聚会以及新教教徒的礼拜上广为歌唱。而"这些歌曲都一个共同表达:美国及其价值观为上帝所祝福"[6],由此美国核心价值观借助于群众性活动而更易于获得民众认同。

---

① [美]J. 艾捷尔. 美国赖以立国文本[M]. 赵一凡,郭国良,主译. 海口:海南出版社, 2000:29.
② 玛雅. 美国的逻辑:意识形态和内政外交[M]. 北京:中国经济出版社,2011:8.
③ [美]塞缪尔·亨廷顿. 谁是美国人?——美国国民特性面临的挑战[M]. 程克雄,译. 北京:新华出版社,2010:77.
④ 欧阳康,钟林. 美国如何宣传自己的价值观[J]. 精神文明导刊,2015(2):61-63.
⑤ 观察者网,http://www.guancha.cn/america/2017_01_21_390488_s.shtm.
⑥ 玛雅. 美国的逻辑:意识形态和内政外交[M]. 北京:中国经济出版社,2011:9.

其三,贯穿于中小学宣誓。在美国多数公立和不少私立的中小学里,每天都要向国旗致敬,并宣读《效忠誓词》(Pledge of Allegiance)。(在幼儿园学前班的四五岁小孩,也要像大人一样,站在课桌旁,将右手放在胸前,由小班长领着背诵。)《效忠誓词》内容为:"我宣誓效忠美利坚合众国国旗,以及它所代表的共和国。上帝之下的国家,统一而不可分割,自由和正义属于所有人。"①而效忠誓词是每个美国公民在中小学读书期间每天的必修课,由此效忠誓词经过长年累月的内化后也就成为每个美国公民终身不忘的坚定信条和持久信仰。

(三)注重建设并利用社会资源来加强核心价值观的转化

美国除和其他国家一样重视通过学校来加强美国核心价值观的教育以外,学校还"通过开设德育课、通识课和专业课等渗透着美国历史、文化、精神、自由、民主等方方面面内容的课程,贯穿美国价值观教育"②。此外,更是特别注重建设和利用各种社会资源来推进美国核心价值观的转化。

其一,在节日里举办社会仪式与庆典来推行核心价值观的转化。美国注重利用各种社会仪式、纪念日来深化人们对美国核心价值观的内化。其实社会仪式和纪念日是互相联系在一起的,纪念日是用来举办社会仪式的固定时间节点,而社会仪式和庆典是纪念日当天主要的活动安排,两者互相结合才能发挥对美国价值观转化的作用。正因为如此,美国是重仪式、多仪式的国家,也就是多节日(节日达20余个)的国家,以至于有人用"没仪式就没有美国"来形容其社会仪式之多。

这些节日大致可以分为:与宗教有关的节日,如复活节、清教徒登陆纪念性节日等;与政治和历史人物有关的如武装部队日、阵亡将士纪念日、独立日等,如林肯生日、华盛顿生日;与民族有关的,如圣诞节、父亲节等。联邦政府认可的节日有:新年、华盛顿生日、阵亡将士纪念日、独立

---

① 玛雅.美国的逻辑:意识形态和内政外交[M].北京:中国经济出版社,2011:9.
② 欧阳康,钟林.美国如何宣传自己的价值观[J].精神文明导刊,2015(2):61—63.

日、劳工节、哥伦布日、感恩节和圣诞节等。其中多数节日都与美国的建立和发展历史中的重要事件、重要节点有关。每到这些节日,从官方到民间都会举办各种仪式和庆典,如每年的2月第三个星期一是总统日(华盛顿诞辰纪念日),是因为美国第一任总统华盛顿诞生于1732年2月22日。美国人纪念华盛顿,以期牢记赢得国家独立的美国革命。另外一位总统林肯诞生于1809年的2月12日,人们纪念林肯诞生,是为了不忘维护国家统一的南北战争。在这些仪式和庆典中,以回顾历史方式,唤起人们对美国的历史记忆,增强对国家的情感,深化人们对核心价值观的内化,从而在精神上将民众凝聚在一起,也是美国强化社会内部认同和统一的黏合剂。在一定意义上可以说,正是因为重仪式、多仪式,美国人才培养了美利坚民族特有的精神传统,即美国精神。①

其二,建设和利用博物馆、纪念馆以加强核心价值观的转化。美国博物馆不仅多,而且伴随着时间发展,博物馆的教育功能不断加强。1984年,新世界的博物馆报告明确将博物馆的教育功能放在了重要位置,并提出:"如果藏品是博物馆的心脏,那么,我们所称的教育——以一种内容丰富、能够激发观众兴趣方式呈现物品和理念的承诺——就是其灵魂。"②从这个时候开始,教育成为博物馆的核心功能。

发展到今天,美国博物馆已经集收藏、文化机构与教育等功能于一身。其教育功能不仅体现在科普性知识教育,还包含着对民众进行美国核心价值观教育的功能。"作为社会公共服务机构,博物馆提供了一个反思、探索和发现的场所,人们可以在这里验证那些曾经被广为接受的观点是否适应时代的发展,可以在这里找到一些争议中问题的解决思路。"③正是基于博物馆在培养人们历史文化观、引导人们思想活动、价值选择中发挥着越来越独特的作用,所以美国立足于移民社会多样化特征,建立了各种各样的博物馆。相应地,博物馆教育也呈现出多样化特征,但注重发

---

① 玛雅. 美国的逻辑:意识形态和内政外交[M]. 北京:中国经济出版社,2011:9.
② 周文华. 美国核心价值观建设及启示[M]. 北京:知识产权出版社,2014:133.
③ 周文华. 美国核心价值观建设及启示[M]. 北京:知识产权出版社,2014:133.

挥核心价值观教育功能是其一以贯之的主题。与之紧密相连的就是,建设或利用蕴含政治和历史意义、体现美国政治制度和价值观念、具有明显的思想教育功能的纪念馆来深化人们对其核心价值观的认同。这些纪念馆、博物馆包括美国历史博物馆、美国国会大厦、白宫、华盛顿纪念堂、林肯纪念堂、杰斐逊纪念堂、葛底斯堡烈士园、阿灵顿国家公墓、华盛顿航空航天博物馆等。

其三,美国还习惯性以历史上杰出人物的名字来给城市、街道、林地、机场、学校等命名,很多地方的地名都是用一些很有声望的美国总统的名字来命名的。例如:"有23座城市用美国国父华盛顿的名字命名,19座城市用第十六任总统的林肯名字命名。……在旧金山,主要街道都以华盛顿、杰斐逊等重要历史人物命名,以致整个旧金山几乎成了美国名人志。"①据此,赋予这些地方、建筑、场所等包含美国核心价值观的元素。而美国核心价值观借此得以"像空气一样无所不在、无时不有"②地对人们产生潜移默化的影响。

(四)注重向国外延伸自身核心价值观的转化工作

美国不仅注重在国内加强核心价值观的转化工作,还特别重视向海外传播其核心价值观,把核心价值观转化工作向国外延伸。几乎美国历届总统在其就职演讲中都会强调"美国人应该推动全球自由民主与和平,美国是世界的楷模"等类似语句。如奥巴马在2013年就职演讲中指出:"我们将支持从亚洲到非洲、从美洲至中东的民主国家,因为我们的利益和良心驱使我们代表那些想获得自由的人们采取行动。"③拜登尽管在疫情肆虐危难之际担任总统,但他在就职典礼上还是不忘强调说:"民主与希望,真理与正义并没有(在此时)消失,而是蒸蒸日上;我们的美国保障了国内的自由,并将再次成为世界的灯塔。"④实际上向海外输出其核心

---

① 周文华. 美国核心价值观建设及启示[M]. 北京:知识产权出版社,2014:135.
② 习近平. 习近平谈治国理政(第一卷)[M]. 北京:外文出版社,2014:165.
③ 沪江网,http://www.hjenglish.com/new/p446280/。
④ 观察者网,https://baijiahao.baidu.com/s?id=16894655090868265608&wfr=spider&for=pc。

价值观也是美国政府及其官员的核心使命之一,这也是美国探索核心价值观转化方面的一个显著特点。但是需要说明的是,美国在国内致力于把个人主义、自由、平等、民主和法治等核心价值观从主导价值观转化为主流价值观。而在向国外延伸其核心价值观转化时,则往往以普世形式侧重推广核心价值观中所谓的"民主""自由",不时加上"人权"等,如此"至少在名义上获得了以全人类的利益的名义博弈民族国家利益的便利"[1],从而更具有迷惑性。如基辛格在《大外交》中把"美国价值观传播""国家安全利益"和"经济利益"[2]一起构成三大国家利益,并特别指出国家安全利益和经济利益是眼前的现实利益,而表面以普世价值观形式来进行的实质为传播美国价值观是崇高理想、长远追求。在2010年公布的美国《国家安全战略报告》中把"在美国内及全球对'普世价值的尊重'列为涉及美国国家安全的'四大持久的国家利益'"[3]。至今形成了多种举措并重、协同推进地向国外延伸核心价值观转化的工作体系。

其一,借助于大众媒体。伴随历史演进,被美国政府用来向国外延伸其核心价值观转化的媒体也从以传统媒体为重点拓展为以互联网等新兴媒体为重点,涉及国家的范围逐渐扩大。早在1942年,美国就成立了官方的国际广播电台——美国之音。鉴于当时的特定需要,美国之音专门用于对交战国的舆论攻击。伴随着"二战"的结束,美国之音成为对与美国意识形态不同国家的官方宣传机构,以45种语言向世界各地输出其价值观。1949年,美国成立自由欧洲电台,以28种语言向苏联和东欧社会主义国家宣传。1951年,为专门针对苏联的宣传,美国成立了自由电台,后来自由欧洲电台和自由电台合并。通过这些电台向苏联输出美国价值观,对苏联解体产生了巨大的破坏性影响。1970年,已经隶属于新闻署的美国之音广播电台,通过92个频率向世界传播美国价值观,估计听众达4 300万人[4]。1990

---

[1] 韩震. 社会主义核心价值观凝练研究[M]. 北京:北京师范大学出版社,2012:63.
[2] 玛雅. 美国的逻辑:意识形态和内政外交[M]. 北京:中国经济出版社,2011:13.
[3] 玛雅. 美国的逻辑:意识形态和内政外交[M]. 北京:中国经济出版社,2011:13-14.
[4] 周文华. 美国核心价值观建设及启示[M]. 北京:知识产权出版社,2014:138.

年,美国新成立了针对古巴的马蒂广播电视台。1996年,美国把目光转向亚洲,成立自由亚洲电台,用于对中国、缅甸、柬埔寨、朝鲜等进行宣传。随后国会拨出1.35亿美元筹建了针对阿拉伯世界的萨瓦广播电台,但初期效果不好。相关数据显示,收听该电台的人约2%,但2002年6月萨瓦广播电台运行后,收听这个电台的阿拉伯人上升到89%。[1]

伴随着网络社会深入发展,近年来美国政府及时调整了对外输出价值观的策略,及时实施"互联网自由"战略,从而在数字化生存时代,实现了向外延伸其价值观转化工作的与时俱进。由此互联网取代传统广播电台成为美国向其他国家渗透价值观的新工具。前国务卿希拉里曾在2011年讲话里宣称"努力帮助专制国家异见人士突破网络封锁,推进人权和民主"[2]。在此背景下,美国政府凭借技术优势,用各种新媒体如Facebook、Twitter、Youtube等,以多元化传播形式向他国输出美国文化、宣扬美式民主,进而扩大美国价值观在国外的影响。

其二,凭借于文化产业。美国充分利用经济全球化历史机遇,顺应意识形态文化的新趋势。"文化要素越来越成为意识形态的主要组成部分,意识形态的凝聚力和吸引力逐步由主要通过政治方式,向以文化为主要表现力的综合方式转变。作为意识形态内核的政治思想和政治纲领日益与文化结缘,更多地借助于文化消费和道德情感获得更加广泛而卓有成效的传播,逐步内化到人们生活世界之中。"[3]美国通过文化产业来向国外延伸其核心价值观转化工作,不断争取他国公民来认同其核心价值观。

美国一直通过新闻、广播、图书、电影、电视、音乐、舞蹈、戏剧、文学、美术等文化产业、文化产品为载体和渠道,"悄悄地"向全球大肆"兜售"美国价值观。可以说美国的"三大片"(如芯片、薯片、影片)是美国对外进行其核心价值观传播的重要载体。美国学者约翰·耶马在《世界的美国化》中总结道:"美国真正的武器是好莱坞的电影业、麦迪逊大街的形象设计

---

[1] 周文华. 美国核心价值观建设及启示[M]. 北京:知识产权出版社,2014:138.
[2] 周文华. 美国核心价值观建设及启示[M]. 北京:知识产权出版社,2014:139.
[3] 候惠勤. 新中国意识形态史论[M]. 合肥:安徽人民出版社,2011:81.

厂、马特尔公司和可口可乐公司的生产线。"①例如,美国的电影与电视就是美国价值观输出的一个极其重要的渠道,美化和传播着美国核心价值观,让全世界观众在"享受"中自觉认同了其核心价值观。

其三,依托于社会组织。美国社会组织发达,这也成为美国向国外延伸其核心价值观转化的有利社会资源。政府投入巨资来建立或改造各种各样的基金会等社会组织来实现向国外传播其核心价值观。而依托基金会等社会组织来延伸其价值观转化工作还有一个优势就是表面上淡化意识形态性,降低人们警惕性且更易于被民众接受。只不过在具体实施过程中,这种方式在某些方面有别于前面的几种方式,前面这几种方式基本都是把美国核心价值观以不同形式传播到国外,来争取他们一般民众和高端人群的认同(即让美国核心价值观"走出去"来扩大影响范围),而依托于基金会等社会组织来传播美国价值观主要是把国外有关高端人群(一般民众较少)邀请到美国国内接受其核心价值观的熏陶(有时也派遣美国有关人员到国外传播美国价值观)。其中一个"方式就是通过对美国选中的海外学者、政治精英等进行资助,加强他们与美国有关方面的交流,逐渐改变他们的思想观念,并由他们来传播美国的价值观念"②,本质还是扩大美国核心价值观在国外的影响力。兹选择其中富布莱特项目为例加以简单介绍:

富布莱特项目创建于1946年,该项目是以发起人美国参议员富布莱特命名的。富布莱特项目是为数不多的由政府拨款资助的项目之一,主要是资助美国和其他国家的学者、学生交流和学习,以此来促进美国和这些学者、学生所在国之间的互相理解,从而达到传播美国核心价值观的目的。目前该项目覆盖全球140多个国家和地区,约30万人参加了该项目。该项目在中国实施的主要内容包括:富氏学者来华任教;富氏专家短期讲学;项目资助中国学者走出国门。学科领域主要为人文、社科、管理和法律,每年都有固定的讲座。

---

① 欧阳康,钟林.美国如何宣传自己的价值观[J].精神文明导刊,2015(2):61—63.
② 周文华.美国核心价值观建设及启示[M].北京:知识产权出版社,2014:141.

第四章　互联网时代的主导价值观转化为主流价值观

在人类进入数字化生存的时代里,互联网已经并将继续影响、改变着社会生活中越来越多的领域。"互联网是当代社会运动战略中一个毋庸置疑的特点。"[①]它也是当代主导价值观转化为主流价值观的一个特点。因此,深入分析互联网对主导价值观转化为主流价值观产生的深刻影响,适时总结其特点成为应有的时代性议题之一。

第一节　互联网对主导价值观转化为主流价值观产生影响的前提分析

厘清互联网对主导价值观转化为主流价值观产生深刻影响的前提,构成了我们全面分析互联网对主导价值观转化为主流价值观产生深刻影响的一个基础性论域。这个前提主要包括有着内在逻辑关联的三个不同方面的因素:民众表达意见不够畅通;互联网满足了民众日益凸显的表达需要;互联网发展进入 Web3.0 阶段,为民众充分表达提供了有力的技术支撑。这三个因素缺一不可,完整有机地融合在一起才能回答当前互联网何以能对主导价值观转化为主流价值观产生深刻的影响。

一、民众表达意见不够畅通

"网络舆论的出现和形成,则为相关决策者提供了另一个更为全面、

---

① [英]安德鲁·查德威克. 互联网政治学:国家、公民和新传播技术[M]. 任孟山,译. 北京:华夏出版社,2010:165.

更为集中反映民意的渠道。"①对这句话的反面理解就是,正是在现实社会中,由于各种原因导致民众表达意见(主要是向政府)不够畅通,才凸显、映现出互联网在畅通民众表达意见和诉求方面的独特优势。从比较角度来说就是,与那些民众表达意见畅通的国度相比,在民众表达意见不够畅通的国家里,互联网对改善民意表达方面产生的影响才会更为深刻。

具体来说,如果互联网在政治生活领域得到广泛运用以前民众表达意见就已经比较畅通,那么在这种情况下,互联网对促进人们民意表达方面的价值相当于增加了一个渠道。人们也就把互联网当作是已有传统媒体如电视、广播和印刷媒体的一个新版本来使用,因此它可能只是从量的方面来改善原有的民意表达状况。"在其他沟通渠道众多的情况下,互联网只是为这些国家的政治活动提供了信息传播和动员又一个有效出口而已。"②这里的信息传播包括政府向民众传达的由上至下方面的信息和民众向政府表达意见和诉求的由下至上方面的信息。

在那些民众的意见本来就不够畅通的国家里,互联网从质的方面改善了人们表达意见的状况,即在这些国家里,互联网是传统媒体之外的信息传播和动员又一出口。当其他表达意见渠道不够畅通或被阻塞和被紧缩情况下,"互联网以其有效性和灵活性,成为促使政治更加具有公共性、更加民主的工具"③,从而深刻地影响着这些国家里主导价值观转化为主流价值观的状况。正是在这个意义上,才可以说,民众表达意见不够畅通是构成互联网对主导价值观转化为主流价值观产生深刻影响的第一个前提,也是根本前提。

造成民众表达意见不够畅通的主要原因还是缺乏一套充分容纳民意表达,并将这些民意反映到公共政策的决策和裁决中去的机制。除互联

---

① 胡泳. 众声喧哗——互联网时代的个人表达与公共讨论[M]. 桂林:广西师范大学出版社,2008:310.
② 胡泳. 众声喧哗——互联网时代的个人表达与公共讨论[M]. 桂林:广西师范大学出版社,2008:329—330.
③ 胡泳. 众声喧哗——互联网时代的个人表达与公共讨论[M]. 桂林:广西师范大学出版社,2008:330.

网以外,民众表达意见的渠道有限,以前主要集中于以下两大类:

第一类,民众借助传统媒体来表达民意。由于传统媒体机构基本是政府权力的一种延伸和补充,媒体充当着政府的"喉舌"作用,所以传统沟通媒体在实际运行过程中都设置了一个"守门人"的审查环节。这往往导致很多反映民众意见和诉求的信息可能因与国家主旋律要求不一致过不了审查环节而止步。具体而言就是在以传统媒体作为民众向政府表达意见的主要渠道的情况下,民众的意见因"闯不过、又绕不开传统媒体的审查环节而最终导致民众表达意见不够畅通,不能充分被政府所感知。"而互联网则能消除阻碍表达自己意见的不利因素,大大降低了各种相关群体进入公共领域的门槛。"[1]从此,普通公民和政治上被边缘化的人们,再也不用完全依赖传统占主导地位的广播媒介来构建身份。[2]

第二类,人们主要通过各级政府内设的以信访机构为代表的倾听民意的机构来表达意见。这类反映意见的渠道遭到各种受理条件的限制和政府实际运行效率的制约等,有时也难以使民意和诉求得到及时充分的表达。"在信访制度中,普通民众进行权益维护和意见表达也遭受不少的阻力,上级政府一方面强调不能阻拦群众的上访,另外又要求问题在基层解决,尽量减少上访数量。由于地方政府政绩考核是以'上访率'而不是以问题的解决多少为指标,因而,各信访部门出现'打空转'现象。这使正常的参与和表达渠道严重受阻。"[3]而互联网出现则能显著畅通民众的意见表达。"当下经由互联网改进和强化的利益表达机制,既可以在扩散中聚焦,也可以在聚焦时扩散。……民众的意见和情绪不仅可以穿越地域管制界限大面积传递,还能绕过官僚制的层层阻隔,以事件或议题聚焦的形态直接向高更层施压。"[4]

---

[1] 陈新汉.自我评价论[M].上海:上海人民出版社,2011:406.
[2] [英]安德鲁·查德威克.互联网政治学:国家、公民和新传播技术[M].任孟山,译.北京:华夏出版社,2010:7.
[3] 赵春丽.网络民主发展研究[M].北京:经济科学出版社,2011:132−133.
[4] 李永刚.我们的防火墙——网络时代的表达与监管[M].桂林:广西师范大学出版社,2009:66.

基于以上两种因素及其他因素影响就出现了在较长时间里,在新闻自由和结社权利并无优势的民众,很难真实地表达个体意愿,更不要说将分散的、多元的、底层的意愿汇聚起来。政府对外部环境变化缺乏清晰感知,对民众诉求的强度也无法正确判别。① 正是由于在民众表达意见不够畅通的情况下,才越发凸显互联网在畅通民众表达意见方面的独特作用,确保其在这种情况下所具有的日益增强的民主效应。互联网之所以因助推民意表达而"承载了这么多的'民主'的梦想,正是因为现实的民意表达机制出了问题"②。

二、互联网满足了民众日益凸显的表达需要

如果说民众表达意见不够畅通是从主体角度来分析互联网对主导价值观转化为主流价值观产生深刻影响的一个前提的话,那么互联网内在赋权特征满足了民众日益凸显的表达需要,即互联网内在赋权特征与受市场经济形塑民众主体性增强而引发表达意识的日趋凸显具有高度契合性,这是从人与"网"双向互动的角度来分析其前提的。

按照马克思人类社会发展的经济形态理论,今天人类已经基本告别自然经济阶段,进入商品经济阶段。就我国而言,进入社会主义市场经济(市场经济是商品经济的一种)已有数十年,对于市场经济如何培育和增强人的以主体意识和利益意识为基点的主体性在前文已经做了充分论述,如商品经济强化了主体的超越性,赋予主体独立性和平等性,解放了人的自由意志,增强了人的主体性,承认了个体对利益的追求等。

接下来的问题是民众受市场经济形塑的主体性一定要表达出来。伴随市场经济深入推进,人们的主体性因受其进一步培育会不断增强。相应地,民众的表达意识也将日趋凸显。这种植根于市场经济的表达意识与一般表达意识的显著区别就是以凸显个体自我、总体趋向平等为特征。

---

① 李永刚. 我们的防火墙——网络时代的表达与监管[M]. 桂林:广西师范大学出版社,2009:66.

② 赵春丽. 网络民主发展研究[M]. 北京:经济科学出版社,2011:67.

而内蕴着赋权特征的互联网则能充分满足民众这种孕育于市场经济的日趋增强的表达需要。

互联网赋权简单来说就是互联网赋予每个使用互联网的人以独立、平等的权利,而这和互联网非中心化特征有一定关系,由此其赋权机制可以从两个方面来理解。

其一,互联网诞生时技术层面"非中心化"设计。最早研制互联网的初衷就与冷战时期美国国防部出于军事考虑的"非中心化"设想紧密相关,即当灾难降临时,网络系统中的一部分能作为计算机的物质基础载体,让信息仍能保存下来并能通过其他节点发送到目的地。"互联网的产生就意味着'非中心化'的信息传播媒介体制的诞生,并且随着互联网的发展其'非中心化'特征也越来越明显。"[1]

其二,互联网非中心化特征在应用过程中延伸出的社会影响。互联网这种技术设计"非中心化"的特征在应用中给社会带来最大影响就是其赋权、分权的效果。"网络在结构上的最大影响是分权,互联网为每个人提供了自由平等的交流平台,它体现了互联网作为一种社会赋权工具的宗旨。"[2]尼葛洛庞帝对数字化生存的四大特征概括为:分散权力、全球化、追求和谐和赋予权力。[3] 而所谓"'分权'就是社会中心的权力分散,'赋权'就是社会中个人获得更多的自主权,都与互联网的'非中心'特征联系在一起"[4]。其实分权是从原来权力拥有者分散、减少的角度来说,而赋权是从新情况下权力获得者增加、增多的角度而言,是同一个过程两个方面,本质上都体现了互联网非中心化技术特征在应用过程中产生的社会影响,即对用户主体性的观照,消解了以集权为特征的传统媒体对人的束缚,从根本上助推了个体平等、独立、自由等主体意识的增强。

伴随互联网的广泛运用,这种影响从使用互联网这个特定活动中对

---

[1] 陈新汉.自我评价论[M].上海:上海人民出版社,2011:403.
[2] 蔡文之.网络传播革命:权力与规则[M].上海:上海人民出版社,2011:4.
[3] [美]尼葛洛庞帝.数字化生存[M].胡泳,译.海南:海南出版社,1996:269.
[4] 陈新汉.自我评价论[M].上海:上海人民出版社,2011:403—404.

用户主体性的关怀跃升到整个社会生活中对一般人群主体性的高扬。"我们看到更多的是互联网作为一种解放工具和赋权工具的积极意义,以及工具本身和应用过程中所体现出自由平等精神和对传统价值的重塑。"①所以在今天分权心态正逐渐弥漫于整个社会之中,这是由于数字化世界的影响所致,传统的中央集权的生活观念将成为明日黄花。② 而随着互联网的广泛运用,这又反过来进一步强化了人们的表达意识乃至表达权利。"表达权应该被视为网络赋权的最亮点。"③

在一定意义上可以说,现今,如果说市场经济是培育人们主体意识的工厂和基地,那么互联网就是人们把浸润于市场经济的主体意识给予表达出来的重要场所和基本工具(当然人们也会以其他方式来表达这种主体意识)。一个是培育了人们的主体意识;另一个成为表达主体意识的基本工具,强化了人们的主体意识。可以说,市场经济形塑了民众主体意识,互联网是今天民众表达主体意识的基本方式,从而也间接强化了人们的主体意识。"互联网交往中的符号化和非中心化或开放性等从不同侧面增强人们的主体意识。"④而民众主体意识是一定要表达出来的,也就是要以表达意识来进行展现和确认,表达意识就构成了主体意识的"外衣",因此表达意识始终是围绕主体意识来展开的。主体意识则构成表达意识的"内核",主体意识始终决定和驱动着表达意识的发展,这两者形成互相依存、互相促进、互相转化的关系。而在市场经济时代,对人们日益增强主体意识的合理观照,对人们导源于主体意识又借助于互联网日趋强烈表达意识的及时回应,是任何一个国家推进主导价值观转化为主流价值观都必须给予足够重视的课题。"一个民族的国家制度必须体现这一民族对自己的权利和地位的感情,否则国家的制度只能外部存在着,而没有意义和价值。"⑤这是互联网之所以对主导价值观转化为主流价值观

---

① 蔡文之.网络传播革命:权力与规则[M].上海:上海人民出版社,2011:109.
② [美]尼葛洛庞帝.数字化生存[M].胡泳,译.海口:海南出版社,1996:2870.
③ 蔡文之.网络传播革命:权力与规则[M].上海:上海人民出版社,2011:142.
④ 陈新汉.自我评价论[M].上海:上海人民出版社,2011:402—404.
⑤ [德]黑格尔.法哲学原理[M].范扬,张企泰,译.北京:商务印书馆,1961:291—292.

产生深刻影响的又一个前提。

三、互联网进入 Web3.0 阶段为民众充分表达提供了全新方式

互联网进入 Web2.0 阶段为民众充分表达提供了有力的技术支持，这构成互联网对主导价值观转化为主流价值观产生深刻影响的第三个前提。对这个问题从另外角度来看更好理解，就是假设今天互联网技术还是处于 Web1.0 阶段，那么其对主导价值观转化为主流价值观也会产生一定影响，但没有如此深刻。因此，Web2.0 比 Web1.0 阶段的技术优势及其对民众表达的影响，便是分析这个问题的方便法门。但由于具体探讨 Web2.0 详细技术指标不是本文重点，所以这里主要侧重分析 Web2.0 给民众表达带来的影响。

其实伴随 Web1.0 阶段向 Web2.0 演进，互联网赋权也从第一阶段的"个体赋权"（即互联网赋予使用者一定信息权利，如人能被动接收信息，主要纠正了以前信息不对称的状态）进入第二阶段的"互动赋权"。"互动赋权"是互联网不断赋予并扩大用户的"创造""选择""传播"等行为，即人除了被动接收信息，人还能发布信息，人与人还能通过互动共创、共享信息，甚至网络内容就是依靠使用者之间的互动来创建的。"Web2.0 将互联网内容生产的权利和平台授予网络使用者，用户可以自由地控制数据，自主参与到内容生产中来。"[1]

Web2.0（也有人称之为互联网 2.0）是相对于 Web1.0 的新一类互联网应用的统称，是在 Web1.0 的服务基础上，互联网用户从信息接收者变成为信息制造者和传播者，从受众变成主体，从单个个体转向社团的新型互联网服务模式。"Web2.0 模型，就是 Web2.0＝技术＋公开真实的个人表达＋共同建设，技术是基础；公开真实的个人表达反映了 Web2.0 的社会意义；共同建设反映了它的文化意义。"[2]其本质"就是媒体从个性化到个人化的发端，换个说法，就是媒体重心从组织转向个人以及个人媒体

---

[1] 蔡文之.网络传播革命:权力与规则[M].上海:上海人民出版社,2011:142—143.
[2] 杨继红.新媒体生存[M].北京:清华大学出版社,2008:7—8.

发端"[1]。即媒体使用者参与传播,乃至创建信息。从中可以看出,与Web1.0相比,Web2.0更注重从不同方面提高用户的主体性,有助于个人表达更加充分。

其一,基本理念方面。"Web2.0是互联网的一次理念和体系的升级换代,即从原来的自上而下的由少数资源控制者集中控制主导的体系转变为自下而上的由广大用户集体智能和力量主导的体系。"[2]所以用户中心论、去中心化、和平、共享等核心思想正在通过以Web2.0为代表的新媒体技术得到极大体现和弘扬。

其二,个体角色方面。与Web1.0相比,Web2.0的最大优势就是把网络使用者的角色由被动应答者转化为主动参与者,甚至是积极创造者。在网络传播中,Web2.0时代的任何人都是信息的传播者和接受者,地位平等。在互联网发展史上,Web2.0实现了以传者中心向以受者中心的根本性转变,而在此过程中网络使用者地位的提升是其主体意识得到张扬的一种体现。

其三,动力来源方面。动力来源从少数控制置换为来自广大网络使用者的大众智慧。"Web2.0内在的动力来源是将互联网的主导权交还个人从而充分发掘了个人的积极性参与到体系中来,广大个人所贡献的影响和智慧和个人联系形成的社群的影响就替代了原来少数人所控制和制造的影响。"[3]

其四,社会功效方面。Web2.0阶段,网络技术为互联网用户赋予了强大的表达能力。[4] 如果说Web1.0是下载、浏览、搜寻,Web2.0就是上传、分享与创建、交互。Web2.0特征是交互性和社会化,网络2.0时代

---

[1] 杨继红. 新媒体生存[M]. 北京:清华大学出版社,2008:7.
[2] 胡泳. 众声喧哗——互联网时代的个人表达与公共讨论[M]. 桂林:广西师范大学出版社,2008:88.
[3] 李永刚. 我们的防火墙——网络时代的表达与监管[M]. 桂林:广西师范大学出版社2009:33.
[4] 胡泳. 众声喧哗——互联网时代的个人表达与公共讨论[M]. 桂林:广西师范大学出版社,2008:326.

传播,是让所有人都真正地从互联网应用层面具备话语权的表达能力[1],从而显著降低传统媒体对话语权的垄断,实现将话语权还权于民,每个人都可以充分施展自己的表达意识。"现在人人都是评论员、发行者和创作者。"[2]所以尼葛洛庞帝形象地把它描述为"每个人都可以是一个没有执照的电视台"[3]。

需要特别说明的是,就我们的论题而言,Web3.0是在Web2.0基础上进一步增强和扩大用户的主体性,为民众更加充分表达提供了便捷的技术支撑,主要表现如下:其一,更加个性化。"Web3.0的核心理念之一是个性化,意指互联网可根据用户的个性化需求、个人偏好提供用户所需要的个性化服务"[4],更加高扬了网络使用者的主体意识。其二,更加智能化。Web3.0又称语义网,是一种能理解人类语言的智能网络,其最大特点是将人与电脑之间的交流提升到像人与人之间交流一样轻松。对此,诺瓦·斯皮万克指出:"许多人致力于让软件更智能,而在语义网中,我们将会让数据变更智能。"[5]一旦接近人"机"合一,就能极大地提高智慧化程度。其三,更加快捷。"Web3.0时代,网络带宽更宽,网络传输速度更高,网络传输数据容量更大,使得基于互联网的信息传递较之Web2.0时代将变得更快,人们甚至能体验到飞一般的感觉。"[6]因而能更加及时回应用户的关切和关注。

第二节 互联网对主导价值观转化为主流价值观产生影响

互联网对主导价值观转化为主流价值观产生的影响是伴随互联网发

---

[1] 杨继红.新媒体生存[M].北京:清华大学出版社,2008:38.
[2] 胡泳.数字位移:重新思考数字化[M].北京:中国人民大学出版社,2020:5.
[3] [美]尼葛洛庞帝.数字化生存[M].胡泳,译.海口:海南出版社,1996:205.
[4] 张植禾,张晓青,相春艳.Web3.0对网络传播的影响[J].现代传播(中国传媒大学学报),2013,35(6):147—148.
[5] [美]大卫·西格尔.Web3.0:互联网的语义革命[M].管策,译.北京:科学出版社,2013:12.
[6] 张植禾,张晓青,相春艳.Web3.0对网络传播的影响[J].现代传播(中国传媒大学学报),2013,35(6):147—148.

展及其在社会生活中应用越来越广泛而不断展现出来的。实践表明，互联网主导价值观转化为主流价值观带来的深刻影响主要体现在：作为主流价值观基础的主流民意得到充分表达，主导价值观转化为主流价值观的方式更趋便捷，主导价值观转化为主流价值观的统整性效果日趋分化。

需要说明的是，和其他事物之间发生作用的客观情况的发展及理论同反思的演进进程一样。伴随互联网对主导价值观转化为主流价值观产生作用的不断深入，在理论上对这种客观发生作用的反思也大致可以分为影响的分析、特征的总结和规律的揭示三个阶段，目前还处在影响分析的阶段。

一、作为主流价值观基础的主流民意得到充分表达

"由于较少受社会习俗和制度化的政治权威的限制，互联网使得中国原本隐身的民意变得高度可见，如果说，在现实世界中，很多中国人属于'沉默的大多数'的一部分，那么，在互联网上，他们获得了发言的机会，并且，采取着自己认为应该采取的行动。"①因此，互联网给主导价值观转化为主流价值观带来的最显著的影响就是作为主流价值观基础的主流民意得到充分表达。为更好地理解这个问题，先补充说明两点。

其一，主流民意和主流价值观的关系。"广大民众生活在社会之中，总能以最切身的方式体验着围绕社会运动、社会事件和社会问题所能体现出来的社会基本矛盾运动。一般说来民意往往能较为真实地体现社会主体的需要和利益。"②由于"需要和利益是价值的基础，同样，它也是人们价值观的基础"③，因此可以说，主流民意和主流价值观都是特定时段内多数人们对自己的需要和利益在"没有经过一定程序的组织"后较为直接的一种观念表达，体现着社会主体的"绝对的普遍性、实体性的东西和

---

① 胡泳.众声喧哗——互联网时代的个人表达与公共讨论[M].桂林：广西师范大学出版社，2008：311.
② 陈新汉.核心价值体系论导论[M].上海：上海大学出版社，2016：293.
③ 罗国杰.树立正确的世界观、人生观、价值观[M].北京：中国人民大学出版社，1996：143.

真实的东西"①,真切地反映或表达了广大民众的"心声",具有"本真性",也是民众评价的"无机方式"具体展开的两种形式。

主流民意像是形成主流价值观这个海洋之来源的"江河湖泊",是"众意",是主流价值观的基础和源泉。主流价值观则更像是由众多主流民意的"江河湖泊"汇聚而成的"海洋",是民意的"沉淀池",是"公意"。"众意只是个别意志的总和,但是除掉这些个别意志间正负互相抵消的部分外,则剩下的总和仍然是公意。"②可以说,主流价值观"不仅包含着现实界的真正需要和正确趋向,而且包含着永恒的实体性的正义原则"③。因此主流价值观更具有整体性、全局性和稳定性,往往反映一个较长时段内绝大多数民众经过沉淀后比较稳定的利益和需要。

主流民意具有局部性、特定性和易变性,往往体现多数人们在某一特定时间内对集中某个事件的诉求和利益表达。伴随事件的更替,针对特定事件主流民意也会随之嬗变,但多次事件中折射出的主流民意又会贯穿某些共同特征,更多的还是始终体现着民众的意愿和诉求。民意与人民群众的利益联系在一起,因而主流民意虽然也较多地"包含着现实界的真正需要和正确趋向",但只有经过多次民意的合力作用,并积淀、结晶后才会体现着"永恒的实体性的正义原则"。

在一定意义上,可以说,主流民意折射着主流价值观的蕴含,值得重视的是在那"具体表达中只是隐隐约约地映现着的本质基础"④。而主流价值观则凝结着民意的本真性,主流价值观包含或体现但不等于针对特定事件的主流民意。正是因为主流民意构成主流价值观的基础,而互联网是信息时代人们表达主流民意的基本载体之一。"互联网对政治生活的深远影响是民意表达。"⑤由此,能充分表达民意成为互联网和主流价

---

① [德]黑格尔. 法哲学原理[M]. 范扬,张企泰,译. 北京:商务印书馆,1961:332.
② [法]卢梭. 社会契约论[M]. 何兆武,译. 北京:商务印书馆,2006:35.
③ [德]黑格尔. 法哲学原理[M]. 范扬,张企泰,译. 北京:商务印书馆,1961:332.
④ [德]黑格尔. 法哲学原理[M]. 范扬,张企泰,译. 北京:商务印书馆,1961:334.
⑤ 蔡文之. 网络传播革命:权力与规则[M]. 上海:上海人民出版社,2011:150.

值观发生作用的中轴,使两者联系起来。

其二,借助于互联网,使民众的主流民意得到充分表达,使政府能充分感知主流民意,从而对这两者的关系把握就能更加准确。虽然从绝对意义上来说,民众借助于互联网使其主流民意得到充分表达,不一定意味着政府就对其充分感知。毕竟这两者之间不是一一对应的线性关系,涉及很多问题。但一般来说,只有民众借助于互联网充分表达了自己的民意,政府才有可能充分感知之,即前者是后者的必要条件。互联网使得普通民众可以便捷地向政府进行利益和意见表达,政府通过互联网也可以快捷地进行信息公开和作出回应。① 更为重要的是,当民众借助互联网充分表达民意时,就会形成一股网络舆论大潮,政府就会,甚至不得不提高其对民众这种充分表达出来的民意感知的深度和广度,更加准确地把握之,并及时作出回应、科学决策。所以,无论哪个时代,公共舆论(由民众充分表达出来的民意形成)总是一支巨大的力量。② 马克思则把公共舆论看成是"普遍的、隐蔽的和强制的力量"③。而在今天的信息社会,网络民意已成为执政的新的基础。④ "从政府决策看,在网络时代,政府决策时关注和倾听网民的声音越来越成为一种必需和必要。政府的决策必须获得以网络舆论为代表的民意的认可,充分考虑民众的意见和吸纳民间智慧,才能取得最大的合法性。"⑤

至此,在互联网时代,政府对作为主流价值观基础的主流民意的把握更加精准与作为主流价值观基础的主流民意借助互联网而得到充分表达就紧密联系在一起了。换言之,由于作为主流价值观基础的主流民意因借助于互联网得以充分表达,政府也得借助于互联网对作为主流价值观基础的主流民意把握得更加精准,但还是不能把两者直接等同。在一定

---

① 赵春丽. 网络民主发展研究[M]. 北京:经济科学出版社,2011:47.
② [德]黑格尔. 法哲学原理[M]. 范扬,张企泰,译. 北京:商务印书馆,1961:332.
③ 中共中央马克思恩格斯列宁斯大林著作编译局. 马克思恩格斯全集(第1卷)[M]. 北京:人民出版社,1956:237.
④ 赵春丽. 网络民主发展研究[M]. 北京:经济科学出版社,2011:320.
⑤ 赵春丽. 网络民主发展研究[M]. 北京:经济科学出版社,2011:3.

意义上,可以说,互联网成为民众向政府充分表达主流价值观和政府准确感知、把握民众主流价值观的一个载体和纽带。而政府是把主导价值观转化为主流价值观的执行主体,这是构成互联网对主导价值观转化为主流价值观(也包括主流价值观转化为主导价值观)产生影响的内在依据。

"互联网的发展使人们获得了前所未有的个人与个人之间即横向的沟通自由和个人与所属群体的权威机构之间即纵向沟通的自由。"[①]与前信息社会相比较,主流民意借助互联网得到充分表达。迈克尔·戈德温把它形象地描述为"互联网把'出版自由'的全部力量交到了每一个个人手中"[②]。其"充分"性主要体现在以下三个方面。

(一)从束缚性表达转变为本真性表达

互联网技术上的设计从不同方面为人们自由交往和充分表达民意提供了一定基础。由此伴随其应用不断深化,主流民意表达更加充分,带来的效应也日趋明显。其中建立在匿名性设计基础上的主体以符号化的形式来进行交往是其最为显著的特点,它对促进个体的表达更加自由,对促进主流民意充分表达的影响也最为深刻。

互联网交往主体的符号化使主体摆脱现实交往中身份的约束,增强了交往的主体性,从而使其能真实地表达自己的意志。[③] 在互联网中交往的匿名性与符号化是紧密联系在一起的。其中匿名性设计是根本特征,正因为其采取了匿名设计,才使互联网交往与现实交往形成显著区别。匿名设计是符号化表达的技术基础。如果不是匿名性设计,那也就不存在主体以符号的方式来进行交往了。只不过在应用的不同阶段,符号化具体表达形式不同。最初符号化表达就是数字代码,后来才延伸为各种各样的化名。因此,匿名设计为人们在互联网中摆脱实名限制并能自由交往、自由表达奠定了基础。"匿名制保护了思想和言论自由,满足

---

① 陈新汉.自我评价论[M].上海:上海人民出版社,2011:405.
② 胡泳.众声喧哗——互联网时代的个人表达与公共讨论[M].桂林:广西师范大学出版社,2008:327.
③ 陈新汉.自我评价论[M].上海:上海人民出版社,2011:409.

了人们以某种安全的方式显示自己的真实面目而不是隐蔽自己本性愿望"①,从而突破现实中各种限制,能够自由表达意见,实现了个体意见从束缚性表达转变为本真性表达。

其一,个体在网络交往中以化名出现,也就是以"裸身"出现在网络中,从而彻底改变了基于血缘、地缘、业缘关系的传统人际交往形式。由于"身体—身份"的隐退,每个人都可以摆脱自然性和社会性对交往的限制,从而实现自由的人际交往。② 其内在依据是以化名形式出现使互联网对网民形成一种具有保护性的环境。如巴格等人调查了互联网保护环境对自我表达的影响后发现,面对面交流更容易发现实际的自我(actual self),而网上交往更容易发现真正的自我(true self)。与面对面交往者相比,网上交往者在展示真正的自我方面更成功。③

其二,由于其匿名性,使得身份意义显著降低,尤其为那些平民或表达自己意见有各种困难的人开辟了一个崭新的可以自由表达意见的空间,从而在扩大人群范围方面体现了民众借助于互联网表达意见的充分性。平民取得了话语权,官员、记者、专家一统天下喉舌的时代结束了。"在网上的交往,伴随着其匿名、高度控制和总能找到类似同伴特性,创造了一种独特保护性环境,鼓励人们在其中比在日常生活中更自由地表达自己,对于那些受社会抑制、表达自己有困难的人来说,尤其如此。"④

其三,也是由于匿名性,使传统意义上的非主流,甚至不同意见也有机会表达。而这恰恰是以往人们借助传统媒体来表达意见时往往最难以突破之处。这是从意见性质角度来体现其表达的充分性。"网络空间对主体身份特征的遮蔽,才具有了参与的吸引力,社区成员更习惯于在匿名

---

① 胡泳. 众声喧哗——互联网时代的个人表达与公共讨论[M]. 桂林:广西师范大学出版社,2008:278.
② 陈新汉. 自我评价论[M]. 上海:上海人民出版社,2011:402.
③ 胡泳. 众声喧哗——互联网时代的个人表达与公共讨论[M]. 桂林:广西师范大学出版社,2008:140.
④ 胡泳. 众声喧哗——互联网时代的个人表达与公共讨论[M]. 桂林:广西师范大学出版社,2008:135.

的情况下发表自己的观点,在虚拟环境中才敢于就公众议题大胆地发表见解。"①因此,借助匿名性和符号化设计,实现了交往中表达的本真性,这最能体现互联网能够促进人们主流民意表达更加充分。

(二)从不平等表达跃升为平等表达

"沙皇退位,个人抬头。"②尼葛洛庞帝一语道破了人们借助于互联网,实现从此前的基于权力等因素而形成的不平等交往跃升到网络世界中的平等交往,从另一个向度助推着人们在意见表达上更加充分。这主要源自互联网非中心化结构(开放性)的设计特点。"互联网的开放性架构和非政府主导的自由文化使其天然地与平等性交流、率直性表达和犀利性监督联系在一起。"③正是因为互联网非中心化特征,创造了全新的、平等的,没有强权的或中心的信息空间。这就从根本上决定了在网络世界中,不同交往主体都是平等的。无论是民众之间交往和表达,还是民众和政府之间沟通和互动,都建立在一种对等主体上的平等交往,体现了"主体间性"的哲学理念。"在网络交往中,每个人都可以摆脱自然性和社会性对交往的限制,从而实现平等和自由的人际交往。"④而在现实中,如果说,民众之间的交往和表达或多或少还保留一定平等的因素,那么民众和政府之间沟通更多的就是一种自下而上的不平等交往,这在不同程度上限制了民众意见的充分表达。

网络彻底实现了从民官之间不平等交往到平等交往的根本性转变。"在这个空间中,凡情绪和情照的几乎都是真实的,它没有现实社会与现实文化中的君君臣臣父父子子,没有那些繁复冗杂的行政层级,这个空间中自由与平等是最充分的。"⑤至此,民众在两个领域都能充分表达意见,尤其是广大基层群众,甚至是弱势群体、边缘人群也可以平等、自由、畅通

---

① 蔡文之.网络传播革命:权力与规则[M].上海:上海人民出版社,2011:67.
② [美]尼葛洛庞帝.数字化生存[M].胡泳,译.海口:海南出版社,1997:269.
③ 蔡文之.网络传播革命:权力与规则[M].上海:上海人民出版社 2011:19.
④ 陈新汉.自我评价论[M].上海:上海人民出版社,2011:402.
⑤ 杨继红.新媒体生存[M].北京:清华大学出版社,2008:113.

地向政府表达意见。这是互联网对促进民意充分表达的一大贡献。米歇尔·威尔逊认为,现实不同主体之间不平等而导致人们结成一种相(悬)殊感觉,而在互联网中人们则因基于平等结成了一种"相联"感觉。"虚拟社区把个人从具体化身份的社会约束中和具体的地理空间的限制下解放出来,通过去除具体化的等级结构实现平等,在互动的参与中促成一种彼此相联(或互相友爱)的感觉。"①威尔逊甚至把互联网平等性表达延伸到现实,即互联网扫除了线下存在的社会等级和权力关系束缚的可能性。这对那些长期受等级文化影响的人群来说,互联网在促进他们的平等表达方面作用更大。"受传统儒家文化的影响,作为个人的主体性和权力意识相对淡漠。网络传播革命对传统层级制权力关系的冲击和颠覆,是每个个体突然感受到'我'的存在和自己的'微'力,由此激活了对权利的关注和追求。特别是网络空间对真实身份的'屏蔽',以及交互平台的人性化,帮助克服以往人们表达意愿时的卑微心理。"②由此就更加凸显了互联网之促进当代中国民众表达意见更加充分的特殊意蕴。

(三)从个体表达聚合为群体表达

过去经由单个人通过传统的渠道分散表达意见,其影响力很小,很难形成一定压力。"现在民意的表达成为一种普遍权利,每个人都有一个麦克风,经由网络工具聚合民意会成倍放大,因此,有人将网络舆论视为'压力集团'。"③借助于互联网使民意从以前个体、分散表达聚合为现在以群体、集中形式的表达。"互联网已经成为思想文化信息的集散地和社会舆论的放大器"④,而且能在较短时间内达到迅速集聚,从而在数量、时效层面极大地提升主流民意表达的充分性。

对把民众意见个体表达借助互联网而聚合为群体表达中的"聚合",

---

① 胡泳.众声喧哗——互联网时代的个人表达与公共讨论[M].桂林:广西师范大学出版社,2008:223.
② 蔡文之.网络传播革命:权力与规则[M].上海:上海人民出版社,2011:225.
③ 蔡文之.网络传播革命:权力与规则[M].上海:上海人民出版社,2011:91.
④ 胡锦涛在人民日报社考察时的讲话[N].人民日报,2008-06-21(1).

可以从两方面来理解：

一方面是聚合的内在机制问题。网络聚合不仅仅是一种简单地将分散观点和力量聚集到一起的"物理"混合过程,更是一种将分散的观点和力量融合在一起的"化学"催化过程。其中网络赋权正在以连接众多的微力量和微关系,并以对社会政策和社会变革采取主动行为而产生的聚合能量得以体现。① 因此,经过"催化"后的众多分散的个体意见就聚合成某种群体意见了。

另一方面是外在聚合方式问题。民众在互联网上表达自己意见和意愿后以形成网上公共领域(如网络论坛、社区等)的形式,把经过"催化"作用后具有内在一致性的主流民意(即网络舆论)表达出来,而被政府所感知。"地方网络论坛,是听取社情民意的最短路径。"哈贝马斯认为的"公共领域"概念为:"它原则上向所有人开放。在这个领域中作为私人的人们来到一起,他们在理性辩论的基础上就普遍利益问题达成共识,从而对国家活动进行民主的控制。"②可见,原初的公共领域就是一个表达民意、汇聚民意以影响国家管理的场所。从理路上可以说,网上公共领域是传统公共领域在信息时代的延伸和替代,因此在不同程度上秉承、体现出公共领域的本质蕴涵。"原则上,公共论坛不只在街道、公园里,但是现在已有其他地方取代了传统公共论坛的角色。大众传媒,包括网络,已经比街道、公园成为重要的表达活动的竞技场。"③

由于受各种因素影响,当前现实中传统公共领域难以形成,即使形成了也难以维持长久,因而不能充分发挥其原初的作用。集会仍然受到严格管控。"哈贝马斯认为,'公共领域'起源于古雅典的会场公共集会。"④相比而言,网络上公共领域则在汇聚和表达民意方面呈现出更多的优势。"网络论坛成了网络舆论的主要生成和集散地,网络的特性使得网络舆论

---

① 蔡文之. 网络传播革命:权力与规则[M]. 上海:上海人民出版社,2011:23.
② 汪晖,陈燕谷. 文化与公共性[M]. 上海:三联书店,1988:26.
③ [美]凯斯桑·斯坦. 网络共和国[M]. 黄伟明,译. 上海:上海人民出版社,2003:18.
④ 陈新汉. 自我评价论[M]. 上海:上海人民出版社,2011:405.

与传统的舆论传播相比,舆论生成更为迅速,各种意见的纷争也更为激烈,言论更为自由,因此它在当今社会舆论传播中扮演了一个不容忽视的角色。"①

相较而言,网上公共领域形成和运行都较少受到政府的审批和管制(当然要符合国家法规的要求)。它可以就特定事件在短时间内迅速形成,且维持长久运行,从而能持续发挥其聚合的足够多的民意并使之得到充分表达的作用。由此众多如涓涓细流的个人意见借助网上公共领域迅速聚合成海洋般的主流民意,使其影响效果达到最大化。"互联网的最大特点开放性,在信息传播的传出者和接受者之间建立即时的互逆式联系,使数量巨大的人群在极短的时间内完成信息的双向互动,从而形成网友组织和意见集团,拥有巨大力量。"②在网络传播革命中,公民不再是一盘散沙,而是通过网络这个民意集散地汇聚成推动政府管理革命的有力民意大潮。网络具有汇集个体微小力量而聚合成群体强大力量的特点。"组织起来,为了一个共同目标聚合成同一种声音是权利转化为权力的基本要素。互联网作为一个社会空间和交流平台为权利向权力高度聚合提供了技术条件和可能。"③

社会权力理论为我们更好理解个人表达意见借助于互联网聚合为群体表达意见、实现主流民意的充分表达提供了新视角。

社会权力就是社会主体以其所拥有的社会资源对国家和社会的影响力。社会权力具体分布状况是随着社会发展而变化的。"随着现代科技的飞速发展,信息电子化、互联网化,公民不但享有不断扩大和丰富的个人权利,而且拥有影响国家和社会,支配他人的社会资源,即社会权力。"④而社会权力实现机制与个体权力实现机制的不同在于,需要众多个体联合起来集合行使才能实现,并以压力集团形式来发挥作用。在网

---

① 杨继红.新媒体生存[M].北京:清华大学出版社,2008:88.
② 陈新汉.自我评价论[M].上海:上海人民出版社,2011:409.
③ 蔡文之.网络传播革命:权力与规则[M].上海:上海人民出版社,2011:135.
④ 郭道晖.社会权力与公民社会[M].南京:译林出版社,2009:51.

络社会形式以前，很少找到能把各个个体聚合起来的有效载体。在没有聚合起来之前，各个个体本来就是弱小、分散的，所以难以对国家和社会产生很大影响。"如果这些权利仅有单个人分散行使（如个人批评建议、上访、上诉），其影响力则很小，很难形成一定压力；集合行使（如通过代表自己利益群体组织去集体执行，通过多人发表集体声、控告，形成社会舆论，等等），就能转化为强大社会权力。"①因此组织、聚合起来而成为一个群体、团体，就可以将原本分散的个人和分散拥有的个人权利集合起来，形成共同的意志和诉求，形成集体的力量，转化为社会权力，即对国家和社会产生一定的影响力。网上公共领域无疑是集合行使社会权力的时代化载体，从而使个体社会权利转化为社会权力（注意在社会权力理论语境中，社会权利和社会权力之间存在本质性的区别）。

至此，借助于互联网，作为主流价值观基础的主流民意得到充分表达（当然，这是相对于前信息社会而言，伴随其发展，也不同程度带来了其他问题，如网上公共领域非理性问题等，需要辩证分析，这里不再展开），从而使政府对作为主流价值观基础的主流民意的把握更加准确，也就在一定意义上对主流价值观把握得更加精准。前文在阐述两者关系时就指出，主流价值观既是主导价值观提出的基础，也是主导价值观发展的旨归，由此准确把握主流价值观对于把主导价值观科学转化为主流价值观就有了特殊的积极意义，这主要表现在三个方面：为以后提出更加符合现实的主导价值观奠定了清晰基础；对已经提出的主导价值观可以及时进行修订；对主导价值观转化为主流价值观的目标设定更趋于合理，即使它与主流价值观之间保持着适度的张力。

二、主导价值观转化为主流价值观的方式更趋便捷

如果说借助于(Web3.0)互联网使作为主流价值观基础的民意得到充分表达，构成了互联网对主导价值观转化为主流价值观产生深刻影响

---

① 郭道晖.社会权力与公民社会[M].南京:译林出版社,2009:55.

的第一个方面,那么以建立电子政府为依托,从不同方面使主导价值观转化为主流价值观的方式更加便捷,则构成了互联网对主导价值观转化为主流价值观产生深刻影响的第二个方面。

一是以建立电子政府为载体,为主导价值观便捷转化为主流价值观奠定了物质基础,强化了民本关怀。电子政府是政府适应互联网发展而实现自我更新的产物,也是政务电子化的物质依靠。电子政府是相对于传统政府而言的,其核心就是"通过在传统政府中运用数字技术,使政府的存在形式发生重大变化,把传统政府机构曾经在真实空间里行使的日常办公、信息收集与发布、公共事务管理等放到数字化即网络化的机制中轻松地甚至自动地进行,由此就出现了一个实在与虚拟相结合的跨平台网络政府"①。其最重要的构建就是一个结构布局和功能完善的政府网站。因此电子政府建立不仅使政治机器(具体为各级政府及其部门)内部运转变得更加灵活和高效,还使民众和政府之间互动变得更加便捷。"电子政务的一个重要方面,就是其促进公民与整个政府机器进行互动的潜力。"②这也为主导价值观方便地转化为主流价值观奠定了物质基础。

更为重要的是,各国政府在推进电子政府过程中,都特别注重或强化其为民服务的功能,其中美国在这方面就走在了前列。美国的主要做法如下:

其一,在理念上提出了"虚拟机构"概念,以方便民众办理事项。美国希望达到这样的图景:用户将来在不需要具备关于政府结构的知识及其办事规则的情况下,就能在大量清晰可辨的服务项目之下办理事务。因此这种设想更多的是从用户的自发需要出发,而不是部门或机构那种以生产者为导向的需求。在工作中,把公民称之为客户,以强调对公民的服务意识和公民的利益充分关注。因为客户是从特定服务中获益的人。③

---

① 陈新汉. 自我评价论[M]. 上海:上海人民出版社,2011:413.
② [英]安德鲁·醒德威克. 互联网政治学:国家、公民与新传播技术[M]. 任孟山,译. 北京:华夏出版社,2010:265.
③ [英]安德鲁·醒德威克. 互联网政治学:国家、公民与新传播技术[M]. 任孟山,译. 北京:华夏出版社,2010:244.

其二，为了落实上述理念，美国电子政府计划通过引进新方法，方便客户办理与政府有关的事务，扩大了项目涵盖范围，从而极大地方便了群众生活，使群众从中获益，如设计了客户获益的系统。"这个系统包括食品券管理、失业救济金、医疗保险、公共医疗补助、儿童抚养费以及相关社会保障金，全部转移到电子平台上去办理。通过呼叫中心和一站式服务点，使客户需求的处理自动化程度越来越高，或者提高当面受理的效率。"①

其三，为方便民众办理上述项目，负责上述事宜的相关办公室和公共建筑内部都设有电子信息台，方便人们进入政府信息网站和递交电子资料、查询信息等。

与传统政府相比较，电子政府有三个基本特征：信息资源共享、组织结构和管理模式扁平化、行政业务为民导向。就我们论题而言，其中"信息资源共享"和"行政业务为民导向"这两个特征都更直接体现其以民众为中心，突出服务于民的工作定位。因此"围绕民众的需求和选择来发展和提供服务，建立以民众为中心的政府"就被列为西方发展电子政府的四个原则之首②。依托电子政府，能显著提升服务民众在整个政府工作中的地位，并相应增加群众在接受政府提供服务中的获得感。"互联网增加了政治参与的机会，让政府走向开放与互动，以网络形式为传统的、等级性官僚机构"③转向以民众需求为导向的公共服务体系提供了可能，由此将协助建立以民众为中心的公共官僚机构。电子政府不同程度地改变了对官僚机构内部理性程序的盲目遵守和对官僚之外的公民观点的普遍忽视的现象。"电子政府能够拉近政府和民众之间的距离，电子政府能够在政治经济文化等各个方面提供便捷的服务，使公共权力下移，走进公众，

---

① [英]安德鲁·醒德威克. 互联网政治学：国家、公民与新传播技术[M]. 任孟山，译. 北京：华夏出版社，2010：245.
② 赵春丽. 网络民主发展研究[M]. 北京：经济科学出版社，2011：97.
③ [英]安德鲁·醒德威克. 互联网政治学：国家、公民与新传播技术[M]. 任孟山，译. 北京：华夏出版社，2010：266－267.

走进民间。"①电子政府融洽了政府和民众的关系,互联网可以重构政府和民众之间的关系。② 这也为主导价值观转化为主流价值观增添了以民众为本的人文关怀、厚植了人文基础,从而使政府提出的主导价值观更易于被广大群众所接受。因为根据认知失调理论,当两者关系融洽时,一方提出的观念更易于被另一方所接受。

二是政府通过互联网就确立主导价值观的具体内涵向民众征集意见变得更加便捷,从而在一定程度上,使提出主导价值观的过程更加便捷。政府还可以借助于网络对公民的需要做出回应,主动就某些问题向民众征询意见。

其一,把民众借助于互联网充分表达出来的主流民意(前面已经做了详细论述)合理吸纳到主导价值观的制定中,使主导价值观较多地体现主流民意的元素,更加凸显"以人民为中心"的底蕴,不断扩大反映民众利益和诉求在主导价值观中的分量,从而提高民众对主导价值观认同和共识的主动性和积极性。"互联网提升了公共领域参与者的私人特征,也就必然提升了就公共问题达成共识所体现社会主体意愿的本真性。"③

其二,借助于互联网就提出主导价值观的具体内涵征集民众意见会变得更加便捷。如中国社会科学院(中国社会科学院是国务院直属机构,因而其实际上是履行着国务院某些职能,代表最高政府在执行任务)下属的中国社会科学网在即将提出社会主义核心价值观(即党十八大召开)之前,通过其官方网站举办"社会主义核心价值观概述语征文活动"④,借此更多地吸收民众的真知灼见,使之体现在作为主导价值观的社会主义核心价值观中。由于借助于网络形式,整个活动举办得很便捷。征文启事自 2013 年 2 月发布以来,短短几个月的时间,中国社会科学网就收到了

---

① 赵春丽.网络民主发展研究[M].北京:经济科学出版社,2011:64.
② [英]安德鲁·醒德威克.互联网政治学:国家、公民与新传播技术[M].任孟山,译.北京:华夏出版社,2010:244.
③ 陈新汉.自我评价论[M].上海:上海人民出版社,2011:406.
④ 中国社会科学网,http://www.cssn.cn/sf/bwsf_zt/201310/t20131029_740406.shtml.

各地各界的来稿 2 000 多篇。① 当然也很高效,民众围绕社会主义核心价值观的概述语、关键词发表了很多真知灼见,提出了不少准确的表述,可谓字字珠玑、篇篇珍文。不少稿件有新意有水平,有较强的理论性和现实性。② 在这个活动中,有一位民众提出了"民主、公正、和谐"三个范畴,后来就被吸收到党的十八大报告有关社会主义核心价值观的表述中,以及 2013 年 12 月正式公布的社会主义核心价值观的十二个范畴中(占了四分之一)。由于这次征集活动是在特殊时间首次举办具有开创性的活动,因此得到了社会各界广泛关注。作为活动结束环节的"颁奖大会"更是得到光明网、求是理论网等多个高级别媒体的报道。同时,中国社会科学出版社出版了《社会主义核心价值观概述语征文选集》一书,分送中央各部门及参与十八大报告起草的工作者,为社会主义核心价值观建设、为十八大报告提炼价值观贡献了微薄之力。③

其三,政府可以通过在线参与平台更加便捷地就特定问题进行民意征集与调查。我国的中央政府网站设立了公众咨询、网上调查、信访之窗、网上直播、在线访谈等栏目,依托这些在线参与平台,政府可以很便捷地开展包括民意征集与调查在内的各种与民众需要有关的项目。这些项目不同程度、或远或近地折射着主流价值观的某一方面,因而针对这些问题所征集与调查来的意见也在不同程度上对更好地确立主导价值观以及推进主导价值观转化为主流价值观产生了一定的积极影响。

目前主要是国务院及其相关部委就一些涉及民众利益的法律法规的草案,通过网络形式向社会公开征集民众意见和建议。比如国务院就公众关心的节假日调整方案,在中国政府网站公开向社会征集意见,围绕这一关系广大民众切身利益的问题,社会公众"激情四溢"通过媒体讨论、网络论坛等形式发表自己的观点④;国务院法制办《中华人民共和国劳动法

---

① 求是理论网,http://www.qstheory.cn/xshy/201211/t20121126_196433.htm。
② 求是理论网,http://www.qstheory.cn/xshy/201211/t20121126_196433.htm。
③ 求是理论网,http://www.qstheory.cn/xshy/201211/t20121126_196433.htm。
④ 赵春丽. 网络民主发展研究[M]. 北京:经济科学出版社,2011:143.

实施条例(草案)》全文在网上公布,并征求民众意见等。又如《人民论坛》(该杂志由中国共产党机关报《人民日报》主办)在2009年12月出版的第283期中,根据"未来10年10大挑战"的特别策划,就此问题进行在线调查。调查结果显示,在未来10年内我国10大挑战依次为:"腐败问题突破民众的承受底线;分配不公激化社会矛盾;基层干群冲突;高房价与低收入矛盾;诚信危机与道德失范;民主政治改革低于公众预期;环境危机凸显;人口老龄化,老无所依老无所养;大学毕业生就业更加困难;主流价值观边缘化危机。"[1]再如2020年8月16日至29日,"十四五"规划编制工作开展网上征求意见活动。这在我国五年规划编制史上还是第一次。该活动吸引了广大人民群众踊跃参与,留言有100多万条,得到习近平总书记的高度评价,强调"这次活动效果很好,社会参与度很高,提出了许多建设性的意见和建议"。

相对来说,国外这方面工作已经进入制度化阶段。许多西方国家实施"公民联网运动(Civic Networking Movenment)、公民互联网计划(Civic Networking Project)",使这项工作经常化、稳定化。该计划通常由地方政府来创办,以现实的城市或地区为主体来建立在线地区(Online Regions)或在线城市(Online Cities)。该计划主要是想建立以地方政府为主导的利用互联网来征集民众意见的常态化机制,从而拓宽民众参与政府决策的渠道,使得"公民可以利用网站来参与公共事务的讨论与协商,政治决策、市政管理、投票甚至全民公决等,帮助推进地方政府民主和加强以地理为纽带的各种各样的社会联系,也帮助政府提高管理透明度,推进公民自由表达和结社"[2]。因依托互联网极大地便捷了政府征集民众的意见,大大提升了民众利用互联网参与地方政府的积极性,成效日益显见。比较著名的如美国明尼苏达州的E-Democracy、英国公民在线民主(Citizen Online Democracy)[3]等。这个计划发展很迅速,美国、英国、

---

[1] 陈新汉. 自我评价论[M]. 上海:上海人民出版社,2011:409.
[2] 赵春丽. 网络民主发展研究[M]. 北京:经济科学出版社,2011:100.
[3] 赵春丽. 网络民主发展研究[M]. 北京:经济科学出版社,2011:100—101.

瑞典、法国、德国等国家不少城市都发起了该计划,这一趋势还扩展到欧洲一些国家甚至到欧盟。

三是通过互联网政府可以更加便捷地把关于主导价值转化为主流价值观的目标和要求传递给民众。与通过传统方法相比,借助于以电子政府为基本载体的互联网,政府的最高机构就可以把关于主导价值观转化为主流价值观的目标和要求更加便捷地传递给普通民众,尤其移动互联网的出现和新媒体技术的运用,其便捷性得到更加凸显,主要表现在以下两个方面:

其一,减少中间环节。这是从信息传递要经过中间环节、中介要素的角度来体现其便捷性,也就是借助于互联网,中央(最高)政府可以把关于主导价值转化为主流价值观的目标和要求,便捷地传递到民众个人,不再需要经过层层相叠、环环相连(从省、市、县、乡镇到基层组织或单位)的诸多中间环节,并保证了信息的完整性,避免延误,实现了信息从最高政府直接传递到最底层群众的转变。网络在中国已经成为政府和民众直接沟通的桥梁。政府也及时利用新媒体技术完善其电子政府的功能,使电子政府实现了"与时俱进"。如及时开通政府官方微博、微信公众号,引导群众及时使用各种客户端技术,对政府微博、微信公众号给予"关注",实现了政府和民众之间在信息上的无缝对接,从而使包括关于主导价值观转化为主流价值观的目标和要求在内的政务信息从最高政府(包括最高领导人)直接传递、推送至普通群众(反之,亦然),其间无须经过中间环节。"互联网的交互性也减少了政府与民众信息沟通的层级,跨越层级的交流与沟通成为可能,这减少了传统的信息沟通中的层级障碍而产生的信息失真和信息延误甚至丢失的问题。"[①]如中央办公厅印发的《关于培育和践行社会主义核心价值观的意见》在颁发的当天就通过中国政府网、新华网、人民网等网站公布了全文,迅速地传递到民众。再如近年来,党的十七大、十八大和十九大有关领导人的报告和政府工作报告都以网络直播

---

① 赵春丽. 网络民主发展研究[M]. 北京:经济科学出版社,2011:47.

其二,跨越时空。这是从信息传递的快速性,也就是从信息传递的成本和完成整个传递所需的时效角度来分析互联网时代把关于主导价值观转化为主流价值观的目标和要求传递给民众的便捷性。"在互联网中海量信息以光速传播,信息发布者和信息接收者之间的空间距离和时间差几乎都可以忽略不计,互联网既可以在同一时间里传播信息,也可以在不同时间内传播信息;既可以在同一空间(面对面)传播信息,也可以在不同空间(异地)传播信息,在互联网的虚拟空间中,经典的时空概念被消融了。"①尤其是新媒体技术和5G的广泛使用,也从更高层次上提高了政府工作的信息化水平,使政务信息随时随地传递、推送到每个民众,因而出现在传统社会中政令因空间和时间因素导致迟缓传达的情况只能作为历史回忆了。

此外,主导价值观转化为主流价值观的效果监测与评估也凭借互联网变得更加便捷。其内在依据为网络舆论是社会的敏感皮肤("舆论是社会的皮肤"②)。人的健康状况一定会通过皮肤表现出来,社会也是如此。就我们论题而言,主导价值观转化为主流价值观的效果如何,民众一定会通过互联网反映、表达出来。政府借此可以对其进行监测和评估,尤其可借助于互联网传播技术对群众中涌现出践行主导价值观的典型人物和典型事例进行宣传,使示范效应在很短时间达到社会覆盖面的最大化,这是依托传统媒体所难以实现的。

三、主导价值观转化为主流价值观的统整性效果日趋分化

"由于网络政治动员功能的发挥,传统意义上的以国家为主体的以传统媒介为手段的对大多数人进行的政治动员和社会整合已经变得十分困难。"③而社会整合的本质就在于把主导价值观转化为虽然在个体之间有

---

① 陈新汉. 自我评价论[M]. 上海:上海人民出版社,2011:407.
② 蔡文之. 网络传播革命:权力与规则[M]. 上海:上海人民出版社,2011:151.
③ 蔡文之. 网络传播革命:权力与规则[M]. 上海:上海人民出版社,2011:81.

差异,但内在有着一致性的广大民众的价值观。因此,在互联网时代,社会整合主要困难之一就是主导价值观转化为主流价值观难以形成统一性效果,也就是主导价值观转化为主流价值观的效果日趋分化。这构成互联网对主导价值观转化为主流价值观产生的第三个深刻影响。

主导价值观转化为主流价值观的过程就是国家借助一定形式、途径把其倡导的价值观转化为广大群众践行的价值观(前文已论述,这里不展开),本质上是国家主体性和民众主体性之间的互动、博弈。从作为主导价值观主体的国家来说,一直希望以权威方式把主导价值观尽快、全部转化为让尽可能多的民众所接受的价值观,形成尽可能统一的转化效果,从而充分释放出主导价值观统一意志、凝聚人心的效应。这种图景在国家主体性强大、垄断全部信息、相应民众主体性薄弱的情况下有时候是可以实现的。而在民众主体性增强、国家主体性相对薄弱、信息渠道多元化的情况下,就得选择与这种民众的主体性相适应的方式来把主导价值观转化为主流价值观,并形成分化的效果(尽管这种情况是历史上国家所不希望出现的),才能使国家主体性和民众主体之间继续保持适度平衡。否则在这种情况下,会导致国家不以人民为目的,而使国家本身成为目的,把人民变为实现这种目的纯粹的手段,就会压制人的个性和主体性,成为对于人来说异化的存在。这时,人们就会抵制过渡泛滥的主体性,发起新的健康合理的群体主体性,人们就以改良、改革或革命的方式重建与公民的个人主体性相协调的国家这种社会群体的主体性。[①] 因此,保持群体和个人关系的和谐,是以维护必要的个人主体性为前提的。

就上述而言,伴随人类社会从自然经济社会向商品经济社会的推进,国家的主体性和民众主体性之间的张力性关系演变总体呈现出国家主体性日渐式微,而民众主体性日趋增强的特点,信息从垄断到开放。由此也就决定了主导价值观转化为主流价值观的方式总体呈现出由强至弱、由刚至柔(其中之一如转化方式从灌输演进为认同和共识等)。相应地,主

---

① 郭湛. 主体性哲学[M]. 昆明:云南人民出版社,2002:135.

导价值观转化为主流价值观的效果也从统一性流变为分化性。互联网从不同方面强化了这个特点,使其在信息社会得到充分显露。在这个意义上可以说,转化的效果日趋分化是互联网对主导价值观转化为主流价值观产生的第三个深刻影响。因为政府越来越多以互联网中介和场域对民众施加主导价值观影响,而民众在接受政府以网络形式施加的主导价值观影响后,也会把内化结果越来越多地在网络中外化出来。如此,政府和民众自身也会受互联网影响。有鉴于此,政府信息权威的弱化、民众存在方式的群"极"化、政府规导民众力度的软化就是全面分析这个问题的三个共同作用、互相影响的因素。

(一)政府信息权威的弱化

伴随自然经济向商品经济更替,政府的主体性及其外在体现的权威性总体呈现出递减趋势。这种递减化趋势在商品经济的互联网时代生动体现的就是政府信息权威的弱化,即政府对信息的独占、垄断作用显著减弱。"正是这种分散式体系结构令互联网能像今天这样三头六臂。无论是通过法律还是炸弹,政客都没有办法控制这个网络。讯息还是传送出去了,不是经由这条路,就是走另外一条路出去。"[1]

究其原因在于前信息社会,其基本是由本国政府和传统媒体掌握、支配信息,民众乃至其他非国家行为体(数量极少)则几乎难以掌握信息。而传统媒体基本是政府权力的延伸,它按照政府要求来进行议程设置以影响民众思想。所谓"议程设置"就是"传统媒体对外部世界的报道是按照一定价值观(往往是按照主导价值观——引者注)和公共政策目标或意识形态导向进行取舍活动,媒体对世界的'诠释'直接影响着人们对环境和事件的认识与判断"[2]。根据这个原理,民众对重大问题判断与传统媒体对问题的"议程设置"的具体方式之间存在着高度对应关系。在这种情况下,国家信息权威强大,在推进主导价值观转化为主流价值观的过程

---

[1] [美]尼葛洛庞帝. 数字化生存[M]. 胡泳,译. 海南:海南出版社,1997:274.
[2] 蔡文之. 网络传播革命:权力与规则[M]. 上海:上海人民出版社,2011:76-77.

中,就可以借助传统媒体的议程设置来影响民众以形成统一性的转化效果。因为受到某种议程影响的民众会按照"该媒介对这些问题重视程度来调整对这些问题重要性看法"①。而传统媒体作为"喉舌"占据着霸权,这反过来又强化着政府的信息权威。另外,民众在信息封闭情况下,只能接受传统媒体经过议程设置过的信息影响,无法对不同信息进行比较,反而强化了这种单一信息影响的作用,从而更易于形成统一性的转化效果。在这种情况下,政府拥有的强大信息权威在形成统一性转化效果方面发挥着决定性的作用。

到了信息社会,信息全球化流动,人际传播方式变得更加多样化。"作为最新的大众媒体,Internet 提供了前所未有的言论多样化,以及信息自由流通的机会。"②信息主体已经从本国政府及其传统媒体扩大为本国政府和外国政府(主要是发达国家)、国内外媒体(以国内传统媒体为主,也包括越来越多的国外媒体)、民众和其他非国家行为体等,尤其民众和非国家行为体获得了前所未有的信息。到今天的"四全媒体"时代,民众自己就是信息的传播者和发布者,显著提升了自己的信息主动权,形成信息主体的多元化,从而使得本国政府及其传统媒体对信息垄断、支配作用显著弱化,且每况愈下。"尤其是 Web2.0 时代的到来,任何人都是信息的传播者和接受者,逻辑地位平等,传播权的分散意味着由传统媒体长期把控的议程设置权的动摇。"③议程设置权的动摇本质是设置议程的主体多元化。至此,国内外政府、媒体、民众和其他非国家行为体都可以成为议程设置的主体,从自己利益角度来设置议程以影响民众。

就我们论题而言,以前民众主要接受传统媒体经过设置议程过的本国主导价值观影响,且易于形成统一性的转化效果。而在今天互联网时代政府信息权威弱化的情况下,民众一方面接受传统媒体经过设置议程过的本国主导价值观影响,另一方面还接受其他信息主体通过议程设置

---

① 蔡文之.网络传播革命:权力与规则[M].上海:上海人民出版社,2011:77.
② 胡泳,胡海燕.网络为王[M].海口:海南出版社,1997:356.
③ 蔡文之.网络传播革命:权力与规则[M].上海:上海人民出版社,2011:77.

来施加的特定价值观的影响。这些价值观原本就取向分化(因为这些价值观中的多数与本国主导价值观存在不同程度的异质性关系),也就决定了其对民众影响效果的分化,甚至会出现民众因接受其他信息主体(尤其是与本国意识形态存在对立的国家及其媒体)价值观影响导致本国的主导价值观影响效果减弱甚至抵消,从而使这种转化效果更趋分化、分散。所以,即使出于维护自身利益,单个国家也无法行使对互联网的支配性控制,同时,单个国家也无法仅凭自身力量来使其公民免受那些被认为是毫无限制的信息传播所带来的不利影响。[①] 从反面来说,就是主导价值观转化为主流价值观的效果日趋分化。

此外,由于信息来源多样化,民众还可以对不同信息进行比较和识别,有时会拒绝接受本国主导价值观的影响,而这又会不同程度降低本国主导价值观对民众产生影响的机会,从接受影响频率的角度强化这种分化性的效果。在这种情况下,政府信息权威弱化在难以形成统一性转化效果中起着决定性的作用。因此,这从更高层次重塑政府和民众关系上对执政智慧提出了新要求。就中国而言,近年来互联网技术的发展使中国出现了"近7亿"[②]网民。"这不仅加快了个体化趋势,而且'电子民主'与呈个性化的自媒体具有很强的颠覆性,动摇了意识形态思想控制的壁垒,为自由开放的思想市场构建了一个难以封闭的公共空间。与此同时,具有个性化特征的网络社会思想市场的形成不仅正改变着传统的国家、市场、社会和公民行动的关系,而且对执政党的社会治理方式与能力提出了挑战。"[③]

特别补充一下,互联网的诞生和商品经济发展到一定阶段的具体关系如何不是本文重点。因为互联网形成直接发轫于20世纪70年代末美

---

① [英]安德鲁·醒德威克. 互联网政治学:国家、公民与新传播技术[M]. 任孟山,译. 北京:华夏出版社,2010:278.
② 中共中央宣传部. 习近平总书记系列重要讲话读本(2016年版)[M]. 北京:学习出版社,人民出版社,2016:204.
③ 沈瑞英. 转型社会利益和价值关系新思维[J]. 上海大学学报:社会科学版,2015,32(2):112—125.

国国防部的军事需要,而非直接受商品经济的发展所驱动。但至少有两点是明确的:第一,商品经济(包括其特殊形式的市场经济)是互联网诞生时的经济环境。即互联网诞生于社会发展到商品经济的阶段,而非诞生于自然经济的阶段。也可以说,商品经济是互联网诞生时的经济形态的底色。而受商品经济形塑的民众主体意识和利益意识的日益凸显(这是互联网诞生时民众思想状况的基本特点),由此引起民众表达意识的增强就与互联网产生了多方面的互相作用(前文已作详细分析)。第二,从时间上来看,国外是在商品经济经历几百年后发展到成熟阶段时,其互联网才出现。这其中是否存在必然性的关联,还只是偶然性巧合,有待探究。而中国情况则不同,接入互联网并使之广泛应用于社会,比市场经济雏形的出现也只不过晚20余年。如此增加了一个分析互联网的视角,即从社会经济形态和国别比较角度来透视互联网,从而更便于理解本文的有关分析。

(二)民众存在方式的"群极"化

今天的"网络是现代社会的非人格性纽带的新形式"①。组建、加入各种各样的"群"并以此来进行交往、沟通就越来越成为人们的一种基本生活、生存方式。"'群'正渗透到真实生活的方方面面,如果把每一天用于'信息消费'和'社会交往'的时间看成一个固定的量,'群'正在越来越多地占据这个时间份额并取代现实社会中与他人面谈并深入交往的人际交互。"②而"群"就是基于新媒体技术而产生的,方便兴趣相同的用户同时发布、交换或获取信息的一种应用。因此,民众存在方式的日趋"群极"化构成了互联网促使主导价值观转化为主流价值观统整性效果日益分化的第二个因素。

这里的"群极"有两层紧密联系的内涵:第一层,作为民众以群体形式存在场所的空间意义上的群"极",是外在的极。它在内涵上类似于"北极""南极"的"极",只不过这里是从虚拟空间意义上来使用。早期如同一

---

① [英]安德鲁·醒德威克.互联网政治学:国家、公民与新传播技术[M].任孟山,译.北京:华夏出版社,2010:33.

② 杨继红.新媒体生存[M].北京:清华大学出版社,2008:110.

个网站的"用户"("群体极化"观点最早就是基于对同一网站"用户"的分析而提出的),现今如QQ群、微信群等(这是在早期网站"客户"基础上的深化,以下都是以此为对象来作分析)。第二层,作为群内思想性质、取向意义上的"极",是内在的极。就是在同一个"群"里成员经过交流互动后,群内思想趋向同质化,少数成员思想易于走向极端化的倾向。其中经过交流互动后,整个群思想趋向同质化和少数成员思想易于走向极端化倾向是群的同一个机制在不同对象上的体现,即在群体和个体两方面发生作用的体现。"在网络领域里,志同道合的团体会彼此进行沟通讨论,到最后的想法和原先一样,只是变得更加极端了。"①

这两层含义是紧密联系在一起的。第一,前者是后者的基础。"先群后极",先结为群后才有可能形成群内思想同质化、极端化;"无群则无极",没有前者,后者就失去了物质基础(结群的网民和虚拟场所也具有物质属性)。第二,后者是前者主要的动因和旨归。"由群而极"和"有群则极",即进入一个群主要是因为共同思想、需要等,而经过互动后会在不知不觉中使自己原来初步的思想、观点等得到进一步加强,甚至有时候会发展到极端化。讨论结果就是让一开始的倾向往前再跨一步。第三,内外互衬。"群外而极内",群是以"极"作表征的思想之对象化、外在化的体现,因此群可见,是有形的。"极"是群成员思想在互动后凝结、结晶成的一种性质,因此"极"不可见,是无形的。

"毫无疑问,群体极化正发生在网络上。"②同一个群内成员思想之所以会形成同质化乃至"极化",植根于群的两个基本特征③。第一,封闭性。就是指群内的信息虽然是共享的,但仅限于群内的共享。群外的用户多数情况下是看不到群内信息的,更不能参与到群内交流中。多数群还增加了"把门"环节,就是外面用户要想进入某个群,在递交申请后,需经过群主或管理员审核同意后才能进入该群。群的封闭性并不表示群是

---

① [美]凯斯桑·斯坦.网络共和国[M].黄伟明,译.上海:上海人民出版社,2003:47.
② [美]凯斯桑·斯坦.网络共和国[M].黄伟明,译.上海:上海人民出版社,2003:50.
③ 杨继红.新媒体生存[M].北京:清华大学出版社,2008:109—110.

静止性的,它刚好是变化和发展的,有人退群就有人入群,群既可以创建,也可以解散,还可以转让。群的封闭性特征决定了群内交往的聚合性和不同群之间交往的稀少性。第二,高度聚合性。"群"吸引着一批有共同诉求、共同话题的客户。一个特定的群往往反映了高度集中的观点、兴趣、爱好和需求。可以发现,一个特定群内信息常常聚焦于某一个或一类话题,观点往往围绕某一领域或圈子。因此"群"具有分众和定向的特性。"真实世界的互动通常迫使我们处理不同的东西,虚拟世界却偏向同质性,地缘的社群将被取代,转变成依利益和兴趣来结合的社群。"①

"群"内思想的同质化、极端化是以上述两个特征为基础的。所谓群体极化的定义极其简单:团体成员一开始即有某些偏向,在商议后,人们朝偏向的方向继续移动,最后形成极端的观点。② 也就是本来有初步共同志趣、思想的人借助群这个虚拟封闭空间,经过互动交流,得到群内其他成员,乃至整个群的团体认同后,强化自己原来的观点,使原来的观点发展到新的高度,甚至走向了极端化。"网络中聚集的群体是由分化而类聚的,极易导致群体认同。这样就会产生网络中的群体极化问题。"③显然"群体极化"是借助于群内成员交流和互动,使群内意见趋向于同质化、极端化。这无疑不利于社会的思想整合。"新科技,包括网络,让人们更容易听到志同道合的言论,却让自己更加孤立,听不到相反的意见,仅仅由于这一原因,这就种下了极端化的因子,对社会和民主来说都是潜在的危险。"④

在群内经过交流互动,逐渐强化其成员的原来思想,乃至形成群内思想的同质化、极端化,就必然产生不同群之间思想上的越来越疏离,而趋于异质化。这一方面和群的封闭性有关,从而给群以外人员进群交流带来了客观困难,甚至根本没有机会进入,更为主要的是与群的高度聚合性

---

① [美]凯斯桑·斯坦.网络共和国[M].黄伟明,译.上海:上海人民出版社,2003:37.
② [美]凯斯桑·斯坦.网络共和国[M].黄伟明,译.上海:上海人民出版社,2003:47.
③ 陈新汉.自我评价论[M].上海:上海人民出版社,2011:418.
④ [美]凯斯桑·斯坦.网络共和国[M].黄伟明,译.上海:上海人民出版社,2003:48.

有关。因为成员在群内交流易于得到认同，获得归属感，所以更加主动积极。而与群外成员交流，相对来说，得到认同机会少，影响后续交往，以致不与自己兴趣相异的成员交流。"网民通常只喜欢与自己政治观点和价值观念相同的网络社团，并与其成员互动，而对于政见不同者，则老死不相往来。"① 马歇尔·范·阿尔斯泰恩等人指出："互联网可以把头脑相似者的甚至微弱的偏好发展成同质的小团体，其内部交往大大超过群外交往。"②

一方面，由于群内思想日趋聚合，相应地，各个群际之间，也就是不同的"极"之间会日趋疏远，就形成了这样的一个图景：群内同质化、群际异质化，总体呈现分散化、离散化趋势。正是在这个意义上才说，网络社会是个舆论更分散的社会。③ 另一方面，网络又造就了无中心社会。由此在互联网中，整个社会思想状况呈现出"星光灿烂，月光暗淡"的画面。其中"星光"就是无数外在以"群"的形式、内在以"极"的形式存在着的，且以不同形式、不同程度折射出主流价值观的群体价值观，而"月光"显然就是以不同形式或形态存在的主导价值观。这就导致了在互联网时代，如果一个主体能够以合适方式来完成两项工作，那么，一是让主导价值观尽可能地被这些无数内在同质化的群成员（总体上呈现出分散化）所共识；二是增加不同群之间的黏性，促进不同群之间交流和融合，依靠群与群之间互动来降低群际之间思想的异质化程度，不断促进社会的"经验分享"④，才可能使主导价值观转化为主流价值后形成尽可能统一的效果，展现出"星光灿烂，月光璀璨"的交响辉映的图景，否则就会停留在目前主导价值观转化为主流价值观后所形成的分化效果阶段。而伴随互联网技术发展及其应用深入，这种分化性效果会越发凸显。虽然各个政府在积极努力，也取得了一定成效，但目前都还没有找到根本性方式来破解这个难

---

① 赵春丽. 网络民主发展研究[M]. 北京：经济科学出版社，2011：90.
② 胡泳. 众声喧哗——互联网时代的个人表达与公共讨论[M]. 桂林：广西师范大学出版社，2008：219.
③ 蔡文之. 网络传播革命：权力与规则[M]. 上海：上海人民出版社，2011：151.
④ [美]凯斯桑·斯坦. 网络共和国[M]. 黄伟明，译. 上海：上海人民出版社，2003：74.

题,从而决定了在互联网时代,民众存在方式的日趋"群极"化成为当前主导价值观转化为主流价值观的效果日趋分化的又一个因素。

(三)政府规导民众力度的软化

政府越来越借助于互联网来推进包括主导价值观转化为主流价值观工作在内的意识形态工作。习近平总书记把它提升至"主战场"高度。"当前,互联网已经成为舆论斗争的主战场。"[①]由互联网内在作用机制所决定的政府对民众规导力度的软化是造成互联网时代主导价值观转化为主流价值观效果分化的第三个因素。

互联网是自由、平等的世界。因此一个主体是否接受另一个主体影响,主要取决于这个主体自己本身的愿望和需求,而不主要靠外界的推动作用,由此形成整个互联网的运行都是建立在不同主体自愿、自治的基础之上。互联网这种运行机制决定了借助于互联网来开展主导价值观转化为主流价值观,作为主导价值观主体的国家对作为主流价值观主体的群众规范和引导力度显著软化。"在网络化的世界中获得成功,领导人需要从吸引和同化而不是命令的角度来思考,领导人要将自己所处的位置视为一个圈而不是一座山的山顶。这意味着双向沟通比命令更有效。"[②]因此,权力实施者与行为的三个特质对吸引极为重要,"善意"是权力实施者与他人相关的一个方面。被认为是善意的行为往往能引发同情、信任、信誉和默许。"才华"或"能力"指权力实施者做事的方式,它能够引发羡慕、尊敬和效仿。"榜样"或"魅力"是与权力实施者的理想、价值观和视野相关的一个方面,它往往能够引发鼓舞和遵循。[③] 这是针对个人权力者在互联网中通过吸引等方式来实现对他人的影响来做分析的。这对我们分析政府在互联网中如何通过合适方式来增强主导价值观转化为主流价值观的效果也是很有启发的。

---

① 中共中央宣传部. 习近平总书记系列重要讲话读本(2016年版)[M]. 北京:学习出版社,人民出版社,2016:204.
② [美]约瑟夫·奈. 论权力[M]. 王吉美,译. 北京:中信出版社,2015:120.
③ [美]约瑟夫·奈. 论权力[M]. 王吉美,译. 北京:中信出版社,2015:110.

由互联网运行方式导致的政府规导民众力度的软化对主导价值观转化为主流价值观的影响往往会产生分化的效果。相比较而言，在互联网中民众在多大程度上能接受政府给予主导价值观的影响并外化行为，其转化效果是有差异的。政府只能以吸引、感召、感化等软性方式来进行引导，而不能以命令等形式来硬性干预和刚性规范，这样会导致其转化效果的差异。因为主导价值观转化为主流价值观若要形成统一的转化效果，就不可避免使作为主导价值观主体的国家对作为主流价值观主体的群众保持一定力度的规范和引导（其力度把握则是随着时代发展而变化的，如何选择与互联网时代相适应的方式是急需破解的难题），否则会引起民众价值观的无序发展，甚至从某种意义上来说，这种规导力度和转化的统一性效果是呈正相关的。

尽管伴随着人类从自然经济发展到商品经济阶段，不断增强了群众在转化过程中的主体地位，使群众和国家的地位差距在不断缩小，群众相应的利益和需要也因主导价值观得到了更多的体现，但只要阶级还没被消灭，这种地位上的差距以及由此产生的政府对民众行使的一定力度的规导作用就不会从根本上消除。想要真正彻底消除之，只有到共产主义的无阶级社会里，而那时根本也就不需要把主导价值观转化为主流价值观了。在共产主义社会以前，受网络内在作用机制所决定的政府对民众规导力度的软化始终与主导价值观转化为主流价值观所形成的分化和转化效果之间存在着不同程度的关联，或者说目前因受互联网影响而导致分化效果和国家所期望的主导价值观转化为主流价值观统一性效果的差距在日趋扩大。网民在一组数字代码的掩盖下，有着自己的独立的人格和意志，可以说谁都无法再用金钱和权力的力量去影响和操纵他们。[①]伴随互联网在社会生活应用的深化和扩展，这种冲突在客观上会更加剧烈。

互联网是一把双刃剑，就其对主导价值观转化为主流价值观产生的

---

① 赵春丽. 网络民主发展研究[M]. 北京：经济科学出版社，2011：319.

影响来说,既要客观看到它对主导价值观转化为主流价值观所带来的积极影响,又要理性分析它对主导价值观转化为主流价值观乃至整个意识形态所带来的挑战。因此如何扩大互联网对主导价值观转化为主流价值观的正面作用,尽可能减少其对主导价值观转化为主流价值观所带来的挑战,这是日趋严峻而迫切需要攻克的课题。为此,习近平总书记就意识形态工作应对互联网的影响,提出了"正能量是总要求,管得住是硬道理"[①]的战略方针,这为我们指明了今后的努力方向。

---

① 中共中央宣传部.习近平总书记系列重要讲话读本(2016年版)[M].北京:学习出版社,人民出版社,2016:204.

第五章 主导价值观转化为主流价值观的现实启示

"理论在一个国家实现的程度,总是取决于理论满足这个国家需要的程度。"[①]在培育和弘扬社会主义核心价值观成为"凝神聚气、强基固本"的基础工程的语境下,分析主导价值观转化为主流价值观的基本内涵及国外关于转化的理论和国别实践,目的在于坚持以习近平新时代中国特色社会主义思想为指导,能够为培育和践行社会主义核心价值观提供某些启示。培育和践行社会主义核心价值观本质是把我们党和国家倡导的核心价值观转化为广大人民群众所认同和共识的价值观。而培育社会主义核心价值观是一个宏大的理论和实践问题。就我们论题而言,结合现实需要的迫切程度和已有的研究,这里侧重从利益导向、思维方式调适、实现方式三个方面来展开分析。

第一节 以人民的利益导向来深化
对社会主义核心价值观的认同与共识

以人民的利益为导向来深化对社会主义核心价值观的认同与共识的内在依据是,人类从阶级社会发展至社会主义社会,无产阶级及其政党和广大人民群众存在着共同的根本利益,实现了主导价值观和主流价值观根本利益基础的一致性,从而为社会主义社会里主导价值观充分转化为主流价值观奠定了物质基础。这是从整个社会主义发展周期上来说的,但由于我国处在并长期处在社会主义初级阶段,客观上存在着一定程度

[①] 中共中央马克思恩格斯列宁斯大林著作编译局. 马克思恩格斯选集(第1卷)[M]. 北京:人民出版社,1995:11.

差异化的利益主体。

一、在社会主义社会里,具备主导价值观充分转化为主流价值观的物质基础

"占统治地位的思想不过是占统治地位的物质关系在观念上的表现,不过是以思想的形式表现出来的占统治地位的物质关系。"[1]在阶级社会里,由于受私有制限制,统治阶级和人民群众之间存在着根本的物质利益对立。而利益是价值观的基础,作为这种阶级根本利益的对立反映在价值观领域就是主导价值观念和主流观念之间以对抗性为主。而统治阶级始终要维护本阶级利益,因此他们在主观上也采取各种形式来把主导价值观转化为主流价值观,达到赋予本阶级价值观"以普遍性的形式"。在一定意义上,可以说,在阶级社会里,随着主导价值观转化为主流价值观的逐渐扩大和深入,不排除在某些特定情况下,也取得了一定成效。但由于统治阶级和广大人民之间存在着根本对立、冲突的利益难以消除,决定了在阶级社会里,就整个发展周期而言,主导价值观转化为主流价值观缺乏共同根本利益基础而难以充分实现。

到了社会主义社会(共产主义的第一个阶段),则实现了无产阶级和民众之间根本利益的一致性。在共产主义社会里,人和人的利益并不是彼此对立的,而是一致的[2],从而实现了主导价值观和主流价值观根本利益基础的一致性,决定着主导价值观和主流价值观之间是"历史的差别,而不是基于事物本质的差别"[3]。这就为社会主义社会里主导价值观充分转化为主流价值观奠定了物质基础。当然,实现主导价值观充分转化为主流价值观是个长期的历史过程。社会主义核心价值观是社会主义社

---

[1] 中共中央马克思恩格斯列宁斯大林著作编译局. 马克思恩格斯选集(第1卷)[M]. 北京:人民出版社,1995:98.
[2] 中共中央马克思恩格斯列宁斯大林著作编译局. 马克思恩格斯全集(第2卷)[M]. 北京:人民出版社,1957:605.
[3] 中共中央马克思恩格斯列宁斯大林著作编译局. 马克思恩格斯文集(第1卷)[M]. 北京:人民出版社,2009:173.

会的主导价值观在中国的具体化。这就意味着社会主义核心价值观具备得到广大人民认同和共识的物质基础。

"以往阶级社会核心价值观都是为了维护统治阶级的利益而建立起来,在本质上与广大人民群众的利益是根本对立的。虽然有时它们也披着全民利益的外衣,但那往往只是一种意识形态策略,目的在于缓和阶级矛盾和冲突,更好地维护自己的统治地位。"①有学者认为,社会主义核心价值观是社会主义制度的内在要求,体现了社会主义的价值目标,反映了无产阶级政党的根本利益与人民群众的根本利益的内在一致性。它既体现了党和国家的意志,也充分体现了广大人民群众的利益和愿望,是政党、国家和人民群众的价值观有机统一,具有历史的必然性和现实的合法性,具有更加广泛的社会认同基础。②

就此作两点说明:第一,这是从阶级分析角度来说。到了社会主义社会,实现了无产阶级及其政党和人民根本利益的一致性,决定了主导价值观和主流价值观的关系在根本上的一致性,从而与主导价值观和主流价值观以对立、对抗为主的阶级社会相比,这是历史进步。但这是从整个社会主义乃至整个共产主义发展周期意义上来说的。

第二,到了社会主义社会,实现了主导价值观和主流价值观根本利益基础的一致,为主导价值观充分转化为主流价值观奠定了物质基础,但不意味着到了社会主义社会,主导价值观转化为主流价值观就自动完成了,或者说到社会主义社会,主导价值观转化为主流价值观就一蹴而就了,也不是说按照某个既定方案,主导价值观就可以按部就班转化为主流价值观。历史发展显示,到了社会主义社会,无产阶级和人民群众在具有根本共同利益的基础上,现实中还会由于各种原因导致在社会主义社会不同阶段里,主导价值观转化为主流价值观仍旧是一项艰巨、长期性的工作,而不是一帆风顺的,这点从苏联解体中能得到佐证。因为历史的发展是在曲折中体现出螺旋式上升的规律。"历史是认真的,经

---

① 韩震. 社会主义核心价值观凝练研究[M]. 北京:北京师范大学出版社,2012:2-3.
② 韩震. 社会主义核心价值观凝练研究[M]. 北京:北京师范大学出版社,2012:2-3.

过许多阶段才把陈旧的形态送进坟墓。"①主导价值观转化为主流价值观也是如此。

其实,到了社会主义社会,实现主导价值观充分转化为主流价值观是人们追求的一种应然状态。而在其不同发展阶段(包括初级阶段),由于存在非对抗性差异利益,因此以利益导向来深化人们的认同和共识并作为主导价值观的社会主义核心价值观,实现其越来越多地转化为主流价值观,就是一种实然状态。应然指向未来,引领着实然;实然立足当前,趋向应然。"理论作为一种理想,与现实之间总是有差距的。"②这是我们实现社会主义核心价值观从主导价值观转化为主流价值观应该持有的一种辩证态度。

二、在社会主义初级阶段内,日益凸显着以利益导向来深化人民对社会主义核心价值观的认同和共识

在社会主义社会里,实现了无产阶级和广大群众在根本利益上的一致,从而使社会主义社会的主导价值观具备充分转化为主流价值观的物质基础。但由于我国处于社会主义初级阶段,因此确定了以公有制为主体、多种所有制共同发展的基本经济制度。党的十九大报告指出:"我国仍处于并将长期处于社会主义初级阶段的基本国情没有变。"公有制经济和非公有制经济都是社会主义市场经济的重要组成部分,都是我国经济社会发展的重要基础。按劳分配为主体、多种分配方式并存的分配制度以及其他因素导致了暂时(甚至在较长一段时间内)社会经济成分和分配方式的多样化。现阶段这样的所有制结构和分配方式状况形成了利益主体的多元化,且不同主体之间客观上存在着差异化利益并且呈日趋扩大化的倾向。这种差异化从根本来上说不具有对立、对抗的性质,是我国社会主义制度发展中的问题,因而也会在发展中得以逐步解决。

---

① 中共中央马克思恩格斯列宁斯大林著作编译局. 马克思恩格斯文集(第1卷)[M]. 北京:人民出版社,2009:7.
② 陈新汉. 关于"人民主体"的一些思考[J]. 哲学研究,2014(2):30—35.

就我们论题而言,这种差异化包括纵向的差距和横向的差异两个方面。当然这两种差异的划分只是从不同向度观照目前利益图景而已,并不是截然分开的,只具有相对意义。从另外一个角度来理解,解决了第一个问题,也会极大缓解第二问题:"使现行标准下农村贫困人口全部脱贫,就是促进全体人民共同富裕的一项重大举措。"①

一方面,纵向上的差距。达到维持个体基本利益还有一定差距,也就是处在贫困线以下的少数群体(在农村,其基本标准是还没有实现"两不愁三保障",即"不愁吃、不愁穿;义务教育、基本医疗、住房安全有保障")。针对这些群体主要就是要千方百计提高、维持、巩固这些群体的基本利益(即先脱贫,并且不因其他因素而返贫),并引导他们对社会主义核心价值观的认同,这是针对该群体培育社会主义核心价值观的迫切第一要务。这也是被中国脱贫攻坚伟大实践所证明的。习近平总书记在全国脱贫攻坚总结表彰大会上的讲话中指出:"脱贫群众精神风貌焕然一新,增添了自立自强的信心和勇气。脱贫攻坚,取得了物质上的累累硕果,也取得了精神上的累累硕果。广大脱贫群众激发了奋发向上的精气神,社会主义核心价值观得到广泛传播。"②无疑,社会主义核心价值观之所以能在这些地区得到广泛传播是建立在脱贫攻坚取得了物质上的累累硕果之上的。

另一方面,横向上差异。指那些已经能维持个体基本利益,以及不同主体之间存在一定差异化利益且日益悬殊的人群,就是对那些已经解决了个体基本利益问题的大部分群众来说,不同主体之间因地区、民族、行业、职业等原因导致的日趋扩大的差异化利益。如 2012 年 11 月 10 日《新京报》在党的十八大召开之前进行的调查显示:由于城乡、地区的差别,行业差别等诸多因素导致"一部分人先富起来"之后,随着经济的持续增长,更为公平的收入制度尚未建立起来,贫富差距逐渐拉大,这些时而出现在新闻中,能够发现社会的"痛感"在随之累积,增加收入成为受访者

---

① 本书编写组.《中共中央关于制定国民经济和社会发展第十四个五年规划和二〇三五年远景目标的建议》辅导读本[M]. 北京:人民出版社,2020:72.

② 习近平. 在全国脱贫攻坚总结表彰大会上的讲话[M]. 北京:人民出版社,2021:7.

的首选，因此，有81.3%受访者，认为未来10年最需要解决的问题是解决贫富差距问题。①

"每一既定社会的经济关系首先表现为利益。"②根据前面的分析，价值共识的物质基础就是国家利益较多地作为共同利益存在，且在个体之间还存在着适度差异的利益。如果个体之间利益差异太大，则必然削弱作为共同价值观基础的共同利益在个体利益结构中的比例。显然目前这种差异化（贫富分化）的水平已经超过一定的度。这种情况就启示我们，应及时通过利益均衡机制（如共同富裕）来形成这部分群众对社会主义核心价值观的共识。

有鉴于此，《中共中央关于制定国民经济和社会发展第十四个五年规划和二〇三五年远景目标的建议》中（在党的全会文件中也是第一次）提出"全体人民共同富裕取得更为明显的实质性进展"③。习近平总书记把这个问题列入需要在大会上说明的七个重点问题之一，且位列第四④。

从近期来看，针对农村，习近平总书记在全国脱贫攻坚总结表彰大会上的讲话中强调，"我们要切实做好巩固拓展脱贫攻坚成果同乡村振兴有效衔接各项工作，以持续缩小城乡区域发展差距，让低收入人口和欠发达地区共享发展成果，在现代化进程中不掉队、赶上来。"⑤如此才能不断厚植社会主义核心价值观的共同利益基础。

伴随着社会主义经济市场的推进，民众意识特点也会相应发生新变化。具体来说，就是由自然经济社会形态向商品经济社会形态过渡时期的社会主义初级阶段具有市场经济的一般特点，因此要注意我国社会主义市场经济条件下个体主体意识的特点，如公有制占主导地位，而公有制

---

① 陈新汉.核心价值体系论导论[M].上海：上海大学出版社，2016：269.
② 中共中央马克思恩格斯列宁斯大林著作编译局.马克思恩格斯选集（第3卷）[M].北京：人民出版社，1995：209.
③ 本书编写组.《中共中央关于制定国民经济和社会发展第十四个五年规划和二〇三五年远景目标的建议》辅导读本[M].北京：人民出版社，2020：19.
④ 本书编写组.《中共中央关于制定国民经济和社会发展第十四个五年规划和二〇三五年远景目标的建议》辅导读本[M].北京：人民出版社，2020：72.
⑤ 习近平.在全国脱贫攻坚总结表彰大会上的讲话[M].北京：人民出版社，2021：21.

在本质上是以国家、集体为主体。社会主义市场经济中的个体在本质上与集体密切地联系在一起。"这就决定了社会转型时期社会价值观念中主体意识的导向既不是整体意识,也不是个体意识,而是既包括个体意识,也包括集体意识,以个体意识为基础,又导向集体意识。"[1]即以个体意识为基础,以集体意识为导向的意识。伴随着我国社会主义市场经济的深入推进(如党的十八届三中全会报告《中共中央关于全面深化改革若干重大问题的决定》中指出"使市场在资源配置中起决定性作用"),民众的主体意识和利益意识越发凸显。"市场经济为激发个人的活力必然提升个人利益和价值的地位,而社会主义制度的共同利益如果没有得到相应的加强,利益的多元和分化必然导致共同理想的削弱,导致主流意识形态的削弱。"[2]至此,一方面,我国暂时客观上存在着各种差异化利益主体,并且这种差异化倾向日趋扩大;另一方面,受市场经济形塑的民众主体意识和利益意识日趋强烈。两者叠加,以人民利益导向来深化对社会主义核心价值观的认同和共识就日益紧迫。

三、以人民的利益导向来深化对社会主义核心价值观认同和共识的基本路径

"正确的利益导向是达成社会共识的和价值认同的必要前提。"[3]因此,在培育社会主义核心价值观中,根据上述关于认同和共识中利益因素的分析,结合现阶段的现实情况,要及时完善与社会主义核心价值观相协调的利益格局,以人民利益导向来深化对核心价值观的认同和共识。这里之所以强调"人民利益",是因为与以往阶级社会核心价值观实际主体和执行主体的分离不同。社会主义国家上层建筑的主体是实际主体和现实主体的统一。"在当今中国,人民既是社会主义核心价值观的实际主

---

[1] 陈新汉. 社会主义核心价值体系——从价值哲学的角度看[J]. 哲学研究,2007(11):17—23.
[2] 侯惠勤. 意识形态的历史转型及其当代挑战[J]. 马克思主义研究,2013(12):5—13.
[3] 沈瑞英. 以利益导向促进价值共识:社会转型新思维[J]. 探索与争鸣,2014(6):20—22.

体,也是执行主体。"①以人民利益导向来深化对社会主义核心价值观认同和共识的路径主要包括:在完善社会主义市场经济制度的基础上,从微观层面加强个体基本利益保障维持机制来促进认同,从宏观社会层面完善利益均衡协调机制来促进共识,才能使"社会主义核心价值观所体现的国家的利益和目的与公民相一致、国家精神能够自觉转化为公民内心道德法则的思想特征"②,并且在群众社会生活中真切地展现出来。虽然"现实本身应当力求趋向思想"③,但现实本身不会自动地趋向思想,这就必然要通过改造社会的实践活动,努力使思想对象化为社会现实,才能体现出作为社会主体的国家在培育社会主义核心价值观中的能动性。

其一,人们依靠什么获利生存,就会信仰他所依靠的生存价值体系。④ 在微观层面利益保障维持机制的核心是加强民生,从而切实保障和维持好这部分群众的基本利益。尽管这项工作取得了历史性进步,但与人民期盼的,尤其和培育主核心价值观所要达到的要求还有很大的努力空间,因此非常迫切。这需要我国的社会(国家)利益与个人利益结合起来,使社会(国家)利益最大限度地覆盖个人利益,尽可能把社会(国家)整体利益和长远利益转化为个人的具体利益和阶段性利益。"国家只有代表和有机整合了个人的利益,使公民认同国家利益和个人利益的内在统一,才可能使国家意志转化为个人意志,使国家精神转化为个人的精神追求。"⑤只有把个体利益和国家利益真实地统一起来,从而保证和维持好个体利益,才能使作为"当代中国精神集中体现"的社会主义核心价值观由党和国家的倡导变成广大群众的积极追求,使群众在实际上而不是在口头上感到社会主义核心价值观和自己之间的利害关系。对此,习

---

① 陈新汉. 核心价值体系论导论[M]. 上海:上海大学出版社,2016:229.
② 侯惠勤. 在社会主义核心价值观的概括上如何取得共识?[J]. 红旗文稿,2012(8):9—13.
③ 中共中央马克思恩格斯列宁斯大林著作编译局. 马克思恩格斯选集(第1卷)[M]. 北京:人民出版社,1995:11.
④ 谭培文,张文雅,莫凡. 利益机制是推进社会主义核心价值观认同的基本动力[J]. 理论学刊,2013(3):78—81.
⑤ 侯惠勤. 在社会主义核心价值观的概括上如何取得共识?[J]. 红旗文稿,2012(8):9—13.

近平总书记指出:"一种价值观要真正发挥作用,必须融入社会生活,让人们在实践中感知它、领悟它。要注意把我们所提倡的与人们的日常生活紧密联系起来。"①这里的"联系",正确理解应该是人们在日常生活的感受中验证社会主义核心价值观与群众百姓生活的利益关联,从而自觉接受之,而不是相反。当然也还需要发挥思想引导作用,引导群众在理论上认识到社会主义核心价值观与自己利益的内在联系,群众就不会感到是在外界强制下而不得不认同,而是自觉自愿地认同社会主义核心价值观,以确立和认证自身,于是对社会主义核心价值观的信仰情感也就萌发于其中了。"只有把期望人民群众树立的价值观同他们的情感、利益和兴趣有机结合起来,才能激发他们内心的自觉,调动起自身的各种积极因素,主动加强价值观方面的修养和磨炼,从而在内心中确立起正确的价值观念。"②有鉴于此,应深化群众对社会主义核心价值观的认同,从维护我国意识形态安全的战略高度来认识和持续推进民生工作。

其二,利益被升格为人类的纽带。③ 宏观层面利益均衡协调机制的关键是扭转或遏制贫富分化,保持利益均衡来推进社会公平。"利益共享是达成共识的物质基础。"④社会贫富分化本质是利益的分化。利益的过度分化必然导致社会价值观的过度差异化,造成作为社会主导价值观的社会主义核心价值观是少数人的价值观,而不是广大人民群众的价值观,从而侵蚀、抽空一个得到广大群众共识的社会主义核心价值观的主体基础。长期如此,社会主义核心价值观就难免陷入危机。"社会利益过度过分分化则会削弱执政党的合法性和道德基础,会损害改革进步的社会认同和价值共识。"⑤因此,只有内蕴利益共享、均衡的价值观才能得到不同

---

① 习近平. 习近平谈治国理政(第一卷)[M]. 北京:外文出版社,2014:165.
② 罗国杰. 马克思主义价值观研究[M]. 北京:人民出版社,2013:286.
③ 中共中央马克思恩格斯列宁斯大林著作编译局. 马克思恩格斯文集(第1卷)[M]. 北京:人民出版社,2009:94.
④ 沈瑞英. 转型社会利益和价值关系新思维[J]. 上海大学学报:社会科学版,2015(2):112—125.
⑤ 沈瑞英. 以利益导向促价值共识:社会转型新思维[J]. 探索与争鸣,2014(6):20—22.

个体的共识。在计划经济时代,我们是在共同利益基础上引导人民对与那个时代相适应的核心价值观的共识(当时并没有以核心价值观形式来表述),并取得了极大成功。现今,贫富分化日趋悬殊(上文已做详细分析),我们既要注重在共同利益基础上引导人民对社会主义核心价值观的共识,也要在继承这一优良传统的同时,在建设社会主义现代化强国的新征程中尽快消弭利益分化,把这种利益分化控制在合理限度内,以利益均衡(如共同富裕)为导向来深化群众对社会主义核心价值观的共识(相对来说,这个问题更加艰巨)。"于正确、合理的利益导向中凝练而成的价值观,方是社会共识的基石。"①

就当前来说,核心是遏制、扭转贫富两极分化达到利益均衡(这种利益均衡是利益差异背景下"共同利益"的特殊表现形式,从而有别于传统意义上"共同利益"。因为在利益差异的情况下,实现利益均衡是核心,而不仅仅是提高总量。而在生产力不发达的情况下,核心是提高总量),促进社会公平。"最发达的社会根本任务就是去完成建立公正的使命。"②这也是落实习近平总书记提出的"加紧建设对保障社会公平正义具有重大作用的制度,逐步建立社会公平保障体系"③的迫切任务(即它是"保障社会公平正义的具有重大作用的制度"之一),从而在利益均衡的基础上深化群众对社会主义核心价值观的共识。"过去,在大家利益基本一致的情况下更容易讲公共利益和共同理想;现在,必须在利益差异的背景下阐明人们的共同利益和价值共识。"④社会主义核心价值观要赢得社会大多数人的共识,就必须与大多数人的利益紧密地联系在一起,否则,如果社会主义核心价值观"不能为遏制贫富差距提供理论基础,那么必然不能得到人民的认同和形成广泛的

---

① 沈瑞英. 转型社会利益与价值关系新思维[J]. 上海大学学报:社会科学版,2015(2):112-125.
② [法]埃米尔·涂尔干. 社会分工论[M]. 渠东译. 北京:三联书店,2005:345.
③ 习近平. 习近平总书记重要讲话文章选编[M]. 北京:中央文献出版社,党建读物出版社,2016:13.
④ 韩震. 我国意识形态工作困难的成因及其破解办法[J]. 中国高校社会科学,2015(4):12-17.

共识,也就必然使其因丧失人民主体而'边缘化'"①。

第二节 以"异中求同"思维方式来创新社会主义核心价值观的培育

约翰·罗尔斯提出的"政治正义"以内蕴异中求同思维方式的重叠共识形式被更多因认肯不同的完备理性学说的公民所接受而名噪一时。新加坡政府因民众的民族和宗教之异而决定用异中求同思维方式来处理民族和种族关系,保持了国家长久稳定和发展,称雄一方。习近平总书记在北京大学师生座谈会上就培育社会主义核心价值观提出了"价值观最大公约数"新论断,该论断中蕴含着深刻的"异中求同"思维方式。因此,在孕育于总体性社会中的个体化社会日益壮大的背景下,在继承现有培育价值观思维方式的基础上,以"异中求同"思维方式来创新社会主义核心价值观的培育,既是体现主导价值观转化为主流价值观对现实启示的一个重要方面,也是把习近平总书记关于弘扬社会主义核心价值观系列重要讲话的精神全面落实到培育社会主义核心价值观实践中的一项紧迫任务。

一、时代吁求以"异中求同"思维方式培育社会主义核心价值观

伴随着改革开放和社会主义市场经济的推进,植根于总体性社会中个体性社会日益壮大。当代中国社会正处于以国家或集体为主导和政治原则的"'总体性社会'(Totalitarian Society)向'个体性社会'(Individualized Society)的变迁时期"②,即个体"成为以市场为中介的生计以及生涯规划和组织的行动者"。这个孕育于总体性社会中日益壮大的个体性社会是决定运用"异中求同"思维方式来培育社会主义核心价值观的物质基础。

---

① 陈新汉.核心价值体系论导论[M].上海:上海大学出版社,2016:271.
② 何平立.个体化背景下利益和价值的整合[J].探索与争鸣,2014(6):19—20.

伴随着植根于总体性社会中个体化的社会迅速发展,人们价值内容也日趋丰富,价值选择也日趋多样,社会价值取向也日趋多元。价值多元化、差异化就成为个体化社会必然结果。因此,针对因认肯不同学说而分化公民,罗尔斯采用了异中求同思维方式来形成对政治正义的重叠共识。给我们批判性的启示就是,在中国特色社会主义初级阶段内个体化社会日益壮大的状况下,面对因价值多元而形成差异性的民众来说,要及时适度运用异中求同思维方式来引导民众形成对社会主义核心价值观的共识。

伴随改革开放和社会主义市场经济的推进,个体性社会日益壮大或者说中国正从总体性社会向个体性社会转型。"改革开放以来,在市场化、全球化、信息化等多种力量的共同作用下,我国社会领域发生了巨大的变化,最为显著的特征就是从总体性社会向个体化社会的转变。"[1]互联网则加速了这个进程。"科技进步特别是互联网的发展则为这一趋势的形成提供了新的助力。"[2]其内在理路为总体性(同一性)社会和个体性社会分别主要植根于自然经济和市场经济。

在总体性社会中,国家对社会资源配置发挥起着决定性作用。社会分化程度低,政治生活在社会生活中所占的比例很大,行政权力渗透、控制着社会生活各个领域,中央政府对社会具有极大控制力,社会流动性缓慢,社会成员之间具有较高同一性。涂尔干称之为机械团结的社会。由此多元化价值观不可能得到长足发展。因此,与总体性社会适应的培育价值观思维方式可以概括为"以一统多"("以一容多"),即以主导价值观统整、统合社会其他价值观。如从中华人民共和国成立初期到改革开放前,通过城市单位制度、农村公社制度、档案和户籍制度使社会结构逐渐稳定和固化。中国逐渐进入一个"国家和社会中心基本同构"[3]的总体性社会。其内在导源于以同一性为特点的自然经济(包括计划经济)。具体

---

[1] 黄元丰,张美琴. 论个体化社会背景下多元社会价值的整合[J]. 赣南师范学院学报,2015(4):39—43.
[2] 周长城,叶闽慎. 个体化社会和多元化社会治理[J]. 人民论坛,2015(17):6—10.
[3] 文军. 个体化社会的来临与包容性社会政策的建构[J]. 社会科学,2012(1):81—86.

为：在自然经济中，生产者对他人的产品的需要是偶然的，生产的主要的目的是满足自我需要和自我消费过程(在计划经济中，生产直接是为了满足国家需要)。"传统生产的这一特征，使得社会成员之间可以而且必然以某种同一性为基础进行社会交往。是说他们根本就不必依赖与他人的区别就能够独立进行生产，因而他们之间交往并不以相互的区别为前提；说他们必然以某种同一性为基础进行交往，是说由于他们在进行相同或类似生产，因此就必然形成相同或类似的价值需要，并必然关注和要求相同类似的社会条件。"[1]在这种生产方式所决定的社会中，其成员之间同一性就非常凸显，由此构成了总体性社会经济维度的依据。

在个体性社会中，个体的主体意识和利益意识不断觉醒，个性化逐渐增强，个体思想观念也逐渐从传统的国家制度和社会规范中解放出来，不断关注自我发展和自我利益的实现。由此多元价值主体和价值选择的出现和长足发展成为必然。就中国来说，自改革开放后，尤其是社会主义市场经济的逐步推进(在推出社会主义市场经济以前，以"有计划商品经济""计划经济和市场经济相结合"等形式来表达)，城市单位制度和农村人民公社制度解体和国有企业改革以及户籍制度的松动等使得人员可以自由流动，社会结构日趋多元，政治的中心化和经济中心化、文化中心化日益分离。这些都内在取决于以差异性为特征的市场经济。在市场经济生产中，生产者对他人产品的需要是必然的。也就是说，生产者并不是为了自己的需要进行生产，而是为了他人的需要进行生产，他人的需要是差异的。因此，生产者并不真正关心其使用价值，只关心它的交换价值。这种生产活动不仅不再以生产者同一性为基础，反而以他们的差异性为基础，因为差异的需要和对差异需要的满足是交换的前提。[2] 对差异化的追求就是这种经济活动的根本内在动力和最为显著的特点。由此在个体性社会中，价值观差异化、多元化就是必然的。所以说差异性个体正是由"以物依赖性"为特征的市场经济所塑造出来的，区别于以"以人的依赖性"为

---

[1] 王新生．市场社会中的价值共识[J]．南开学报，2005(3)：61-66．
[2] 王新生．市场社会中的价值共识[J]．南开学报，2005(3)：61-66．

特征的自然经济所塑造出来的同一性群体。这决定了在个体化社会里，用异中求同的思维方式来培育价值观更为适合。

当前我国社会正处于自然经济向商品经济的转型期。如党的十八届三中全会报告《中共中央关于全面深化改革若干重大问题的决定》中指出"使市场在资源配置中起决定性作用"。与之相应的就是总体性社会向个体性社会转型，或者说孕育于总体性社会中的个体性社会日益壮大的阶段。因此它既不同于传统的总体性社会，也不同于完全意义上的个体性社会。这就决定了在培育社会主义核心价值观中，既要继承适合于总体性社会的培育价值观的思维方式（以一统多），又要适度运用契合于个体性社会异中求同的思维方式来培育社会主义核心价值观，从而使培育社会主义核心价值观的思维方式"与时俱进"。

为更好理解上述这一问题，以下将从相对角度来把价值观培育中的"以一统多"（以一容多）的思维方式和"异中求同"（求同存异）的思维方式做一简单比较（见表5-1）。

表5-1　　　　　　　　两种思维方式比较

思维方式	以一统多、以一容多	异中求同、求同存异
依存经济形态和社会	自然经济（计划经济）、总体社会	商品经济（市场经济）、个体性社会
社会状态	封闭	开放
利益导向	国家利益	在国家利益基础上的民众利益
国家和民众地位	以突出国家为主体	在以国家为主体的基础上凸显民众主体
方式选择	以教导文明为主	教导文明和对话文明融合
民众主体意识和利益意识状况	整体导向、利益意识薄弱	整体导向基础上的个体、利益意识凸显

二、以"异中求同"思维方式来培育社会主义核心价值观的实践指向

受思维方式本身内在特性的影响，决定了以"异中求同"思维方式来培育社会主义核心价值观,这更多的是体现在导向、指向等宏观方面。

一是既要引导民众共同认同社会主义核心价值观,也要尊重民众各自认同的其他价值观。就是既要引导民众共同认同社会主义核心价值观,这是必要的,并在这个基础上,也允许民众各自认同与社会主义核心价值观不一致或相异的其他价值观。而不只是要求民众千篇一律地认同社会主义核心价值观,并限制群众认同其他价值观。要引导民众在认同社会主义核心价值观的基础上,尊重他们认同的其他价值观。只要这些价值观不危及我们意识形态的安全(这是体现中国语境里"异中求同"和罗尔斯语境下"异中求同"的不同之处)。双方达到既充分理解和尊重价值的个性化需求,协调个人自由与社会的关系,又要朝向价值共同体的构建而积极努力。[1]

具体来说,一方面,引导人们普遍认同核心价值观。社会主义核心价值观是中华民族在当代共同利益的反映。没有对社会主义核心价值观的普遍认同,社会成员就缺乏团结奋斗的共同思想基础。另一方面,在这个基础上充分理解和尊重不同群体、不同个人在社会秩序范围内不同的价值取向和价值选择。因为即使全社会成员都普遍地认同了社会主义核心价值观,他们在社会生活中也会有不同的利益诉求,并有着不同价值取向和价值选择。"只要这些不同的价值取向和价值选择并不危及社会公共生活的秩序,就应该予以理解和尊重,并努力创造有利于它们实现的条件。"[2]

民众既共同选择社会主义核心价值观,也各自相异地选择了其他价值观。就选择价值观的人数来说,社会主义核心价值观因被更多的人选择而得到共识,其他各种各样的价值观的选择人数只有分别被选择民众人数之和才等于选择社会主义核心价值观的人数。作为价值观选项,社会主义核心价值观与其他价值观相比,就成为得到差异性民众最多的选项了,并且成为在数量上的"最大公约数"。

---

[1] 何平立. 个体化背景下利益和价值的整合[J]. 探索与争鸣,2014(6):19—20.
[2] 汪信砚. 普世价值·价值认同·价值共识——当前我国价值论研究中三个重要概念辨析[J]. 学术研究,2009(11):5—10.

二是要在培育社会主义核心价值观不同阶段,在民众的价值观结构中形成共识部分和非共识部分的价值观共存,即在民众的价值观结构中形成这样的图景:一部分是因对社会主义核心价值观共识后形成每个个体共有的价值观,属于共识部分的价值观。此时这个得到共识的社会主义核心价值观以普遍性形式存在于更多个体意识中。另一部分就是各个个体民众基于自己因素而认同某些其他价值观。这些价值观彼此之间是相异的,属于非共识部分的价值观。而不是要求民众的价值观结构都是铁板一块、整齐划一的社会主义核心价值观,且不给其他价值观留存空间。针对公民对"政治正义"的重叠共识,公民价值观内在结构大概包括作为共识部分的"政治正义"、非共识部分(与"政治正义"有一定联系的部分)。有学者指出,"故我假定,公民完整观点有两个部分:一部分可以被看作是公共认识到的政治的正义观念,或者是与公共认识到政治正义观念相协调的;另一部分(完全是或部分是)该政治观念以某种方式与之联系的完备性学说。"[1]

从民众价值观结构中所占的空间来说,社会主义核心价值观因在较多群众的价值观结构中占据一定空间,而其他各种各样价值观在不同群众价值观结构中才占据一定空间,所以在整个民众价值观结构中,形成共识的社会主义核心价值观和非共识其他价值观并存于一个空间。

上述两个方面是从不同侧面诠释了以"异中求同"思维方式来培育社会主义核心价值观。引导民众在形成社会主义核心价值观共识的基础上,尊重他们选择其他价值观,这是从主体角度来体现"异中求同"的思维方式。而在个体内部价值观结构中形成"同"(共识部分即社会主义核心价值观)和"异"(非共识部分即其他价值观)并存,是从结果角度来体现"异中求同"的思维方式,这是同一问题的两个方面。因为民众经过对社会主义核心价值观和其他价值认同活动后,必然要把这个价值活动的结果凝结在自己的价值观结构中。而个体价值观形成以及由此而决定价值

---

[1] [美]约翰·罗尔斯.政治自由主义[M].万俊人,译.南京:译林出版社,2000:39.

观结构内部的组成都是来源于民众对社会主义核心价值观和其他价值观选择的实践活动。前者较多指向有差异性个体,即"核心价值观共识的主体是谁";后者指向作为活动结果的存在形式,即"核心价值观共识结果以何种方式存在"。其实,上述两个方面都是运用"异中求同"思维方式培育核心价值观的"相等的表达方式,对同一件事情,一个是就活动而言,另一个是就活动的产品而言"①。

三是要把培育社会主义核心价值观定格在不断求索、寻求民众对社会主义核心价值观认同和共识的过程,即培育社会主义核心价值观就是不断寻求民众对社会主义核心价值观的认同与共识的动态过程。这种"求"包括三个方面:广度方面,就是在数量上寻求越来越多民众认同和共识的社会主义核心价值观;深度方面,在形成民众对社会主义核心价值观认同和共识的基础上,尽可能积淀成信仰,这是针对少数人而言;长度方面,寻求民众对社会主义核心价值观认同和共识是个长期过程。第一个阶段结束了,并不意味着整个培育工作结束了,而是根据新历史变化,继续寻求民众对社会主义核心价值观的认同和共识,从而始终保持对人民的敬畏意识,即培育社会主义核心价值观也是"只有进行时没有完成时"②。因为培育社会主义核心价值观效果取决于民众对社会主义核心价值观的认同和共识的广度和深度。

葛兰西重视被统治阶级(民众)同意在无产阶级获得文化领导权中的地位,他提出了"国家的前提是同意而且要求同意"③。即文化领导权本质在于获得被统治阶级出自内心的同意、赞同。但这是个动态、逐步实现的过程。"葛兰西所说的'同意且要求同意',如果把前一个'同意'理解为结果,那么后一个'要求同意'就是一个过程。然而作为结果的'同意'绝不是先验的,只有经过'要求同意'的过程,才会有作为结果的'同意';而

---

① 中共中央马克思恩格斯列宁斯大林著作编译局. 马克思恩格斯文集(第1卷)[M]. 北京:人民出版社,2009:536.
② 习近平. 习近平谈治国理政(第一卷)[M]. 北京:外文出版社,2014:69.
③ [意]安东尼·葛兰西. 狱中札记[M]. 葆熙,译. 北京:人民出版社,1983:218.

且作为结果的'同意'也不是一劳永逸的,还是要不断地经过作为过程的'要求同意',这是个充满着反复的过程。"[①]这也适用于以异中求同思维方式来培育社会主义核心价值观。因此,能否不断寻求民众对社会主义核心价值观的认同和共识,并把这种认同和共识积淀成信仰,并以此为基础形成"集体意志",就成为共产党长期执政的关键。

三、以"异中求同"思维方式来培育社会主义核心价值观的边界与原则

以"异中求同"思维方式来培育社会主义核心价值观在本质上是党培育价值观的思维方式适应社会发展到新阶段的一种自我更新、自觉调整。更是对习近平总书记提出的使社会主义核心价值观成为"我国13亿多人口、56个民族群众共同认可的'价值观最大公约数'"[②]这个论述中所蕴含的思维方式在实践中的展开和具体运用。由此就限定、决定了以"异中求同"思维方式来培育社会主义核心价值观的边界。

(一)坚持以马克思主义为指导,而非以自由主义指导

以"异中求同"思维方式来培育社会主义核心价值观是整个培育社会主义核心观一个重要组成部分。因此内在遵循着培育社会主义核心价值观的共同规定。而培育社会主义核心价值观是在中国特色社会主义初级阶段,社会主义市场经济纵深发展后所进行的一项价值观培育中的创新工作,植根于我国人民民主专政的政体。这就决定了以"异中求同"思维方式来培育社会主义核心价值观必须坚持以马克思主义为指导,尤其是坚持以马克思中国化最新成果的习近平新时代中国特色社会主义思想为指导,从而与罗尔斯语境中在自由主义指导下的以"异中求同"思维方式来形成对政治正义的重叠共识产生显著区别。这是以"异中求同"思维方式来培育社会主义核心价值观必须坚守的重大政治立场,也为我们以"异

---

① 陈新汉. 核心价值体系论导论[M]. 上海:上海大学出版社,2016:105—106.
② 习近平. 习近平谈治国理政(第一卷)[M]. 北京:外文出版社,2014:168.

中求同"思维方式来培育社会主义核心价值观提供了明确方向指引和基本行动遵循。

罗尔斯重叠共识理论中"异中求同"思维方式是立足于立宪民主政体,以自由主义为指导。"现在,严重的问题是,现代民主社会不仅具有一种完备性宗教学说、哲学学说和道德学说的多元论特征,而且也具有一合乎理性的诸完备学说的多元论特征。这些学说中任何一种都无法得到公民的普遍认肯。任何人也别指望在可预见的将来其中某一种学说或某种别的合乎理性的学说将会得到全体公民的永久认肯。"①罗尔斯之所以用"异中求同"思维来形成对政治正义的重叠共识,表面上是因为存在认肯不同学说之异的公民,而这些学说之间又不相容,所以国家不能采取强制方式来迫使其他人来接受某种学说。"在存在一种合乎理性的学说之多元性的时候,要求利用国家权力的制裁来纠正或惩罚那些与我们观点相左的人,是不合乎理性的或错误的。"②而造成这种情况的根本原因在于上述图景孕育于立宪民主政体。"一种合乎理性的然而却是互不相容的完备性学说之多元性,乃是立宪民主政体之自由制度框架内人类理性实践的正常结果。"③

(二)以增强培育社会主义核心价值观的效果为旨归

社会主义核心价值观是"当代中国精神的集中体现,凝结着全体人民共同的价值追求"④。因此以"异中求同"思维方式来培育社会主义核心价值观是始终服务于、服从于培育和践行社会主义核心价值观的根本旨归,即习近平总书记所说的使"全体人民同心同德,团结奋进"⑤。也就是要增强而不是要消解或减弱培育主义核心价值观的效果。虽然以"异中

---

① 万俊人. 政治自由主义的现代构建——罗尔斯《政治自由主义》读解,见罗尔斯,政治自由主义[M]. 南京:译林出版社,2000:571.
② [美]约翰·罗尔斯. 政治自由主义[M]. 万俊人,译. 南京:译林出版社,2000:146.
③ 万俊人. 政治自由主义的现代构建——罗尔斯《政治自由主义》读解,见罗尔斯,政治自由主义[M]. 南京:译林出版社,2000:571.
④ 习近平. 习近平谈治国理政(第三卷)[M]. 北京:外文出版社,2020:33.
⑤ 习近平. 习近平谈治国理政(第一卷)[M]. 北京:外文出版社,2014:168.

求同"思维方式来培育社会主义核心价值观在整个培育社会主义核心观中具有特殊地位,但部分要服从整体。这就决定了以"异中求同"思维方式来培育社会主义核心价值观要始终坚守党的意识形态的宗旨,时刻不能偏离或背离之。

(三)恪守互补性原则

这是从地位和互相作用的性质角度对以"异中求同"思维方式来培育社会主义核心价值观做出规定,即在培育社会主义核心价值观实践中,使培育价值观以"异中求同"的思维方式与传统思维方式有机融合、互相补充,而不是用"异中求同"思维方式来排斥,更不是取代传统培育价值观的思维方式。其内在依据是"异中求同"思维方式和传统培育价值观思维方式是一个连续体上的两个环节(而不是断裂的两极)。这两种培育价值观思维方式之间存在一定的交集,只是各自侧重点不同。它们是一种"我中有你,你中有我"的共存性关系,而不是"有我就没你,有你就没我"的排斥性关系。就实际存在状况而言,传统的培育价值观思维方式中也或多或少潜存着"异中求同"思维方式的元素,而"异中求同"培育价值观的思维方式中还是保留着培育价值观传统思维方式的"基因"。只不过随着时代变迁,"异中求同"培育价值观的思维方式在某些方面更契合现实需要,但不意味着传统培育价值观思维方式从此退出历史舞台。

准确来说,是在继承、保持我们传统培育价值观思维方式的基础上,根据现实需要有序(而不是无序)运用"异中求同"思维方式来培育社会主义核心价值观,绝不是要用异中求同培育价值观的思维方式来根本性改造或彻底放弃原来传统思维方式。只有在这种意义上,以"异中求同"思维方式来培育社会主义核心价值观才能获得立足之地。也可以说,它是在"非常有限的领域内才具有绝对的意义"[①]。

实践证明,传统培育价值观思维方式不仅在党的革命、建设、改革各

---

① 中共中央马克思恩格斯列宁斯大林著作编译局. 马克思恩格斯选集(第3卷)[M]. 北京:人民出版社,1995:431.

个阶段发挥了历史性作用,而且在当前仍然是我们培育社会主义核心价值观的"传家宝"。因此要在保持传统培育价值观思维方式基础上,根据新的现实需要,适度运用"异中求同"思维方式来培育社会主义核心价值观,并实现两者有机融合,如此就可以发挥传统的思维方式和异中求同的思维方式在培育社会主义核心价值观中的各自优势,使培育社会主义核心价值观在思维方式方面达到继承传统与开拓创新的统一。

第三节 在教导文明和对话文明交融中拓展社会主义核心价值观的培育

根据主导价值观转化为主流价值观中驱力和张力辩证统一的原理,培育社会主义核心价值观的过程就是发挥作为主导价值观的社会主义核心价值观对社会主流价值观导向作用的过程,使社会主流价值观沿着正确(即主导价值观所规导)方向发展,而不至于无序发展。这个过程的充分实现是与教导和教导文明联系起来的。同时也是社会主流价值观对作为主导价值观的社会主义核心价值观的夯实过程,从而使作为主导价值观的社会主义核心价值观更加丰富的过程(因为转化过程具有双向性),这是体现对话文明的一种特殊方式,揭示出要在教导文明和对话文明交融中来深化社会主义核心价值观的培育。由此也构成转型期培育社会主义核心价值观的一个独特方法论。

一、坚持社会主义核心价值观导向的必要性

"社会价值观导向的目的是把统治阶级所倡导的特定社会价值观通过个体的认同环节和社会的共识环节与国民相结合。成功导向的标志是所导向的社会价值观,在广度上为越来越多的民众所认同,从而形成越来越广泛的共识;在深度上越来越积淀为民众的信仰。如何导向是社会价值观能否与国民相结合的一个关键。"①而培育社会主义核心价值观本质是把我们党和国家倡导的核心价值观转化为广大人民群众所认同和共识的价值观,形成人民群众符合国家意识形态导向的实践活动。因此,培育社会主义核心价值观的过程和社会价值观与国民结合中发挥社会价值观导向作用的过程是个别和一般的关系,两者都具有某些一致性。也可以说,培育社会主义核心价值观就是用作为主导价值观的社会主义核心价值观对社会主流价值观施加导向的过程。因此,坚持社会主义核心价值观的导向显得尤为必要。特殊性体现着普遍性。"社会主义核心价值观是现阶段中国社会的主导价值观念。"②社会主义核心价值观是主导价值观一种特殊形态,内在凝结着主导价值观的普遍特征(但与阶级社会的主导价值观有着根本性区别)。这里揭示保持主导价值观导向的必要性就成为我们分析坚持社会主义核心价值观导向必要性的普遍理据。

(一)主导价值观的先导性构成作为主导价值观的社会主义核心价值观坚持导向的必要前提

所谓主导价值观的先导性就是在普遍总体顺序上往往是自觉建构主导价值观在先,主流价值观形成在后,如此才具备用主导价值观来导向、规范主流价值观发展的必要前提,否则引导、规范主流价值观就失去依凭。

"古往今来,任何一个国家、民族和社会的核心价值体系(此句中'核心价值体系'类似于本书中主导价值观——引者注),首先都是由引导主流意识形态、主导核心价值观的国家来构建的。"③这里强调主导价值观始源性,即建构主导价值观先于主流价值观,这只是就理论层面分析社会基本价值观发展具体进程而言的,旨在强调主导价值观的先导性等。而主导价值观的先导性是以国家掌握着意识形态国家机器为物质基础的。

---

① 陈新汉. 社会价值观导向中的"教导文明"和"对话文明"[J]. 探索与争鸣,2016(9):53—55.
② 陈新汉. 社会主导价值观念导向中几个问题的哲学思考[J]. 学术界,2016(10):5—14.
③ 廖小平. 价值观变迁与核心价值体系的解构和建构[M]. 北京:中国社会科学出版社,2013:262.

阿尔都塞指出："据我所知,任何一个阶级如果不在掌握政权的同时对意识形态国家机器并在这套机器中行使其领导权的话,那么它的政权就不会持久。"①当然同时也表征着主导价值观塑造是有条件的,是建立在一定主流价值观基础上的因势利导、顺水推舟。"一个民族的国家制度必须体现这一民族对自己权利和地位的感情。"②主导价值观的建构不是"空穴来风"式的臆造。当然也不意味着在主导价值观建构前,根本不存在任何形式的社会价值观。其实无论在什么样的社会状况里,总有某些社会价值观以不同方式存在。这适合分析一般主导价值观,也适用于作为主导价值观特殊形态的社会主义核心价值观。

(二)主导价值观和主流价值观的关系构成作为主导价值观的社会主义核心价值观坚持导向的内在依据

根据主导价值观和主流价值观关系的原理,主导价值观的提出是以主流价值观为基础的,是从存在形态方面对主流价值观的提炼和深化,却在高度上与主流价值观保持一定距离,从而对主流价值观发展保持一定导向。这似乎形成一种图景:主导价值观一方面是以主流价值观为基础,另一方面又高于主流价值观。主导价值观是主流价值观在未来一定阶段内的(非在自发情况下,而是在导向情况下)发展形态。主导价值观始终引导着主流价值观发展,但却与主流价值观保持一定距离。主导价值观不断体现、融合在主流价值观中,但不会和主流价值观完全合二为一。此时就形成了新的主流价值观。这个新的主流价值观又成为下一轮新主导价值观提出的基础,如此周而复始,往复循环。

(三)主导价值观建构的自觉性构成作为主导价值观的社会主义核心价值观坚持导向的优势之一

主导价值观的塑造是权威评价的一种现实形式,内在凝结着权威评价活动的共同特点。因此权威评价的自觉性决定着主导价值观建构的自

---

① 陈越. 哲学与政治——阿尔都塞读本[M]. 长春:吉林人民出版社,2003:338.
② [德]黑格尔. 法哲学原理[M]. 范扬,张企泰,译. 北京:商务印书馆,1961:291—292.

觉性。人们在相互作用中形成群体,并在群体中形成层层相叠的与权力相联系的金字塔形权威系统。权威机构处在群体结构的最高位置,一般能代表群体主体的利益和意志。以国家形式呈现的社会是群体的特殊形态。以国家机器为主体的评价活动就是国家权威评价活动。一定历史时期的统治阶级"真正是社会的头脑和社会的心脏"①。由它构建的国家权威机构一般能自觉地站在所属社会主体的立场上进行评价活动,协调机构所属成员有序地进行评价活动,形成具有统一性的评价意见并通过赏罚机制贯彻之。

国家权威评价活动是社会评价活动的"有机形式"。"'有机方式'总是与自觉性相联系。"②这种自觉性包括在内容上直接体现着社会群体的主体的意志,在形式上直接体现着社会主体群体的意见。作为主导价值观一种特殊形态的社会主义核心价值观的提出,其内在体现着权威评价的自觉性。如社会主义核心价值观在内容上直接反映了处在社会主义初级阶段无产阶级政党和广大人民的意志,在形式上以十二个范畴表达着国家、社会和个人三个方面的不同要求。"社会主导价值观念对多元社会价值观念的导向在本质上就是社会主导价值观念在导向中与社会民众相结合的过程。"③因此培育社会主义核心价值观,要重视作为主导价值观的社会主义核心价值观对社会主流价值观的导向作用。从普遍意义上来讲,培育社会主义核心价值观是马克思主义意识形态在当代中国的展开。而一个具有"现实性"的统治阶级总要自觉地"调节着自己时代思想的生产和分配"④,以体现在意识形态上解决社会冲突的努力。由此不仅要主动构建反映体现本阶级利益的主导价值观,更为重要的是还要以这个内蕴着自觉性的主导价值观来"对社会主流价值观念的形成施以影响,以创

---

① 中共中央马克思恩格斯列宁斯大林著作编译局. 马克思恩格斯选集(第 1 卷)[M]. 北京:人民出版社,1995:13.
② 陈新汉. 权威评价论[M]. 上海:上海人民出版社,2006:57.
③ 陈新汉. 社会主导价值观念导向中几个问题的哲学思考[J]. 学术界,2016(10):5—14.
④ 中共中央马克思恩格斯列宁斯大林著作编译局. 马克思恩格斯选集(第 1 卷)[M]. 北京:人民出版社,1995:99.

造使自己统治的社会得以存在和发展的意识形态环境"[①]。"如果从观念上来考察,那么一定的意识形态的解体足以使整个时代覆灭。"[②]正是在这个意义上,可以说,培育和弘扬社会主义核心价值观,有效整合社会意识,是社会系统得以正常运转、社会秩序得以有效维护的重要途径,也是国家治理体系和治理能力的重要方面。[③]

二、坚持社会主义核心价值观导向的方式必须文明

在社会价值观与国民的结合中,要重视国家权威评价活动对于民众评价活动的引导,要重视社会价值观的导向。社会价值观的导向就是社会价值观与国民结合过程中的"教导"。"为使'教导'有效,权威评价活动固然需要运用国家机器的奖惩机制,然而必须体现'教导文明',其中的主要问题是要体现社会价值观与国民结合中的自愿原则和利益原则。"[④]

上述是从普遍意义上就一般性社会价值观来说的,延伸到培育社会主义核心价值观的具体实践中,就是要坚持社会主义核心价值观的导向,但坚持社会主义核心价值观的导向方式又必须文明,这是个辩证观点。根据前文关于主导价值观转化为主流价值观的必要性等方面的分析,对这个观点的具体理解就是,坚持社会主义核心价值观的导向(即教导),它是从作为主导价值观的社会主义核心价值观的功能发挥角度(即从构建者)来分析的,社会主义核心价值观的导向方式必须文明,这是从作为主导价值观的社会主义核心价值观导向的具体实现形式(即易于被践行者接受)角度来分析的。两者有机结合,就构成了培育社会主义核心价值观导向中的"教导"和"教导文明"。"导向有一个引导的问题、教育的问题。"[⑤]在导向中必须"坚

[①] 陈新汉. 社会主导价值观念导向中几个问题的哲学思考[J]. 学术界,2016(10):5—14.
[②] 中共中央马克思恩格斯列宁斯大林著作编译局. 马克思恩格斯全集(第46卷下)[M]. 北京:人民出版社,1980:35.
[③] 习近平. 习近平谈治国理政[M]. 北京:外文出版社,2014:163.
[④] 陈新汉. 社会价值观导向中的"教导文明"和"对话文明"[J]. 探索与争鸣,2016(9):53—55.
[⑤] 冯契. 坚持价值导向的"大众方向"[J]. 探索与争鸣,2015(11):4—6.

持自觉、自愿的原则"①。就社会主义核心价值观导向中的自愿原则和利益原则来说,由于之前关于民众形成对一般性主导价值观和社会主义核心价值观的认同和共识时已经对此作了详细论述,在此侧重从体现习近平新时代中国特色社会主义思想的角度来作简要分析。

(一)坚持"以人民为中心"的自愿原则

"马克思主义理论不能强加于人,应在群众理解的基础上,通过自由讨论,让他们自觉自愿选择。"②在培育社会主义核心价值观中,首先要坚持社会主义核心价值观的导向,然后在这个基础上,坚持人民主体地位,充分尊重群众的主体性。尤其是在今天,要关切民众受市场经济形塑的主体意识日益凸显,借助于互联网而形成的表达需要日益强烈的特点。其内在依据是"党性和人民性从来都是一致的、统一的"③。所以如果社会主义核心价值观中的"内容不能与个体价值观中相应的内容发生共鸣,那么即使运用外在的强制力量,个体的认同仍然不能发生"④。

(二)坚持以"让人民群众有更多获得感"为主旨的利益原则

当前在培育社会主义核心价值观中,要坚持社会主义核心价值观的导向。与此同时,也要充分考虑民众利益意识日益强烈的特点,增加人民利益上的获得感,以利益的保障、利益的共享来深化民众对社会主义核心价值观的认同和共识。在市场经济中,个体意识与利益意识联系在一起。在发挥社会主义核心价值观的导向中,一旦个体意识到社会主义核心价值观对于自身所具有的利益,那么个体就会感激这些原则⑤,于是利益原则就转化为自愿原则。

至此,培育社会主义核心价值观中的"教导文明"便意味着坚持"社会

---

① 陈新汉.社会价值观导向中的"教导文明"和"对话文明"[J].探索与争鸣,2016(9):53—55.
② 冯契.坚持价值导向的"大众方向"[J].探索与争鸣,2015(11):4—6.
③ 习近平.习近平谈治国理政(第一卷)[M].北京:外文出版社,2014:154.
④ 陈新汉.社会价值观导向中的"教导文明"和"对话文明"[J].探索与争鸣,2016(9):53—55.
⑤ [美]约翰·罗尔斯.政治自由主义[M].万俊人,译.南京:译林出版社,2000:171.

主义核心价值观的导向绝不能一味居高临下地灌输,而是把社会主义核心价值观通过宣传的组织环节,以明理的方式使之心悦诚服"①,遵循人民自觉选择的自愿原则。同时,要牢牢记住利益"是人民生活中最敏感的神经"②,使民众不仅在理论上而且在实际上感受到社会主义核心价值观与民众利益的内在联系,从而恪守以增加"人民的获得感"为主旨的利益原则。

三、对话文明在社会主义核心价值观导向中的作用更为基础

坚持社会主义核心价值观导向中的"对话文明"涉及如何看待导向中的国家和人民的双方地位,内蕴着社会民众评价活动比国家权威评价活动更为基础的思想。"必须使国家制度的实际承担者——人民成为国家制度的原则。"③

(一)人民主体意识是"至圣的神"

马克思说:"整个所谓世界历史不外是人通过人的劳动而诞生的过程。"④历史是人民创造的,人民是社会的主体。因此,不是国家制度创造人民,而是人民创造国家制度。⑤然而,由于社会划分为剥削阶级和被剥削阶级,人民主体作用的相当部分通过统治阶级在国家机器作用中的中介体现出来,这与阶级和国家的产生即"世俗基础的自我分裂和自我矛盾"⑥联系在一起。

---

① 陈新汉.社会价值观导向中的"教导文明"和"对话文明"[J].探索与争鸣,2016(9):53—55.
② 中共中央马克思恩格斯列宁斯大林著作编译局.列宁全集(第13卷)[M].北京:人民出版社,1959:113.
③ 中共中央马克思恩格斯列宁斯大林著作编译局.马克思恩格斯全集(第3卷)[M].北京:人民出版社,2002:72.
④ 中共中央马克思恩格斯列宁斯大林著作编译局.马克思恩格斯全集(第42卷)[M].北京:人民出版社,1979:131.
⑤ 中共中央马克思恩格斯列宁斯大林著作编译局.马克思恩格斯全集(第3卷)[M].北京:人民出版社,2002:40.
⑥ 中共中央马克思恩格斯列宁斯大林著作编译局.马克思恩格斯选集(第1卷)[M].北京:人民出版社,1995:59.

综观人类历史,尽管统治阶级似乎总是按照自己的意志在行使统治权,但人民主体总要用各种方式把自己的价值诉求表达出来,从而在根本上发生作用。对于一定历史阶段的统治阶级而言,不管是自愿的还是被迫的,都必须具有以人民为社会主体的意识。因为国家制度一旦不再是人民意志的现实表现,它就变成了事实上的幻想。① 如果在一个国家意识中没有人民主体意识,那么必定如黑格尔所说"就像一座庙,其他方面都装饰得富丽堂皇,却没有至圣的神那样"②。信徒们对上帝、释迦牟尼和真主等顶礼膜拜,充满着敬畏之情。在坚持社会主义核心价值观的导向中,把人民主体意识理解为"至圣的神",包含着对于人民主体的敬畏之情。

"在当代中国,意识形态中自觉的人民主体意识必然要在党领导中,在党的政策和法律中体现出来。"③因此,在坚持社会主义核心价值观的导向中,要实现"对话文明"。导向的主体必须怀有"江山就是人民,人民就是江山"④的意识,由此才能辩证地看待作为权威评价活动及其结果的社会主义核心价值观、作为社会民众评价活动及其结果的社会主流价值观在培育社会主义核心价值观中的各自作用。否则,既不能正确地对待作为权威评价活动及其结果的社会主义核心价值观的导向作用,也不能正确地对待作为社会民众评价活动及其结果的社会主流价值观在被引导时的基础性作用。

(二)作为社会民众评价结果的社会主流价值观本真地体现着人民的意志

"民众评价活动是与广大群体利益相联系的民众呼声。"⑤作为社会民众评价活动结果之一的主流价值观是特定范围内多数人们对自己的需

---

① 中共中央马克思恩格斯列宁斯大林著作编译局. 马克思恩格斯全集(第3卷)[M]. 北京:人民出版社,2002:73.
② [德]黑格尔. 逻辑学[M]. 杨一之,译. 北京:商务印书馆,1990:2.
③ 陈新汉. 关于"人民主体"的一些思考[J]. 哲学研究,2014(2):30—35.
④ 本书编写组. 中国共产党简史[M]. 北京:人民出版社,中共党史出版社,2021:513.
⑤ 陈新汉. 民众评价论[M]. 上海:上海人民出版社,2004:370.

要和利益在"没有经过一定程序的组织"后较为直接的一种观念表达,体现着社会主体的"绝对的普遍性、实体性的东西和真实的东西"①。它真切地反映或表达了广大民众的"心声",具有"草根性""接地气"等特点,由此往往更能本真地反映社会主体的意见并体现其意志。

在互联网时代,民众评价活动本真地体现着社会主体意志的这个特点得到充分彰显。2021年2月3日,中国互联网络信息中心(CNNIC)在北京发布第47次《中国互联网络发展状况统计报告》(以下简称《报告》),《报告》显示,截至2020年12月,我国网民规模达9.89亿人,较2020年3月增长8540万人,互联网普及率达70.4%。② 而在互联网中,由于较少受社会习俗和制度化政治权威的限制,互联网使得中国原本隐身的民意变得高度清晰可见。"互联网提升了公共领域参与者的私人特征,也就必然提升了就公共问题达成共识所体现社会主体意愿的本真性。"③虽然不能将网上的声音等同于民众的声音,但不能由此把网民意见与民众意见割裂开,因为人类已经进入数字化生存时代。

认识到作为社会民众评价活动结果的社会主流价值观更能本真地体现社会主体的意志,在互联网时代尤其是如此。与作为国家权威评价活动的主导价值观相比较,更为基础。尊重民众的意见(包括网络意见),这是在发挥社会主义核心价值观导向中能否体现"对话文明"的一个前提,否则就不能形成对话机制。

四、培育社会主义核心价值观中教导文明和对话文明的互相关系

主导价值观的塑造是国家权威评价的"有机方式"之一,而主流价值观形成是社会民众评价的"无机方式"之一。因此培育社会主义核心价值观的过程在本质上就是作为主导价值观的社会主义核心价值观和社会主

---

① [德]黑格尔. 法哲学原理[M]. 范扬,张企泰,译. 北京:商务印书馆,1961:332.
② 中国互联网络信息中心,http://cnnic.cn/gywm/xwzx/rdxw/20172017_7084/202102/t20210203_71364.htm.
③ 陈新汉. 自我评价论[M]. 上海:上海人民出版社,2011:406.

流价值观互相影响的过程,遵循着国家权威评价活动和社会民众评价活动及其相互作用的共同规律,其依据的是主导价值观转化为主流价值观所具有的双向性。

(一)教导文明引导着对话文明

培育社会主义核心价值观的过程就是作为主导价值观的社会主义核心价值观对社会主流价值观施加导向和规范的过程。例如:"精神的太阳,无论它照耀着多少个体,无论它照耀什么事物,却只准产生一种色彩,就是官方的色彩。"①对此可具体理解为:"意识形态作为'精神的太阳'始终要坚持'照耀'着社会意识各个领域(包括主流价值观——引者注),从而予以规范。尽管不一定'只准产生一种色彩',但必须形成和谐,不能使社会意识内部的各个色彩互相冲突,以致光怪陆离'。"②

主流价值观的形成是社会民众评价的一种现实形式。社会民众评价活动就是在一个社会范围内,不通过权威机构现实地体现社会主体意志的评价活动。一些范围广、影响大的社会现象总会涉及社会上很多人的利益,每个人都会自发地从自己的利益出发,对这些现象进行评价。从表面上看,各种意见林林总总,但都体现了社会主体意志的评价意见。作为"绝对的普遍物、实体性的东西和真实的东西"③也就在其中得以实现,而"在那具体表达中只是隐隐约约地映现着本质的基础"④。社会民众评价活动是社会评价活动的"无机形式"。"'无机方式'与群体对自身需要的盲目性相联系(尽管个体对自身需要的观念反映一般总是直接同一,因而总是自觉的)。"⑤具体包括:"既不能使众多个体评价活动所体现的社会群体主体自觉地意识到所进行的评价活动,也不能直接形成在形式上具

---

① 中共中央马克思恩格斯列宁斯大林著作编译局. 马克思恩格斯全集(第1卷)[M]. 北京:人民出版社,1995:111.
② 陈新汉. 核心价值体系论导论[M]. 上海:上海大学出版社,2016:122.
③ [德]黑格尔. 法哲学原理[M]. 范扬,张企泰译. 北京:商务印书馆,1961:332.
④ [德]黑格尔. 法哲学原理[M]. 范扬,张企泰译. 北京:商务印书馆,1961:334.
⑤ 陈新汉. 权威评价论[M]. 上海:上海人民出版社,2006:55.

有统一性的意见。"①因此,社会民众评价活动虽然往往能真切地感受到社会的基本矛盾运动,但其"无机方式"决定了自身容易受到操纵和误导,具有盲目性。

综上所述,社会民众评价的"无机方式"内含着的自发性、盲目性在普遍意义上隐含着社会主流价值观吁求具备自觉性的权威评价"有机方式"的主导价值观来对之施加导向。如果没有主导价值观的引导或其引导功能失效,整个社会价值观就会处于无序状态,进而陷入价值观危机状况中。"一般而言,社会的价值观危机并不是主流价值观造成的,而是因主导价值观的缺位或功能失调引发的。"②所以映衬出国家权威评价活动对于民众评价活动导向的必要。而国家权威评价活动对于社会民众评价活动导向本质上是前者"有机方式"内蕴的自觉性对于后者"无机方式"内蕴自发性的引导,体现着社会主体在提高社会评价活动中自觉性的努力。即通过规范以社会主导价值观念的身份引领社会多元价值观念,使之在社会主流价值观念的形成中凸显出来。③ 就我们的论题而言,就是坚持作为主导价值观的社会主义核心价值观对社会其他价值观的导向,体现着国家在培育社会主义核心价值观或者是处理社会主义核心价值观和其他社会价值观的互相作用中,不断提高自己驾驭社会主义核心价值观能力的一种努力和自觉追求。

(二)对话文明夯实着教导文明

"社会价值观在导向中丰富、修正自身。对话双方根据对方的思想丰富、修正自己的思想,这是'对话'的题中应有之义。"④"对话文明"就意味着要充分发挥对话的平等交流机制。在"对话文明"中,我们不能把社会

---

① 陈新汉. 民众评价论[M]. 上海:上海人民出版社,2004:104.
② 廖小平. 主导价值观与主流价值观辨证——兼论改革开放以来主流价值观的变迁[J]. 教学与研究,2008(8):11—16.
③ 陈新汉. 意识形态概念的演化与马克思意识形态思想的当代诠释[J]. 思想理论教育,2016(1):37—44.
④ 陈新汉. 社会价值观导向中的"教导文明"和"对话文明"[J]. 探索与争鸣,2016(9):53—55.

主义核心价值观的导向仅仅理解为是单向的,而应该理解为是双向的。在培育社会主义核心价值观中,不仅存在着通过"对话文明",使群众形成社会主义核心价值观的认同和共识,还存在着通过"对话文明",使坚持导向的社会主义核心价值观自身得到丰富、修正。而其丰富、修正自身的根据就在于"人民主体意识是至圣的神"和社会民众评价活动本真地体现社会主体的意志。

黑格尔从肯定性角度指出:"如果主观特殊性被维持在客观秩序中并适合于客观秩序,同时其权利也得到承认,那么,它就成为使整个市民社会变得富有生气,使思维活动、功绩和尊严的发展变得生动活泼的一个原则了。"[1]同时他又从否定性角度指出,"主观特殊性既没有被接纳在整体的组织中,也并未在整体中得到协调。因此,它就表现为敌对的原则,表现为对社会秩序的腐蚀,因为作为本质的环节,它无论如何要显露出来:它或者颠覆社会秩序,……或者如果社会秩序作为一种权力或者好比宗教那样保持着,那它就成为一种内部腐化和完全蜕化。"[2]黑格尔的上述分析提供了一种分析框架,有助于我们更好地理解在培育社会主义核心价值观中充实对话文明、厚植教导文明。

当前我国的社会转型就是由"人的依赖关系"的社会形态向"以物的依赖性为基础的人的独立性"的社会形态的变迁。伴随着社会转型,民众的主体意识和利益意识日益凸显。这两个意识的特点必然会在社会民众评价活动现实形式之一的主流价值观中映现出来。作为导向的社会主义核心价值观的生命力就在于不断地与所处时代接触,这就意味着不断地汲取人们价值观念变化中上述特点以丰富、修正自身;而离开导向中的"对话文明",要丰富、修正自身也是不可能的。

---

[1] [德]黑格尔. 法哲学原理[M]. 范扬,张企泰,译. 北京:商务印书馆,1961:215.
[2] [德]黑格尔. 法哲学原理[M]. 范扬,张企泰,译. 北京:商务印书馆,1961:215.

参考文献

[1]陈新汉. 评价论导论——认识论一个新领域[M]. 上海:上海社会科学院出版社,1995.

[2]陈新汉. 社会评价论——社会群体主体评价活动的思考[M]. 上海:上海社会科学院出版社,1997.

[3]陈新汉. 民众评价论[M]. 上海:上海人民出版社,2004.

[4]陈新汉. 权威评价论[M]. 上海:上海人民出版社,2006.

[5]陈新汉. 自我评价论[M]. 上海:上海人民出版社,2011.

[6]陈新汉等. 社会主义核心价值体系论研究[M]. 北京:北京师范大学出版社,2012.

[7]陈新汉. 核心价值体系论导论[M]. 上海:上海大学出版社,2016.

[8]陈新汉. 社会自我批判论[M]. 北京:中国社会科学出版社,2021.

[9]中共中央马克思恩格斯列宁斯大林著作编译局. 马克思恩格斯选集(第1卷、第3卷和第4卷)[M]. 北京:人民出版社,1995.

[10]中共中央马克思恩格斯列宁斯大林著作编译局. 马克思恩格斯文集(第1卷至第10卷)[M]. 北京:人民出版社,2009.

[11]中共中央马克思恩格斯列宁斯大林著作编译局. 马克思恩格斯全集(第3卷)[M]. 北京:人民出版社,2002.

[12]习近平. 习近平谈治国理政(第一卷)[M]. 北京:外文出版社,2014.

[13]习近平. 习近平谈治国理政(第二卷)[M]. 北京:外文出版社,2017.

[14]习近平. 习近平谈治国理政(第三卷)[M]. 北京:外文出版社,2020.

[15]习近平. 习近平谈治国理政(第四卷)[M]. 北京:外文出版社,2022.

[16][意]安东里奥·葛兰西. 狱中札记[M]. 曹雷雨,姜丽,张跣,译. 北京:中国社会科学出版社,2000.

[17][斯]斯拉沃热·齐泽克等. 图绘意识形态[M]. 方杰,译. 南京:南京大学出版,

2006.

[18][美]罗尔斯. 政治自由主义[M]. 万俊人,译. 南京:译林出版社,2000.

[19][美]罗尔斯. 正义论[M]. 何怀宏等,译. 北京:中国社会科学出版社,1988.

[20][德]黑格尔. 法哲学原理[M]. 范扬,张企泰,译. 北京:商务印书馆,1961.

[21][英]霍布斯. 利维坦[M]. 黎思复等,译. 北京:商务印书馆,1997.

[22][英]洛克. 政府论(下)[M]. 叶启芳等,译. 北京:商务印书馆,1996.

[23][法]卢梭. 社会契约论[M]. 何兆武,译. 北京:商务印书馆,2006.

[24][法]托克维尔. 论美国的民主(上)[M]. 董良果,译. 北京:商务印书馆,2006.

[25][法]托克维尔. 论美国的民主(下)[M]. 董良果,译. 北京:商务印书馆,2013.

[26][美]缪塞尔·亨廷顿. 谁是美国人?——美国国民特性面临的挑战[M]. 程克雄,译. 北京:新华出版社,2010.

[27][美]凯斯·桑斯坦. 网络共和国——网络社会中的民主问题[M]. 黄伟明,译. 上海:上海人民出版社,2003.

[28][英]安德鲁·查德威克. 互联网政治学——国家、公民、与新传播技术[M]. 任孟山,译. 北京:华夏出版社,2010.

[29][美]曼纽尔·卡斯特. 网络社会的崛起[M]. 夏铸九等,译. 北京:社会科学文献出版社,2006.

[30][美]曼纽尔·卡斯特. 认同的力量[M]. 夏铸九等,译. 北京:社会科学文献出版社,2006.

[31][美]尼葛洛庞帝. 数字化生存[M]. 胡泳,译. 海口:海南出版社,1994.

[32][美]大卫·西格尔. Web3.0:互联网的语义革命[M]. 管策,译. 北京:科学出版社,2013.

[33][捷]弗·布罗日克. 价值与评价[M]. 李志林,盛宗范,译. 北京:知识出版社,1988.

[34][德]哈贝马斯. 交往行为理论(第1卷)[M]. 曹卫东,译. 上海:上海人民出版社,2005.

[35][德]安东尼·吉登斯. 现代性与自我认同[M]. 赵旭东等,译. 北京:三联书店,1998.

[36][法]埃米尔·涂尔干. 社会分工论[M]. 渠东,译. 北京:三联书店,2005.

[37]胡泳. 数字位移:重新思考数字化[M]. 北京:中国人民大学出版社,2020.

[38]胡泳.众声喧哗——网络时代个人表达与公共讨论[M].桂林:广西师范大学出版社,2008.

[39]蔡之文.网络传播革命:权力与规制[M].上海:上海人民出版社,2011.

[40]杨继红.新媒体生存[M].北京:清华大学出版社,2008.

[41]郭湛.主体性哲学——人的存在及其意义[M].昆明:云南人民出版社,2002.

[42]李路曲.新加坡现代化之路:进程、模式与文化选择[M].北京:新华出版社,1996.

[43]曹运华.新加坡的精神文明[M].广州:广东人民出版社,1992.

[44]毕世鸿等.新加坡概论[M].北京:世界图书出版公司,2012.

[45]吕元礼.亚洲价值观:新加坡政治的诠释[M].南昌:江西人民出版社,2002.

[46]何顺果.美国历史十五讲(第二版)[M].北京:北京大学出版社,2007.

[47]罗荣渠.美国历史通论[M].北京:商务印书馆,2009.

[48]赵小兰.美国的诞生[M].上海:复旦大学出版社,2001.

[49]玛雅.美国的逻辑:意识形态和内政外交[M].北京:中国经济出版社,2011.

[50]俞吾金.意识形态论(修订版)[M].北京:人民出版社,2009.

[51]冯契.人的自由和真善美[M].上海:华东师范大学出版社,1996.

[52]龚群.罗尔斯政治哲学[M].北京:商务印书馆,2007.

[53]聂立清.我国当代主流意识形态认同研究[M].北京:人民出版社,2010.

[54]郭道晖.社会权力与公民社会[M].南京:译林出版社,2009.

[55]罗国杰.马克思主义价值观研究[M].北京:人民出版社,2013.

[56]韩震.社会主义核心价值观凝练研究[M].北京:北京师范大学出版社,2012.

[57]韩震.社会主义核心价值观新论——引领社会文明前行的精神指南[M].北京:中国人民大学出版社,2014.

[58]袁贵仁.价值学引论[M].北京:北京师范大学出版社,1991.

[59]袁贵仁.价值观的理论与实践——价值观若干问题的思考[M].北京:北京师范大学出版社,2006.

[60]李德顺.价值论[M].北京:中国人民大学出版社,2007.

[61]李德顺.我们时代的人文精神——当代中国价值哲学的建构及其意义[M].北京:北京师范大学出版社,2006.

[62]李德顺,马俊峰.价值论原理[M].西安:陕西人民出版社,2002.

[63]马俊峰.马克思主义价值理论研究[M].北京:北京师范大学出版社,2012.

[64]廖小平.价值观变迁与核心价值体系的解构和建构[M].北京:中国社会科学出版社,2013.

[65]周文华.美国核心价值观建设及启示[M].北京:知识产权出版社,2014.

[66]新加坡联合早报.李光耀40年政论选[M].北京:现代出版社,1993.

[67]陈越.哲学与政治——阿尔都塞读本[M].长春:吉林人民出版社,2003.

[68]张荫麟.中国史纲[M].上海:上海世纪出版集团,2006.

[69]朱晓慧.哲学是革命的武器——阿尔都塞意识形态理论研究[M].上海:学林出版社,2007.

[70]潘西华.葛兰西文化领导权思想研究[M].北京:社会科学文献出版社,2012.

[71]李志东.新加坡国家认同研究(1965-2000)[M].北京:中国人民大学出版社,2001.

[72]胡若雨.新加坡国家意识形态发展研究[M].太原:山西人民出版社,2015.

[73]赵春丽.网络民主发展研究[M].北京:经济科学出版社,2011.

[74]方旭光.认同的价值和价值的认同——社会主义核心价值观论[M].北京:中国社会科学出版社,2014.

[75]张羽佳.大家精要——阿尔都塞[M].昆明:云南教育出版社,2011.

[76]中国社会科学院马克思主义研究院.马克思恩格斯列宁论意识形态[M].北京:人民出版社,2009.

[77]陈新汉.哲学视域中社会价值观念的共识机制[J].哲学动态,2014(4).

[78]陈新汉.认同与共识及其相互转化[J].江西社会科学,2014(4).

[79]陈新汉.哲学视域中的认同意蕴新思考[J].湖南师范大学学报,2014(3).

[80]陈新汉.意识形态概念的演化与马克思意识形态思想的当代诠释[J].思想理论教育,2016(1).

[81]陈新汉.社会价值观导向中教导文明和对话文明[J].探索与争鸣,2016(9).

[82]陈新汉.社会主导价值观念导向中几个问题的哲学思考[J].学术界,2016(10).

[83]陈新汉.社会价值观念与国民结合研究的重要维度——"熵"对于理解认同和共识机制的启示[J].哲学动态,2016(3).

[84]陈新汉.关于社会价值观念与国民结合中的信仰问题的若干思考[J].天津社会科学,2015(6).

[85]陈新汉.论价值形态世界[J].江汉论坛,2015(11).

[86]陈新汉.核心价值体系及其核心价值观的关系[J].红旗文稿,2012(8).

[87]陈新汉.关于"人民主体"的一些思考[J].哲学研究,2014(2).

[88]陈新汉.社会主义核心价值体系——从价值哲学的角度看[J].哲学研究,2007(11).

[89]陈新汉.哲学视阈中的文化、文化功能及文化自觉[J].哲学动态,2012(8).

[90]陈新汉.论转型时期中国价值观研究[J].哲学动态,2002(7).

[91]陈新汉.当代中国价值论研究和哲学的价值论转向[J].复旦学报:社会科学版,2003(5).

[92]陈新汉.人民反腐是凸显核心价值体系主体性的重要机制[J].思想理论教育,2011(5).

[93]陈新汉.如何理解社会主义核心价值体系的主体[J].思想理论研究,2012(17).

[94]陈新汉.论社会主义核心价值体系的人民主体性[J].哲学研究,2011(1).

[95]陈新汉."真"的双重意蕴及其当代诠释[J].江西社会科学,2012(7).

[96]廖小平.主导价值观和主流价值观辩证——兼论改革开放以来主流价值观的变迁[J].教学与研究,2008(8).

[97]贾英健.认同的哲学意蕴和价值认同的本质[J].山东师范大学学报:人文社会科学版,2006(1).

[98]兰久富.倡导社会主义核心价值观的理论前提[J].哲学研究,2014(8).

[99]赵馥洁.论汉儒对主导价值观的构建和强化[J].陕西师范大学学报:哲学社会科学版,2011(5).

[100]王新生.市场社会中价值共识[J].南开学报,2005(3).

[101]杨耕.价值、价值观和核心价值观[J].北京师范大学学报:社会科学版,2015(1).

[102]冯契.坚持价值导向的大众方向[J].探索与争鸣,2015(11).

[103]吴卓,孟贤东.论社会主导价值观和个性化价值意识[J].清华大学学报:哲学社会科学版,2004(1).

[104]胡春阳.转型时期社会主义核心价值观认同构建[J].中国特色社会主义研究,2015(1).

[105]邹国振.社会主义核心价值体系认同的层次性分析[J].学术论坛,2011(2).

[106]沈瑞英.转型社会利益和价值关系新思维[J].上海大学学报:社会科学版,

2015(2).

[107]汪信砚. 普世价值·价值认同·价值共识——当前我国价值论研究的三个重要概念辨析[J]. 学术研究,2009(11).

[108]何平立. 个体化背景下利益和价值的整合[J]. 探索与争鸣,2014(6).

[109]吴育林,陈水勇. 交往理性视阈中的价值共识[J]. 学术研究,2011(1).

[110]沈湘平. 价值共识是否及如何可能[J]. 哲学研究,2007(2).

[111]胡敏中. 论公共价值[J]. 北京师范大学学报:社会科学版,2008(1).

[112]欧阳康,钟林. 美国如何宣传自己的价值观[J]. 决策探索,2014(10).

[113]黄伊梅. 文化领导权的理论与策略[J]. 中共中央党校学报,2006(4).

[114]陈偲. 新加坡共同价值观建设经验[N]. 学习时报,2015-06-15(2).

[115]曾令辉,陈敏,石丽琴. 论加强我国社会主义意识形态领导权建设[J]. 马克思主义研究,2014(1).

[116]宋小红. 价值共识及其形成路径探析[J]. 中国特色社会主义研究,2016(3).

[117]王玉萍,黄明理. 价值共识及其当代意义[J]. 求实,2012(5).

[118]Anthony G. Wilhelm. Democracy in the Digital Age:Challenges to Political Life in Cyberspace(Paperback)[N]. *New York and London:Rout ledge*,2010-10-12(1).

[119]Antje Gimmler. Deliberative Democracy, the Public Sphere and the Internet[J]. *Philosophy & Social Criticism*,2001,27(4).

[120]A. Michael Frocking. Toward a Critical Theory of Cyberspace[J]. *Harvard Law Review*,2013,116(3).

[121]Anita Blanchard and Tom Horan. Virtual Communities and Social Capital[J]. *Social Science Computer Review*,2013,16(3).

[122]Assafa Endeshaw. Internet Regulation in China:The Never ending Cat and Mouse Game[J]. *Information & Communications Technology Law*,2014,13(1).

[123]Barry Wellman, Ananbel Quan-Haase, James Witte, Keith Hampton. Does the Internet Increase, Decrease or Supplement Social Capital? [J]. *American Behavioral Scientist*,2010,45(3).

[124]Bimber & Bruce. *Information and American Democracy:Technology in the Evoluytion of Political Power*[M]. New York:Cambridge University Press,

2003.

[125]Bimber B. The Internet and Political Transformation:Populism,Community and Accelerated Pluralism[J]. *Polity*,1998,31(1).